明清以來的萬貴妃形象
——歷史書寫的考察

葉芳如　著

作者簡介

葉芳如，生於新北市，國立台灣師範大學歷史系、歷史研究所碩士班畢業，研究斷限為明清時代，興趣偏於婦女史主題。從選題、研究方法的決定再到論文的寫就，均承蒙林麗月老師悉心的指導。尤其老師在百忙中仍不忘撥空為我細心批改論文，不僅使我釐清了許多的觀念，更給予我許多的省思，我的論文才能在一次又一次的批改中，日益臻善，這份恩情我將永遠銘記於心。現於台北市立陽明高中任教。

提　　要

過去學者對於個別后妃的研究，多著重於整理各類官私家著述的記載，進而就其行誼作一評論，少有觸及文本（text）中書寫女性的問題。從這一觀念出發，本文希望從性別（gender）的角度，重新檢視不同時代與萬貴妃有關的各類文本，試圖了解自明清以來不同時代的人如何敘述萬貴妃故事，是否隨著時代演變而有所變化？其原因為何？其中被複述最多的是哪些部份？又出現了哪些新情節？其所呈現的形象為何？是否有特殊的轉變或增衍？這些人對萬貴妃的看法為何？背後反映的是什麼觀念或時代意涵？

在章節安排上，本文除緒論與結論外，共計四章，第一章擬先分析解讀《明實錄》中的萬貴妃本傳，因為這篇本傳是目前所見最早記載萬貴妃生平的史料，且其敘述內容幾乎成為後世史家評價萬貴妃的基礎。倘欲了解萬貴妃初現歷史舞台的形象，以及修纂者評述的依據為何？就必須先分析這類資料。第二章將整理成化以來明人筆記所見之萬貴妃軼聞，由於《明實錄》性質的限制，致使萬貴妃史事之記載，存有隱諱曲筆甚至簡略之弊端，難窺全貌，故明人筆記所載之萬貴妃軼聞，往往被後世修史者作為填補官書記載空白的部份。所以，透過這類記載可以幫助我們了解萬貴妃故事在稗官野史中的發展情況。第三章主要闡述明中葉以後，官私家史著有關萬貴妃史事書寫的演變。既然形象是一種態度，自然就會形成價值的判斷，本章亦將循著萬貴妃形象發展這條主軸線索來探究後世史家對萬氏評價之依據。第四章則擬透過對民初以來通俗作品的分析，考察萬貴妃故事的渲染及其文化意涵。

根據本文研究可知，萬貴妃故事由簡單到豐富，進而定型，經過了一段漫長的發展過程。《明實錄》在「用簡」、「文飾」的敘述原則下，對於萬貴妃個人形象性格的描寫極為模糊。所以自明清以來，不論是傳統士人或現代學者、通俗讀物作家，都嘗試以個人的主觀理解詮釋萬貴妃的言行與心理活動。雖然他們所描繪的各種萬貴妃形象，是否屬實際狀況，不無討論的餘地，然而可以確定的是，這些人皆視萬貴妃為一「妒婦」，此種形象幾已深植人心。

目　次

緒　論

　　過去明代婦女史的研究重點，以家庭及婚姻制度的演變、節婦與殉節問
題、社會對女性角色的態度，及婦女在文化生產中的地位等議題居多，〔註1〕
而明代宮闈女性的研究極少，目前所見通論性的研究，以 Ellen Felicia Soulliere
的博士論文〈明代的宮廷婦女：1368～1644〉較有成果。該文前半段以討論
明代宮廷的婦教文獻及宮廷婦女所參與的祀典活動為主，三、四章論述明代
宮廷婦女的組織，並檢視這些宮廷婦女的家庭背景，及其家人可能獲得的財
富、地位和權力，最後則聚焦於明代后妃權力的探討。〔註2〕至於專題研究，
先後有〈明代女官制度探析〉、〔註3〕〈明萬曆時期慈聖皇太后的崇佛—兼論
佛、道兩勢力的對峙〉、〔註4〕〈從鄭貴妃到客氏：晚明政爭中的幾個宮闈女

〔註1〕Paul Ropp 著，梁其姿譯，〈明清婦女研究：評介最近有關之英文著作〉，《新史
　　　　學》2：4（1991.12），頁 77～116；衣若蘭，〈近十年兩岸明代婦女史研究評
　　　　述（1986～1996）〉，《國立台灣師範大學歷史學報》25（1997.6），頁 349～353；
　　　　衣若蘭，〈最近台灣地區明清婦女史研究學位論文評介〉，《近代中國婦女史研
　　　　究》6（1998.8），頁 175～187。
〔註2〕Ellen Felicia Soulliere , *Palace women in the Ming dynasty：1368～1644* , Ph. D.
　　　　dissertation, Princenton：Princenton University, 1987.
〔註3〕王雲對明代女官制度的淵源興革、機構執掌、銓選管理及其得失作一初步探
　　　　析，認為明太祖將女官制度作為強化君權的措施之一，藉以防範女寵、外戚、
　　　　宦官之禍，其中以禁絕女禍、貶抑外戚成效最為顯著。見氏著，〈明代女官制
　　　　度探析〉，《明清史》1997：1，頁 36～42。
〔註4〕陳玉女認為慈聖皇太后的奉佛對明末佛教的復興極富關鍵，遂以其崇佛的各
　　　　項活動，作為探討主題，她發現慈聖皇太后縱使擁有皇室的最高尊榮，也不
　　　　能握有如皇權般可為所欲為的至高權威，仍舊被迫謹守明代宮廷婦女所務必
　　　　遵循的「宮訓」，以及朝議的嚇阻力，這是她在崇佛過程中所面臨的困頓。見

性〉、〔註5〕〈明熹宗乳母「奉聖夫人」客氏〉、〔註6〕〈性別與禮儀：以明代親蠶禮爲中心的考察〉〔註7〕等文的探討。顯見，婦女與政治的關係，還有很大的空間值得去開拓。尤其后妃這群具有特殊身分地位的女子，長年服侍皇帝於宮內，接近皇帝的機會比朝中大臣來得多，對君主統治可能的直接間接影響，自然不容忽視。

一、研究背景與目的

后妃制度是君主時代帝王婚姻家庭制度的一環。它既是維繫皇統的一種手段，又使帝王任意占有女子得到合法化，在家天下的政治制度下，后妃往往給政局帶來相當大的影響。大體而言，中國的后妃制度發軔於周，形成於秦，以後歷代雖各有變更，或數目增減，或名目不同，但仍不離周制。〔註8〕值得注意的是，后妃的選配制度至明代有了一些改革，這與統治者爲了防止女寵、外戚之禍有關。除注重女德外，太祖還明確定制：「天子及親王后妃宮嬪等必愼選良家子而聘焉，戒勿受大臣所進，恐其夤緣爲姦，

氏著，〈明萬曆時期慈聖皇太后的崇佛——兼論佛、道兩勢力的對峙〉，《成大歷史學報》23（1997.12），頁195～245。

〔註5〕鄭冠榮探討鄭貴妃、李選侍、客氏三位宮闈女性與晚明政爭的關係，認爲三人之所以成爲晚明政局中備受爭議的人物，乃因她們都被懷疑左右君意，操縱帝心，不免觸犯「牝雞司晨」的禁忌。雖然在明朝這樣君主專制的時代，三者不可能有獨攬政權的機會。然而不可否認的，她們對當時政局的發展仍具相當程度的影響性。尤其萬曆中葉以後，各黨士大夫爲排斥異己，利用與這三位宮闈女子有關的議題，藉以打擊政敵，加速黨爭的激烈。見氏著，〈從鄭貴妃到客氏：晚明政爭中的幾個宮闈女性〉，台北：國立台灣師範大學歷史研究所碩士論文，1998.6。

〔註6〕衣若蘭以客氏爲探討主題，發現士大夫對客氏的撻伐，除了代表其特殊的政治立場外，實則含有階級與性別歧視的問題。見氏著，〈明熹宗乳母「奉聖夫人」客氏〉，《史耘》3、4期（1998.9），頁40～55。

〔註7〕衣若蘭剖析嘉靖朝先蠶禮的復罷，及所引起朝臣的議論，發現這不僅是禮儀之爭與政治對立，尚有性別因素的考量。此外，親蠶禮這一國家大典，所展現的是統治階級教育宮闈、風化百姓的示範，而且從中也可以觀察到社會角色的期待，以及禮別男女、內外的觀念，正是明代重視禮教的例證之一。見氏著，〈性別與禮儀：以明代親蠶禮爲中心的考察〉，收於私立輔仁大學歷史系《第六屆全國歷史學（研究生）論文討論會會議論文集》上冊，2000.5.19～20，頁35～55。

〔註8〕毛佩琦，〈中國后妃制度述論〉，《中國人民大學學報》1990：6，頁82～93；司徒崇，〈歷代后妃體制源流初探〉，《歷史月刊》112（1997.5），頁126～129；朱子彥，《後宮制度研究》，華東師範大學出版社，1997。

不利於國也。」〔註9〕此後，嗣位君主都嚴格遵循此一祖制，未敢違背。故查之史籍，明代所有后妃，除成祖皇后爲開國元勳徐達之女外，絕大多數來自民間。因爲缺乏外戚勢力作爲後盾，明朝后妃的權勢與歷代相較，遜色許多。〔註10〕祖訓的約束再加上女教的強調，大多數的后妃都能自制，遵守應有的本分，不敢干預政事。此外，來自官僚體系的壓力，亦使后妃不得不有所尊重與顧忌。故終明之世沒有出現過像漢、唐時期后妃干政、外戚專權的現象。由於傳統中國有關后妃參政的記載史不絕書，幾乎歷代皆有，〔註11〕因此，我們倘欲瞭解明代君臣如何記取前代之教訓，對后妃干政有所預防，則就歷代后妃參政的原因、形式、特色及士人的看法，就不得不加以重視。

　　后妃參政現象的出現並非偶然，是由各種因素造成，而君主專制政體則是后妃參政的前提。由於皇帝是一切政治權力的根源，也是整個制度運作的核心，一旦皇帝不能集中全力處理繁雜的朝政時，勢必要有暫時代理政務的人管理國事。后妃和皇帝或是夫婦關係，或是母子關係，自然而然成爲可以信賴的委政對象。換言之，后妃參政只是「皇權」的另一種表現形式。〔註12〕此外，后妃要登上政治舞台還須具備一些其他條件，如：皇帝年幼、帝疾不

〔註9〕《明太祖實錄》（台北：中央研究院歷史語言研究所，1965），卷31，頁1a，洪武元年三月辛未條。

〔註10〕Ellen Felicia Soulliere 認爲明朝后妃的權力，既不及前代，也不如後來的滿清。所持理由有三：第一，明代徵召宮廷婦女，必需來自家境清白的官員或平民百姓之家，這些婦女因爲沒有外戚勢力作後盾，比較能接受一些行動上的限制。第二，明太祖留下的祖訓，曾戒諭后妃不許干預政事，再加上張太皇太后在宣宗死後，婉拒朝中大臣垂簾聽政的請求，她的決定，杜絕日後后妃攝政的可能性。第三，祖訓規定只有嫡長子才能繼承皇位，因此，明代皇帝經常（regularly）廢后，改立有子之嬪妃爲后，致使皇后的地位高度不穩。見 Ellen Felicia Soulliere, *Palace women in the Ming dynasty：1368～1644*, P.383～384.唯第三點理由有待商榷，因爲根據史籍記載，明代皇帝廢后的紀錄，只有兩例，分別是明宣宗的廢胡后和明憲宗的廢吳后，可見，明代皇帝的廢后並不是經常性。

〔註11〕關於歷朝后妃參政之情形，可參見杜芳琴，〈中國宮廷婦女政治角色研究〉，「附表一」，收於《性別學與婦女研究——華人社會的探索》（台北縣：稻鄉出版社，1997.7），頁189～198。

〔註12〕劉詠聰、朱子彥皆持此看法，參見劉詠聰，〈史家對后妃主政的負面評價〉，《女性與歷史——中國傳統觀念新探》，頁80；朱子彥，〈略論中國封建社會的后妃干政〉，《上海大學學報（社科版）》1994：1，頁60。

能視事、皇帝昏庸無能、先帝駕崩或有遺詔等。〔註13〕

　　在后妃參政的問題上，「女主政治」一直是史學界關心的焦點。〔註14〕楊聯陞認爲中國的女主現象或許與母權甚高有關。〔註15〕杜芳琴賦與「女主」廣泛的定義，凡在宮中對政治發生影響的女性皆屬之。因此，除后妃、太后外，皇帝的乳娘和公主都可能列爲「女主」。〔註16〕她在〈中國宮廷婦女政治角色研究〉一文中，先從后妃參與政治的態度，將其分爲「被動適應」〔註17〕和「主動參與」〔註18〕兩種角色。再從主動參與者的身分和參與方式作進一步分析，發現直接參與政治的后妃，以合法的太后政治居多，其中臨朝稱制〔註19〕和垂簾聽政〔註20〕是最普遍形式。而太后政治的最高形式是女皇稱制，在中國歷史上只有武則天一人。至於間接參與的太后政治中，則有干政〔註21〕和輔政〔註22〕兩種形式。接著，她將中國傳統社會女主政治角色變遷的歷史

〔註13〕參見趙鳳喈，《中國婦女在法律上之地位附補篇》（台北縣：食貨出版社有限公司，1977.7），頁111～114；朱子彥，〈略論中國封建社會的后妃干政〉，頁61～62。

〔註14〕李貞德：〈超越父系家庭的藩籬——台灣地區「中國婦女史研究」（1945～1995）〉，《新史學》7：2（1996.6），頁139～176。

〔註15〕楊聯陞著，林維紅譯，〈中國歷史上的女主〉，收於《中國婦女史論集》（台北縣：稻鄉出版社，1992.9），頁63～78。

〔註16〕杜芳琴，〈中國歷代女主與女主政治略論〉，收於《中國婦女史論集四集》（台北縣：稻鄉出版社，1995.10），頁35～60。

〔註17〕所謂「被動適應」，指迫於情勢、身不由己地被人利用而渾然不覺或無可奈何，涵蓋了以下三類：一爲以色見寵，蒙「女禍」惡名的替罪羊，如楊貴妃。一爲家族賴以顯赫專權的敲門磚，如漢昭帝上官皇后。一爲和親結盟的犧牲貢品，如迫於外患娶蠕蠕公主，迫令自殺的西魏文帝文皇后。

〔註18〕所謂「主動參與」，指參政的后妃或自覺有爲，或主動積極，都有明確的目標和進取行動，涵蓋了以下三類：一爲母儀、妻範、開國賢后，如東漢光武帝陰后、明帝馬后、唐太宗長孫皇后、明太祖馬皇后、成祖徐皇后……等。一爲合法執政的后妃（包括母后），如史稱「和熹故事」的漢和帝鄧后。一爲非法干政的后妃（包括母后），凡未經朝臣擁立而自掌執政的太后如韋后；越夫君而代行權柄的皇后如晉惠帝賈后；太后、后妃爲私慾私利的干政行爲如東漢靈帝母董太后，都屬於此類。

〔註19〕當朝處理國事爲「臨朝」，行使皇帝權力叫做「稱制」。呂后是漢代第一個臨朝稱制的太后。兩漢、東晉、北魏母后政治多爲此類。

〔註20〕「聽政」是處理事物，執掌政事，可以是太后一人，也可以是與幼主、朝臣同聽政。宋代多屬此類。

〔註21〕「干政」指未賦予合法的臨朝聽政的權力，而私下掣肘參與。

〔註22〕「輔政」指在特殊情況下，如皇帝年幼或患疾，母后可能被臨時委以政事，如陳後主母親柳氏，遼道宗母仁懿蕭后等。

走向分爲母后獨尊、多元角色和女主沈寂三個時期，並揭示其變化的原因及女主政治長期存在的社會條件。〔註23〕明清兩朝即屬女主政治沉寂時期，「女不干政」又被統治者重新強調起來。此外，蔡幸娟針對史傳中使用女主臨朝「稱制」、「攝政」、「聽政」三個名詞之正確意義進行考察，發現僅由「稱制」、「攝政」或「聽政」名詞之表面，根本無法瞭解各代太后執政當時之統治方式，也不能判斷其統治機能之實際運作。當然，更看不出各代太后臨朝統治當時之權力機能差異，認爲深入事實的考察是女主政治研究中不可或缺的功夫。〔註24〕這也充分說明欲就歷代女主統治權力與形式進行明確掌握與區別實屬不易。

　　后妃與宮廷政治的關係密切，然而，傳統中國自先秦以來即發展出「女禍」史觀，〔註25〕其核心是禁止女人干政。因此，后妃的參政往往引起當代及後代士大夫的側目。有關歷代士人對女主政治的議論，據劉詠聰的研究，漢人對於太后攝政之議論並沒有完全一致的傾向，其中有大力支持，並上書力陳太后德政；有低調處理，明褒實貶，也有強烈反對，以種種理由勸諫太后退位。〔註26〕這些議論之發聲，並非專以女主本身爲核心，而是針對女主統治底下施政之良窳來定褒貶。儘管如此，自漢代以後，與女主政治形成與發展有關的時論，負面批評仍居主流。蔡幸娟分析北朝女主政治時論之內容，發現時論之褒貶蘊含許多政治現實與種族等考慮因素在內，進而指出治史者若依據這些時論褒貶而定論女主政治是不夠客觀的。唯有就朝廷內外政治勢力集團、女主個人實力形勢，乃至政治本身之良窳、側近勢力之表現，以及種族等問題進行客觀詳實之考察分析，方可明白北朝時論褒貶女主政治之究竟。〔註27〕

　　此外，劉詠聰也考察魏晉以迄現代史家對主政后妃之評價，發現史家對

〔註23〕杜芳琴，〈中國宮廷婦女政治角色研究〉，收於《性別學與婦女研究——華人社會的探索》，頁171～198。

〔註24〕蔡幸娟，〈史傳中之女主臨朝「稱制」「攝政」與「聽政」〉，《成大歷史學報》23（1997.12），頁247～274。

〔註25〕劉詠聰，〈先秦時期之「女禍」觀〉，收於《德色才權——論中國古代女性》（台北：麥田出版社，1998），頁15～42。

〔註26〕劉詠聰，〈漢人對太后攝政之議論〉，收於《德色才權——論中國古代女性》，頁125～144。

〔註27〕蔡幸娟，〈時論與北朝女主政治——兼論漢魏時代女主政治時論之濫觴〉，《成大歷史學報》25（1999.12），頁39～65。

於臨朝太后、女主之評價，很少是把她們當作政治家或行政者來批評，而是從后妃應否預政的角度出發，強調她們的女性身分來評論。對於如何可以客觀地處理歷史上的女主、后妃之評價問題，她認為，最重要的是擺脫從性別去評價的方法，放棄前提式的「女人從政不好」的觀點，實事求是地對不同的女主，具體的治績作出合理的評估，〔註28〕不失為一正確之看法。綜觀歷代后妃參與政務所產生的結果，有正面也有負面，並不令人感到意外，因為即使是由男性掌權也會有如此的兩極表現。是故，不論由誰執政，都沒有什麼本質的區別，其優劣高下之分，除了與主政者本身的能力有關外，有時候還與當時的經濟、政治、社會、軍事、外交等因素有關，我們不宜因性別上的偏見而給予不公平的論斷。

后妃既然是中國古代婦女中的特權階層，在婦女史研究中極易受到注目，尤其是個別名女人的故事。從西漢的呂后、〔註29〕北魏的文明太后、〔註30〕武則天、〔註31〕楊貴妃、〔註32〕北宋眞宗的劉后〔註33〕及清代的孝莊文皇

〔註28〕 劉詠聰，〈史家對后妃主政的負面評價〉，收於《女性與歷史——中國傳統觀念新探》，頁74~86。

〔註29〕 蔡信發，〈最毒婦人心？呂后析論〉，《國文天地》6：9（1991.2），頁43~47；許欣薫，〈呂后與漢初政治〉，《史化》26（1998.6），頁18~30。

〔註30〕 何茲全，〈北魏文明太皇太后——中國歷史上一位女政治家〉，《北京師範大學（社科版）》1961：4，頁38~42；鄭欽仁，〈北魏中給事（中）稿——兼論北魏中葉文明太后的時代〉，《食貨復刊》3：1（1973.4），頁23~33；康樂，〈北魏文明太后及其時代〉上、下，《食貨復刊》15：11/12（1986.6）、16：1/2（1986.9），頁1~15、56~66；張湘瑜，〈馮太后與北魏的漢化〉，《歷史月刊》97（1996.2），頁114~118；檀新林，〈馮太后對北魏封建化的歷史作用〉，《歷史教學》1997：7，頁43~45；王曉衛，〈論北魏文明太后的族屬及所受教育〉，《歷史教學》1998：1，頁11~15。

〔註31〕 討論武則天的著作極多，限於篇幅，此處不便羅列研究篇目，綜觀這些研究，其主題約可分四類：（一）家世出身、（二）一生經歷及政治措施、（三）宗教關係、（四）相關史料。此外，雷家驥以心理學的角度來研究武則天，堪稱創舉。見氏著，《狐媚偏能惑主——武則天的精神與心理分析》，台北：聯鳴文化有限公司，1981。陳弱水從制度改革的角度探討武則天的女性主義傾向，亦頗具新意。見 Jo-shui Chen, *Empress Wu and proto-feminist sentiments in T'ang China*, Seattle：University of Washington Press, 1994.

〔註32〕 陳桂雲，〈楊妃故事之研究〉，台北：中國文化大學中國文學研究所碩士論文，1986.1；簡思定，〈唐人詩中的唐玄宗與楊貴妃事蹟〉，《空大人文學報》6（1997.5），頁1~15；陳麗娜，〈民間傳說中的楊貴妃〉，《美和技術學院學報》18（2000.8），頁60~72。

〔註33〕 劉靜貞，〈從皇后干政到太后攝政——北宋眞仁之際女主政治權力試探〉，收

后、〔註34〕慈禧太后，〔註35〕都曾是學者關心的焦點。這些宮闈女性或是直接參與政治，具有「女主」色彩的后妃；或是恪守女德，維護夫家正統的賢明后妃；或是有左右君意，操縱帝心嫌疑，甚至以色藝見寵的后妃等等。綜觀這些研究，武則天、慈禧太后二人始終是個案研究的重點，且大部分的文章仍停留在后妃的傳奇故事，比較深入細緻的學術性研究極其有限。至於萬貴妃，更一直較少受到學界注意，迄今所見萬貴妃的相關研究中，除了萬揆一曾以萬貴妃個人爲主體，撰寫過〈明代「服妖」—萬貴妃〉一文外〔註36〕，其餘論著多在談論成化朝的宮闈紛爭及秕政時，才略帶一筆。這類通論性的著作有：趙令揚，〈論明憲宗朱見深之婚變〉；〔註37〕莊練，〈明憲宗有妃武勇—中國歷史上最懼內的皇帝〉；〔註38〕方志遠，《成化皇帝大傳》，第三章〈皇族事務〉，第二節「萬妃專寵」；〔註39〕刁書仁、趙光元，《成化帝》，卷六〈慈父情君〉，第二節「廢吳后癡情貞兒」。〔註40〕這些著作雖然對本文的考察，

〔註33〕於《中國婦女史論集續集》（台北縣：稻鄉出版社，1991），頁123～161；李馨寧，〈北宋真宗時期劉后之干政及其影響〉，《初等教育研究》4（1992.12），頁189～199。

〔註34〕李光濤，〈太后下嫁傳說與多爾袞〉，《東方雜誌》3：12（1970.6），頁36～39；孟森，〈太后下嫁考實〉，收於《明清史論著集刊續編》（台北：南天書局，1987.5），頁162～169；馮明珠，〈孝莊文皇后與多爾袞〉，《故宮文物月刊》10：4（1992.7），頁128～135；莊吉發，〈一代皇后布木布泰〉，《故宮文物月刊》10：5（1992.8），頁86～95；路地，〈謹話昭西陵與清初三大疑案真象———爲大清帝國入關開國之幕後國母「莊妃」正名〉，《滿族文化》21（1995.5），頁36～39。

〔註35〕討論慈禧的著作極多，限於篇幅，此處不便羅列研究篇目，綜觀這些研究，其主題約可分三類：（一）入宮經過、（二）慈禧對清末政治的影響、（三）慈禧的形象。

〔註36〕萬揆一，〈明代服妖—萬貴妃〉，《歷史大觀園》1992：7，頁32～33。

〔註37〕趙令揚認爲廢后事件的發生，其實是憲宗在幕後操縱，故意將整個責任推在宦官牛玉身上。見氏著，〈論明憲宗朱見深之婚變〉，《中國學人》4（1972.7），頁15～21。

〔註38〕莊練認爲萬貴妃以手段引誘年幼的憲宗，使憲宗在生理上產生性無能的缺陷，因而對萬氏產生歉疚之感。久而久之，便造成了萬氏在精神上的優越感，憲宗自然而然地對她產生畏懼之心，對她的種種違法亂紀之行一再縱容，甚至到不追究的地步。見氏著，〈明憲宗有妃武勇——中國歷史上最懼內的皇帝〉，《文壇》268(1982.10)，頁57～70。這種說法顯然是受心理學的影響，雖具創意，但卻忽略了其他史料對憲宗與萬貴妃相處情形的記載，反而有扭曲歷史的疑慮。

〔註39〕方志遠，《成化皇帝大傳》（瀋陽：遼寧教育出版社，1994.8），頁79～82。

〔註40〕刁書仁、趙光元，《成化帝》（長春：吉林文史出版社，1996.1），頁289～294。

不無啓發性，但除了趙令揚一文寫作比較嚴謹外，其餘著作學術意味淡薄，歷史小說的筆觸較濃。所以萬貴妃這位明代宮廷婦女的研究，仍有待更深入而系統的探討，特別是從歷史書寫的角度著手，更可以拓展此一主題研究的新視野。

　　明代成化一朝二十三年（1464～1487），群小當道，女寵、外戚、宦官、佞倖、僧道共聚一堂，朋比爲奸，濁亂朝政，不論是通史著作或斷代史著作，論者皆主張女寵萬貴妃是其中的關鍵人物。〔註41〕萬氏的得寵，除了造成當時後宮的紛擾不寧外，在外廷部份，則是貴妃之兄弟得以爲錦衣衛，禍害百姓，而明代的宦官汪直、梁方、韋興、佞臣萬安、道士李孜省、僧繼曉等人，亦因寅緣萬貴妃而得進身，爲憲宗所信任。是故，孟森還據此將萬氏與萬曆朝之鄭貴妃相比擬，他在《明代史》中說：

> 成化一朝，佞倖競進，皆憑萬氏以進。帝於官寺，倚任時無所不至，旋復厭之，即棄之如脫屣。嬖倖恃宮中爲奧援，與萬曆間之鄭貴妃略同，蓋宵小猶非能專挾天子以行事也。〔註42〕

此外，也有人視萬氏爲成化朝的「女禍」，如劉子清曾就「後宮紀氏生皇子，匿居六年始出見帝及群臣，並立爲太子，紀氏亦因此爲萬貴妃所害」史事，評論曰：

> 萬貴妃專寵後宮，自身既無生殖能力，又妒其他嬪妃妊娠生子，飲以藥而傷墮者無數；且膽敢害死太子，以絕國本，而憲宗猶不知，依然寵之如故，其庸瞶可知也。紀氏既出其子，子且立爲皇太子，宜如何善爲呵護之，以安太子之心；乃不此之圖而又縱萬貴妃逼其死，紀氏可憐，萬貴妃可誅，憲宗亦可恨也。最毒妒婦心，於此可見矣。萬貴妃於二十三年病終，憲宗竟爲之輟朝七日，伊人何媚人

〔註41〕通史部份如：傅樂成，《中國通史》（台北：大中國圖書有限公司，1962.3），頁650；李明裕編，《中國通史》（台北：華泰書局印行，1981.8），頁547；陳致平，《中華通史》（台北：黎明文化事業股份有限公司，1988.10，修訂一版），頁159；黃大受，《中國通史》（台北：五南圖書出版公司，1989.12），頁717；林瑞翰，《中國通史》（台北：三民書局，1992.11），頁284。斷代史如：孟森，《明代史》（台北：台灣書店，1957.12），頁170；黎傑，《明史》（台北：九思出版有限公司，1978.9），頁95；陳捷先，《明清史》（台北：三民書局，1990.12，初版），頁59；傅樂成主編，姜公韜著，《明清史》（台北：眾文圖書股份有限公司，1992.12，一版三刷），頁54。
〔註42〕孟森，《明代史》，頁170。

之深也！〔註43〕

　　根據這段評述，萬貴妃的奇妒，使憲宗嬪妃多生活在恐怖氣氛中，孝宗的母親紀氏即是在這種環境中去世，生母暴亡的陰影可能影響孝宗很大，所以 Ellen Felicia Soulliere 曾推測孝宗在位十八年期間，實行一夫一妻制，只有一后，別無嬪妃，和孝宗記取憲宗前車之鑑有關。〔註44〕

　　由此看來，萬貴妃對成化朝政局的影響相當大，《劍橋中國明代史》曾歸納為兩個要點：一是控制憲宗的私生活，一是對行政所施加的影響。後者又反映在兩方面：(1)沒收農民的土地建立皇莊，使這些人淪為佃農;(2)從宮內頒布詔令直接封官（稱傳奉官），而不是透過吏部的正常任命手續。牟復禮（FrederickW.Mote）認為這兩種墮落傾向還延續到此後的明代政府。〔註45〕此外，房兆楹亦推測汪直在接管西廠期間，任意逮捕官吏下獄，施以酷刑，可能是遵從萬貴妃的指示，用以恐嚇那些對她直言無諱的官吏。所以，和萬貴妃合作或保持沈默之官吏方可繼續擔任公職。〔註46〕

　　我們若仔細推究這些評論的依據，可發現萬貴妃之所以被歸為「聲名狼藉的后妃」，〔註47〕和《明史》對萬貴妃史事的記載有很大的關係。近年，在後現代主義（Post-modernism）思潮的衝擊下，史學研究中的「真實性」與「客觀性」受到了強烈的質疑。〔註48〕姑且不論《明史》對萬貴妃的書寫，是否能反映歷史事實的萬貴妃？然而，令人感到好奇的是，《明史》修纂者對萬貴妃史事作如此之敘述，其背後是否經歷了一個發展過程？又明清以來士人是

〔註43〕劉子清，《中國歷代故事述評──一名歷代通鑑精編評註》第 5 輯（台北：黎明文化事業股份有限公司，1975.1），頁 1774。

〔註44〕Ellen Felicia Soulliere, Palace women in the Ming dynasty： 1368～1644 ,P.287～288.

〔註45〕牟復禮、崔瑞德編，張書生等譯，《劍橋中國明代史》（北京：中國社會科學出版社，根據劍橋大學出版社 1988 年第一版翻譯，1992），頁 382。

〔註46〕L. Carrington Goodrich ＆ Chaoying Fang eds., Dictionary of Ming Biography 1368～1644（明代名人傳）,New York and London: Columbia University Press,1976, P.301.

〔註47〕鄭冠榮在〈從鄭貴妃到客氏：晚明政爭中的幾個宮闈女性〉一文中，將明代對政治有影響性的后妃分為四種類型：（一）協助皇帝創業的皇后；（二）決定皇位繼承人的太后；（三）爭取正名的后妃；（四）聲名狼藉的后妃。他將萬貴妃歸為第四類型的代表。見氏著，〈從鄭貴妃到客氏：晚明政爭中的幾個宮闈女性〉，頁 25～31。

〔註48〕王晴佳，〈如何看待後現代主義對史學的挑戰？〉，《新史學》10：2（1999.6），頁 107～144。

如何看待萬貴妃這位宮闈女性？是否和現代史家的觀點相同？還是有歧異之處？這些都是本文所欲探討分析的重點。

二、方法與資料說明

在傳統史學研究當中，比起男性，占二分之一人口的女性一直是較被忽略的一群。史書縱使有女性的記載，可是份量都不多，不儘難窺全貌，且過去記史者幾乎全部是男性，女性沒有發聲的機會，因此往往有研究過於片面或是解釋欠妥的情形。再加上過去學者對於個別后妃的研究，多著重於整理各類官私家著述的記載，進而就其行誼作一評論，少有觸及文本（text）〔註 49〕中書寫女性的問題。從這一觀念出發，本文在研究方法上，希望從性別（gender）的角度，重新檢視不同時代與萬貴妃有關的各類文本，試圖了解自明清以來不同時代的人如何敘述萬貴妃故事，是否隨著時代演變而有所變化？其原因為何？其中被複述最多的是哪些部份？又出現了哪些新情節？其所呈現的形象為何？是否有特殊的轉變或增衍？這些人對萬貴妃的看法為何？背後反映的是什麼觀念或時代意涵？

由於本文將重點放在對萬貴妃形象的發展做長時期的觀察與探討，因此，有關形象的界定必須先加以說明。「形象」（Image）的含義相當廣泛，凡是可以使人在感覺中產生一種真切鮮明之感受者，都可視之為一種「形象」之表達。〔註 50〕而提供真切鮮明之形象的主要訊息來源有三：情境、目標人/物的特質、觀察者本身的特質。〔註 51〕所以形象也可以說是一個人對某人、某物特徵的描述或評估，它是態度、意見、印象的綜合體。〔註 52〕至於構成歷史人物「形象」的要素，通常包括外在形體姿貌及內在人格特質兩部份，而後者的形成是觀察者根據歷史人物所處的時空背景及其身份，透過事件的進行，或從橫空截斷的瞬間，一窺此人的言行舉止、待人處事的態度、心理

〔註49〕文本（text）這一概念，由結構主義和後結構主義語言學家首先提出和使用，其含義在於，既然思想必須透過語言，那麼所有人類的作品（從最粗糙原始的藝術品到煩瑣精密的政治法律制度）本質上看都是文本，都可以加以解釋。參見王晴佳，〈如何看待後現代主義對史學的挑戰？〉，頁 126。

〔註50〕李孟君，〈唐詩中的女性形象研究〉，台北縣：私立輔仁大學中國文學研究所碩士論文，1992，頁 6～7。

〔註51〕李美枝，《社會心理學》（基隆：大洋出版社，1980 修訂版），頁 66。

〔註52〕John C. Merrill, "The Image of the United States in Ten Mexican Dailies," *Journalism Quarterly*, Vol.39,no.2（Spring,1962），P.203.

狀態的變化等，裨以掌握他的人格特質。由於觀察者的時代與觀察角度不同，對歷史人物形象的認知，往往會有因人而異情形的出現。因此，同一人物的形象有可能是多樣性的。

　　在資料運用方面，由於本文係個案研究，所採用的史料基本上集中於成化以來官私史書、宮詞、筆記、說唱詞話及現代通俗作品中的萬貴妃故事。這類文本過去常被研究者用來作為拼湊萬貴妃歷史圖象的材料，本文則試圖透過對這些材料的爬梳整理及綜合比較，並與考古文物資料、明清文集互參，從中勾稽出萬貴妃在不同時代的歷史形象。

　　在章節安排上，本文除緒論與結論外，共計四章，第一章擬先分析解讀《明實錄》中的萬貴妃本傳，因為這篇本傳是目前所見最早記載萬貴妃生平的史料，且其敘述內容幾乎成為後世史家評價萬貴妃的基礎。倘欲了解萬貴妃初現歷史舞台的形象，就必須從這類資料下手，並旁及修纂者為文造書的背景，以了解其評述的依據，從而觀察萬貴妃在成化朝臣心中的形象。第二章將整理成化以來明人筆記所見之萬貴妃軼聞，由於《明實錄》性質的限制，致使萬貴妃史事之記載，存有隱諱曲筆甚至簡略之弊端，難窺全貌，故明人筆記所載之萬貴妃軼聞，往往被後世修史者作為填補官書記載空白的部份。所以，透過這類記載可以幫助我們了解萬貴妃故事在稗官野史中的發展情況。第三章主要闡述明中葉以後，官私家史著有關萬貴妃史事書寫的演變。既然形象是一種態度，自然就會形成價值的判斷，本章亦將循著萬貴妃形象發展這條主軸線索來探究後世史家對萬氏評價之依據。第四章則擬透過對民初以來通俗作品的分析，考察萬貴妃故事的渲染及其文化意涵。希望本文的嘗試，能透過傳統中國政治與史學中的性別議題，對明代宮廷婦女之研究稍有彌縫補缺的作用，並藉由個別女寵形象之研究，觀察歷代撰述者書寫寵妃故事的綜合性特色。

第一章　初現歷史舞台：《明實錄》中萬貴妃的初步形象

　　有關萬貴妃生平的史料，目前所見最早的記載是弘治四年（1491）修成的《大明憲宗純皇帝實錄》（以下簡稱《憲宗實錄》），而且《憲宗實錄》對萬貴妃其人其事的敘述，幾乎成為後世史家評價萬貴妃的基礎。因此，本章擬從《明實錄》這類官方史料進行分析解讀，藉以了解萬貴妃於歷史上的初步形象及《憲宗實錄》修纂者立論的依據，進而作深入的探討。

第一節　萬貴妃本傳的內容分析

　　《憲宗實錄》修纂者在萬貴妃死後，為她作了四百六十字的傳，這是相當難得的，因為為后妃寫傳並非修纂凡例中必載之事，[註1] 而且若與成化朝死去嬪妃生平記載的簡略與格式化相對照，[註2] 真可謂獨厚於萬貴妃。由此可

〔註1〕《明憲宗實錄》的修纂凡例共有五十條，和后妃有關的部份僅見「冊立皇后、皇妃……皆書其儀注，有新定者書」、「皇太后、后妃……儀仗有新製及增損者書」兩條，詳見《明憲宗實錄》（台北：中央研究院歷史語言研究所，1965），「凡例」，頁1～2。

〔註2〕筆者考《明憲宗實錄》的記載，發現成化年間薨逝的嬪妃有英廟和妃宮氏、宸妃萬氏、德妃魏氏、順妃樊氏、賢妃王氏、惠妃王氏、安妃揚氏及憲廟昭妃王氏。除了安妃揚氏外，其他嬪妃都有一簡略的基本資料介紹，其內容不外乎是記載妃的籍貫、何人之女、生卒年、入宮時間、何時獲得冊封、育子狀況等訊息，相當格式化，並未如萬貴妃生平記載般具有傳記的雛形。分見《明憲宗實錄》，卷45，頁2a～2b，成化三年八月丁酉條；卷47，頁5a，成化三年十月戊午條；卷63，頁8b，成化五年二月癸丑條；卷85，頁1a～1b，

見，在修纂者的眼中，萬貴妃是成化朝宮闈女性裡面一位很重要的人物，不容忽視。為了瞭解這些修纂者對萬貴妃的看法，茲將該篇傳記全文引用如下：

> 妃，青州諸城縣人，父貴爲縣吏謫居霸州，妃生宣德庚戌，四歲選入掖庭侍聖烈慈壽皇太后，及笄，命侍上於青宮。上即位，遂專寵，皇后吳氏廢實由於妃。及今皇太后王氏正位中宮，每以厚德優容之，妃亦機警善迎合上意，且籠絡群下，令覘候動靜，六宮希得進御。成化丙戌，生皇子一人，上爲遣內官詣山川寺觀掛袍行香以祈陰佑，因封貴妃。皇子未晬而薨，妃亦自是不復娠育，數年儲嗣未兆，中外以爲憂。言者每勸上恩澤當溥，然未敢顯言妃之妒也。惟給事中李森言及之，而寵益甚。初居昭德宮，後移安喜宮，進封皇貴妃，服用器物窮極僭儗；四方進奉奇技異物皆歸之一，一門父兄弟侄皆授以都督、都指揮、千百戶等官，賚賜金珠寶玉無算，甲第宏侈，田連州縣〔府〕。中貴用事者一忤妃意輒遭斥逐，而佞幸出外鎮守，內備供奉者如錢能、覃勤、汪直、梁方、韋興輩皆假以貢獻買辦科斂民財、傾竭府庫而不卹委以行事，擅作威福，戕害善良、弄兵搆〔構〕禍而無已，皆由妃主之也。甚至齋醮之濫費、宴樂之暴殄靡有紀極。孝穆皇太后以妃之故遜居西內，數年而崩。至是，上郊祀回，值天大霧，人皆驚訝，翌日，慶成宴罷，上還宮，忽報云妃薨逝矣。上震悼，輟視朝七日，諡曰：「恭肅端慎榮靖」，葬天壽山西南，凡喪禮皆從厚。弘治初，言者籍籍不已，欲追廢妃號，籍其家，毀其墳。賴今上仁聖，卒置不究云。〔註3〕

從以上這段記載，我們可以獲得幾點訊息：第一，萬貴妃是山東青州諸城縣人，生於宣德庚戌年，即宣德五年（1430），其父萬貴初爲縣吏，因罪謫居河北霸州。又據《大明英宗睿皇帝實錄》（以下簡稱《英宗實錄》）載，明憲宗朱見深生於正統十二年（1447）十一月，〔註4〕依此推算，萬貴妃和憲宗年齡

成化六年十一月戊寅條：卷124，頁 3a～3b，成化十年正月己酉條：卷271，頁 3b～4a，成化二十一年十月甲午條：卷283，頁 6a，成化二十二年十月辛卯條：卷204，頁 7a，成化十六年六月丁丑條。

〔註3〕《明憲宗實錄》，卷286，頁 1b～2b，成化二十三年正月辛亥條。「縣」、「搆」二字，據《校勘記》（台北：中央研究院歷史語言研究所，1965）頁 763，應分別作「府」、「構」。

〔註4〕明憲宗的生辰見《明英宗實錄》（台北：中央研究院歷史語言研究所，1965），卷160，頁 1a，正統十二年十一月庚寅條。關於明憲宗的名字，《明憲宗實錄》

相差約十七歲，是中國歷史上少見的老妻少夫配。萬貴妃四歲時被選入宮中，
一開始是在明宣宗孫皇后身旁服侍，及笄後，被命服侍尚是東宮的憲宗。他
們兩人可能是在這段時期培養出深厚的感情，所以見深即位以後，對萬氏特
別專寵。第二，萬貴妃對於憲宗成化朝的政局似乎頗具影響力，舉凡吳后被
廢，皇嗣問題，貴妃之父兄弟侄得以爲官，錢能、覃勤、汪直、梁方、韋興
等人得以到地方上去當監軍、鎮守，搜刮民財，中飽私囊，都和萬貴妃有關。
所以明孝宗即位之初，朝中大臣多建議追奪她的妃號，抄她的家，甚至毀她
的墳墓。幸而孝宗個性仁厚，不願加以追究，因而獲得善終。第三，萬貴妃
在個性上是個善妒之人，喜歡奇巧之物，在服用器物方面窮極奢華。第四，
萬貴妃的死，似乎是來得很突然，之前並沒有任何生病的跡象，所以憲宗乍
聞噩耗，感到非常的震驚與悲傷。至於萬貴妃的死因爲何，由於《憲宗實錄》
失載，我們無從知悉。第五，從萬貴妃的謚號及埋葬地，皆可看出憲宗對死
後的她仍恩寵有加。據《萬曆野獲編》的考證，成化朝以前的內廷嬪妃，尊
稱至貴妃者，死後皆只有二字謚，故萬貴妃死後獲謚「恭肅端愼榮靖」，是開
宮妃六字謚之先例。〔註5〕此外，明代自英宗禁止殉葬妃嬪以後，除少數妃嬪
得葬於十三陵外，其他妃嬪皆另葬金山，並且採同墓制度合葬。〔註6〕所以萬
貴妃死後，首開先例獲得葬在十三陵內，不僅是一種特殊禮遇，其背後有可
能隱含了憲宗將萬氏當作皇后來看待的訊息。

　　這篇萬貴妃本傳幾乎成爲後人修纂萬貴妃傳記時，必參考的基本史料
之一，因此，修纂者對於萬貴妃史事爲何會有如此之記敘，殊堪玩味。由
於萬貴妃初步形象的形成，與其在廢后事件、皇嗣不蕃、成化朝秕政等問
題上所扮演的角色有極大的關係。以下即以此爲討論基軸，透過《明實錄》

卷1云：「上初名見深，至是更名見濡，詔書失寫其故。」（頁1b）後代記載
多混亂，如談遷《國榷》卷34言：「憲宗……（諱見深）。……初名見□，至
是更今名。」（台北，鼎文書局，1978，頁2163）《明史》卷13〈憲宗紀〉則
云：「憲宗……諱見深。……初名見濬。天順元年，復立爲皇太子，改名見深。」
（台北：鼎文書局，1991，頁161）今以約定俗成，仍以見深爲其名字。詳細
考證見方志遠，《成化皇帝大傳》，頁41～42。

〔註5〕沈德符，《萬曆野獲編》，收於《筆記小說大觀》15：6（台北：新興書局，1977），
卷3，〈宮闈〉，頁73，「列朝貴妃姓氏」。

〔註6〕有關明代妃嬪陵墓的情況及妃嬪葬制，參見劉清文、魯琪，〈明代妃嬪陵園及
壙志〉，《故宮博物院館刊》，1980：2，頁29～44；王岩、王秀玲，〈明十三陵
的陪葬墓——兼論東西二井陪葬墓的墓主人〉，《考古》1986：6，頁514～525。

中君臣之間的對話，以及官員奏疏的陳述，試圖觀察萬貴妃與成化朝政局的發展，是否正如萬貴妃本傳所記載般有密切之關連性，從而勾稽萬貴妃在成化朝臣心中的形象，並從《明實錄》隱諱不明的敘述，探索其中啓人疑竇之處。

第二節　廢后事件

　　天順八年（1464）正月十七日，明英宗駕崩，太子朱見深於二十二日繼承皇位，是爲憲宗，建元成化。由於英宗在臨終前曾囑託，太子在他百日以後應當完成婚配。〔註7〕身爲皇帝母親的太后，自然是將此事時時掛在心上，故在三月初八日，英宗死後的五十天，便命禮部刊榜，曉諭京城內外官民人家，凡有家教良好，年紀在十五到十八歲，容貌端潔，性資純美，言動安詳而且合禮度的女子，令其父母送來宮中，由皇太后親選。詔書內容如下：

> 皇帝奉先帝之命，婚期在邇，必得賢淑爲配，然後足以表正六宮，母儀天下，上奉宗廟之祀，下隆國家之本。先時已嘗採擇，尚慮有司遺忽。爾禮部其榜諭京城內外，於大小官員民庶有德之家，務擇其父母賢善，素有家法女子，年十五至十八，容貌端潔，性資純美，言動安詳，咸中禮度者。令其父母送來，吾將親閱焉。
> 欽哉！〔註8〕

原來英宗在世時，就十分關切太子見深的婚事，曾命中官簡求女子十二名，再由英宗親詢端詳選擇，最後中選留居宮中者有三人，分別是王氏、吳氏和柏氏。但還來不及確定這三人的名分，英宗就一病不起。由於新嗣之君的婚配，是「宗社萬萬年之計」，〔註9〕輕忽不得，兩位太后唯恐有所遺漏，才會下這道聖諭。或許是沒有找到更理想的人選，最後只好在原本所選的三人中擇一立爲后。四月二十六日，皇太后將皇后人選告知禮部，並諭禮部說：「今選得都督同知吳俊長女爲皇后，大婚有期，禮部會同翰林院定議以聞。」〔註10〕

　　當英宗百日之期一過，禮部立即請憲宗擇日行大婚之禮，卻被憲宗以「心

〔註7〕《明英宗實錄》，卷361，頁4a，天順八年正月庚午條。

〔註8〕《明憲宗實錄》，卷3，頁9a，天順八年三月庚申條。

〔註9〕同上，卷5，頁9a，天順八年五月甲戌條。

〔註10〕同上，卷4，頁9b，天順八年四月戊申條。

有所不安」的理由拒絕。〔註11〕五月二十二日，襄王瞻墡上奏，勸憲宗早行
婚禮。他說：

> 臣思四月二十七日，已及百日之期，有司雖請行大禮，猶恐皇上哀
> 慕之中未忍舉〔遽〕行，願以遵遺命爲孝，以奉宗廟爲重。從權卜
> 吉，早冊賢淑，協相聖恭以順四海臣民之望。〔註12〕

這位襄王輩分崇高，是明仁宗的第五個兒子，亦即憲宗祖父宣宗的同母弟
弟。永樂二十二年（1424）封王，宣德四年（1429）就藩長沙。正統元年
（1436）徙襄陽。英宗北狩，諸王中以襄王「最長且賢，眾望頗屬」。他曾
上書，請立見深爲皇太子，令郕王監國，招募智勇將士迎回英宗。〔註13〕
當英宗還京居南宮時，他又上書景泰帝應該早晚省視問安，每月初一、十
五率群臣朝拜。所以憲宗讀了這位宗室遺老的疏文，不敢怠慢，立即回詔
說：「王爲國家至親，勸朕早行婚禮，以遵爲孝，宜從所請。」〔註14〕同日
禮部也上奏說：

> 皇上孝心純篤，不忍遽定大婚之期，然先帝遺詔拳拳以婚禮不宜過
> 期者，蓋爲祖宗嗣續計，爲社稷生民根本計。況近者皇太后已降聖
> 諭，親王宗室復上勸章，誠不可以少緩，乞俯從臣等所請，俾得以
> 按禮行事。〔註15〕

鑑於太后、親王、禮部大臣再三勸請，憲宗這才下詔說：「婚禮定期朕本不忍
遽行，今卿等祇奉先帝遺命，重以宗社生民大計爲言，誠不可緩，勉從所請，
其擇日具儀以聞。」〔註16〕令人感到不解的是，爲何憲宗遲遲不肯舉行大婚？
難道眞如大臣所言，是出於對英宗的一片孝心，不願在服喪期間進行婚禮？
還是憲宗本人對皇后人選另有期待，故意以拖延戰術應付？眾所周知，憲宗
自幼即因「土木堡之變」的發生，和英宗七年多未曾見面，直到「奪門之變」
以後，才得以和父親重享天倫之樂，〔註17〕所以憲宗對英宗是否懷有如此深

〔註11〕《明憲宗實錄》，卷5，頁5a，天順八年五月庚午條。

〔註12〕同上，頁9a，天順八年五月甲戌條。「舉」字據《校勘記》頁24，應作「遽」。

〔註13〕《明憲宗實錄》，卷174，頁3b，成化十四年正月己卯條；《明史》，卷119，〈諸
　　　　王四〉，頁3629。

〔註14〕《明憲宗實錄》，卷5，頁9a～9b，天順八年五月甲戌條。

〔註15〕同上，頁9b，天順八年五月甲戌條。

〔註16〕同前註。

〔註17〕根據《明實錄》記載，正統十四年（1449）八月，英宗率軍親征瓦剌，結果
　　　　兵潰土木堡，被俘。皇太后孫氏遂命郕王祁鈺監國，並立見深爲皇太子。繼

厚的感情，不得不讓人感到懷疑。不過，不論是出於哪一種心情，事實證明憲宗迫於強大的輿論壓力，最終還是在七月二十一日完成了婚禮。只是誰也料想不到，這段婚姻竟然只維持了三十二天。

八月二十二日，憲宗即位剛好滿七個月，卻從宮中傳出一個令文武群臣及天下百姓都感到震驚的消息，剛剛冊立一個月的皇后吳氏，被憲宗廢了。廢后速度之快，可以說是史無前例。憲宗在給文武大臣的敕諭中說了廢皇后的原委：

> 朕勉遵先帝之命，冊立皇后，不意太監牛玉偏徇己私，朦朧將先帝在時選退吳氏，於母后前奏請立爲皇后。朕觀吳氏輕浮粗率，《詩》云：「靡不有初」，初尚不謹，何以克終！朕負天下之重，處禮之變，冊立中宮爲風化之原。不幸〔意〕所遇如此，豈得已哉！敷告群臣，悉予至意。〔註18〕

根據詔諭的內容，可歸納出兩點廢后的原因，一是吳后「輕浮粗率」，不足以爲后。二是太監牛玉在選后的過程中出現弊端。

憲宗這兩點廢后理由的可信度，不無可疑之處。尤其是憲宗在給吳氏本人的敕諭中，曾經指責她：「言動輕浮，禮度粗率，留心曲調，習爲邪蕩。」〔註19〕這個評語若和大婚時的冊制評語相對照，完全是兩回事，當時的冊制說：

> 爾吳氏毓秀勳門，賦質純粹，有端莊靜一之德，有溫和慈惠之仁，姆師之訓素間，禮度之容不爽。茂簡貞淑式契元龜，肆加褕翟之榮，

而聞瓦剌復至，在廷文武群臣請立郕王爲皇帝以紓國難，皇太后孫氏只好勉從所請。九月，郕王即皇帝位，遙尊英宗爲太上皇。隔年八月，英宗還京師，被軟禁於南宮。景泰三年（1452）五月，景泰帝因私心作祟，廢見深爲沂王，改立其子見濟爲皇太子。景泰八年（1457）正月，武清侯石亨、左副都御史徐有貞等擁英宗復位，是爲「奪門之變」。三月，復立見深爲皇太子，並更名爲見濡。詳見《明英宗實錄》，卷181，頁2b、8b、9b、20a～20b，正統十四年八月壬戌條、乙丑條、丁卯條、丙子條；《明英宗實錄》，卷183，頁1a，正統十四年九月癸未條；《明英宗實錄》，卷195，頁9b，景泰元年八月丙戌條；《明英宗實錄》，卷216，頁1b，景泰三年五月甲午條；《明英宗實錄》，卷274，頁1a，天順元年正月壬午條；《明英宗實錄》，卷276，頁4a，天順元年三月己巳條。

〔註18〕《明憲宗實錄》，卷8，頁6b，天順八年八月癸卯條。「幸」字據《校勘記》頁35，應作「意」。

〔註19〕《明憲宗實錄》，卷8，頁6b，天順八年八月癸卯條。

俾冠軒龍之位。〔註20〕

但吳氏仍然是吳氏，怎麼會在短短的一個月內，因爲換了身分，個性就一百八十度的大轉變？這背後是否還有不爲人知的關鍵原因？又牛玉在選后的過程中如何「偏徇己私」？據《憲宗實錄》記載：

> 上在東宮，英宗爲擇配榜諭中外，分命中官往來，得十二人皆至。英宗親選王氏、吳氏、柏氏三人留于宮中，初意在今皇太后（王氏）。會章皇后崩，既而英宗崩，左右竊有不利之疑。……將選后時，玉以王氏非其所選，說太后欲易之，而俊、雄以玉嘗選吳氏，因熹賂玉，故卒立爲后。〔註21〕

由此可知，英宗爲憲宗擇配時，曾選定王氏爲皇太子妃，正準備冊立的時候，卻逢皇太后孫氏病逝，接著英宗也去世，這件事情便耽擱了下來，當時宮內有人還將孫太后和英宗相繼去世的事情與王氏的入選聯繫起來。等到皇太后重命擇配的時候，吳俊、吳雄父子遂透過同姓宦官吳熹對牛玉進行賄賂，牛玉看在吳氏是自己所選的份上，於是奏請太后立吳氏爲后。牛玉、吳熹這兩個太監，犯下這樣嚴重的欺君之罪，憲宗居然只謫他們到南京孝陵種菜，〔註22〕處分似乎過輕，顯示憲宗對此事的處置未免有點草率。爲此，還引起當時輿論的不滿，南京六科給事中王徽等人即針對此事上疏，目的在於預防宦官之禍，王徽等人請求重治牛玉，「明刑罰以正朝綱」、「鑒往事以防後患」，疏中略曰：

> 夫牛玉故違先帝之命，其罪當死，一也。謀立皇后，其罪當死，二也。欺侮陛下，其罪當死，三也。使陛下負廢后之名，其罪當死，四也。凡此四不韙者。人臣之大惡，而牛玉兼有之，明正典刑，梟首街市，以明號令，以正紀綱可也。〔註23〕

接著，王徽等人又提出預防三策：一、不許內官與國政；二、不許外官與內官私相交結；三、不許內官弟姪在外任事，並置立產業。〔註24〕

　　按照明代諫議制度運作的情形來看，言官彈劾宦官本是家常便飯，而且王徽等人的上疏也是出於一番好意，但是憲宗卻爲此大怒，不但責備這些人

<hr>

〔註20〕《明憲宗實錄》，卷7，頁4a～4b，天順八年七月壬申條。
〔註21〕同上，卷8，頁6a～6b，天順八年八月癸卯條。
〔註22〕同上，頁7a，天順八年八月癸卯條。
〔註23〕《明憲宗實錄》，卷11，頁7b，天順八年十一月丙寅條。
〔註24〕同上，頁8b～9a，天順八年十一月丙寅條。

「妄言要譽，希求進用」，還下令吏部將他們降調遠方。〔註25〕憲宗對這件事的反應似乎過激了些，更易讓人對其「廢后」理由產生懷疑。這中間似有不可告人的祕密，所以憲宗不得不重罰王徽等人，以阻止此事再繼續發展下去。所以牛玉所犯的罪是真有其事，正好可以被憲宗拿來作為廢后的藉口？還是它只是個「莫須有」的罪名，牛玉不過是憲宗「廢后」的代罪羔羊？〔註26〕事實真相為何，我們恐怕很難下定論。或許《憲宗實錄》修纂者也有同樣的懷疑，因而留下了一段大膽的記載：

> 后立未踰月而廢，當時傳言，或謂後宮先有擅寵者被后杖責故及，
> 然宮禁事秘，莫得而詳；又謂有惡〔忌〕牛玉之專者欲奪其權，有
> 所承望而然，故罪獨歸于玉云。〔註27〕

假如這個傳言是真的，那麼憲宗廢后的關鍵原因，顯然是和萬氏有關。在吳氏尚未被立為皇后以前，萬氏已經獲得憲宗的專寵，年輕的吳氏〔註28〕不能明白憲宗與萬氏長久以來所建立的深厚感情，一時嫉妒心作祟，才會失去理智杖責萬氏，誰知卻因此失去了后位。

　　吳后被廢已近一個月，憲宗卻遲遲未有立新后的打算，朝中大臣鑑於中宮之位不可久虛，聯合上疏，請求憲宗遵從先帝遺命，冊立賢淑正位中宮。九月二十日，孫繼宗、李賢等人上言：「皇后上配聖躬，恭承宗祀；表正六宮，母儀天下，繫國家根本之重，其位不可久虛。伏望皇上遵依先帝遺命，冊立賢淑正位中宮。」〔註29〕憲宗立即回詔：「卿等言是，但此事且當以緩。」〔註30〕九月二十四日，孫繼宗、李賢等人繼續上奏，請憲宗體先帝之心，順天地陰陽之義，早立中宮：

> 天必有地為之配，陽必有陰為之對，君必有后以為之配對者，順天

〔註25〕《明憲宗實錄》，卷11，頁10a，天順八年十一月丙寅條。
〔註26〕孟森、趙令揚、郭厚安皆採此種意見。分見孟森，《明代史》，頁177；趙令揚，〈論明憲宗朱見深之婚變〉，《中國學人》4（1972.7），頁15～21；郭厚安，《弘治皇帝大傳》（瀋陽：遼寧教育出版社，1994.8），頁4。
〔註27〕《明憲宗實錄》，卷8，頁7a，天順八年八月癸卯條。「惡」字據《校勘記》頁44～45，應作「忌」。
〔註28〕天順八年六月十一日，憲宗命太保會昌侯孫繼宗為正使，少保吏部尚書兼華蓋殿大學士李賢為副使，持節行納采問名禮，吳俊對曰：「……臣女今年十七謹具以聞。」由此可知，吳氏當時的年紀相當輕，尚未滿二十歲。詳見《明憲宗實錄》，卷6，頁2a，天順八年六月癸巳條。
〔註29〕《明憲宗實錄》，卷9，頁3a～3b，天順八年九月庚午條。
〔註30〕同上，頁3b，天順八年九月庚午條。

地陰陽之道也。況先帝拳拳之命，不可有違。伏望皇上體先帝之心，
以順天地陰陽之義，俯從臣等所請，早命所司涓吉具儀，冊立中宮
以慰天下之望。〔註31〕

但是憲宗仍然予以拒絕，他說：「中宮不可虛位，卿等所言固為有理，但朕不
幸遭此〔廢后〕變故，不欲遽行，其緩之。」〔註32〕九月二十六日，孫繼宗、
李賢等人仍不死心，又繼續上奏，希望憲宗學習古聖賢處變之道，「早建賢淑，
共圖治理」：

窺惟自古聖人處人道之變，若湯武之於君臣，周公之於兄弟，皆斷
以大義而不泥於私恩。他如漢光武、宋仁宗號稱賢主，亦不免廢后
更立，陛下處此，豈得已哉！然義有所必斷，禮有所必行。按禮，
天子正六官以聽外治，皇后正六宮以聽內治，君后合德萬化乃成，
人倫之攸始，王化之攸基，而可緩哉？伏望鑒古聖賢處變之道，遵
先帝遺命之重，俯從臣等所請，早建賢淑，共圖治理，將見乾坤定
而陰陽和，萬物育而禎祥應矣。〔註33〕

至此憲宗終於首肯，下詔說：「朕成婚禮，固奉先帝遺命，但深省前誤不欲遽
行。今卿等再三陳情〔請〕，義正辭切，朕難固拒，仍遵先帝成命特遵所奏，
待敕禮部舉行。」〔註34〕從詔書的內容可知，憲宗遲遲不立新后的原因，主
要是為了記取前次廢后的教訓，不願看到歷史重演。但耐人尋味的是，這會
不會只是藉口而已？他不願意馬上立新后，或許是為了等待一個適當時機，
好讓自己寵愛的人得以立為后。

九月二十八日，憲宗敕諭禮部：「遵先帝成命，冊立王氏為皇后。」〔註35〕
十月十二日進行冊封典禮。〔註36〕十五日詔告天下，立新后儀式才算告成。
〔註37〕王氏被冊為皇后後，或許是吳后的前車之鑑，亦或是天生個性使然，
使她懂得以謹慎小心甚至容忍的態度，處理和萬貴妃之間的關係，所以《憲

〔註31〕《明憲宗實錄》，卷9，頁4a，天順八年九月甲戌條。
〔註32〕同前註。
〔註33〕《明憲宗實錄》，卷9，頁4b，天順八年九月丙子條。
〔註34〕《明憲宗實錄》，卷9，頁4b～5a，天順八年九月丙子條。「情」字據《校勘
　　　　記》頁37，應作「請」。
〔註35〕《明憲宗實錄》，卷9，頁5a～5b，天順八年九月戊寅條。
〔註36〕同上，卷10，頁5b，天順八年十月壬辰條。
〔註37〕同上，頁7a，天順八年十月乙未條。

宗實錄》說她面對萬貴妃時,「每以厚德優容之」。〔註 38〕

第三節　皇嗣問題

　　成化二年（1466）正月十九日,萬氏爲憲宗生下了第一個兒子,〔註 39〕憲宗欣喜之情可以想見,於是他派遣內官到山川寺觀掛袍行香,以期陰祐。〔註 40〕隨即又在三月冊封萬氏爲貴妃。〔註 41〕但是沒想到這位皇子尚未命名,便在當年十一月二十六日夭折,〔註 42〕憲宗甚爲感傷。

　　自從皇長子去世之後,轉眼又過了一年多,萬貴妃沒有再度懷胎的跡象,其他的嬪妃也沒有替憲宗生下一兒半女。那些向來喜歡「以國家興亡爲己任」的外朝大臣,在深恐國家後繼無人的心態下,自然想對此事提出建言,但此屬於皇帝個人私家的內事,大臣們多不方便直說,只好藉自然災異的出現示警於帝。成化四年（1468）四月十五日姚夔等人首先上奏提出這個問題,疏中說:

> 竊見今年自春徂夏,天氣寒慘,風霾陰翳,日色無光。近一二日,
> 米黃霧蔽天,晝夜不見星日。況今四月中旬,雷不發聲,考之傳記,
> 各有徵應。邇者,北虜屢寇邊境,四方日報災異,人事如此,天其
> 或者仁愛?皇上有以警動之乎?伏惟皇上當春秋鼎盛之日,正嗣續
> 繁衍之時,奈何震位尚虛,切繫人望、天與祖宗之意,固自有待然。
> 臣等區區忠愛之私,有不能已,竊睹英宗睿皇帝臨作〔祚〕以來,
> 克遵祖訓以御家邦,而慈懿皇太后、皇太后、貴妃、宸妃以下,皆
> 有關雎之德,螽斯之美,所以子孫眾多,本支隆茂。伏願皇上修身
> 養德,感天格祖,思國本之不輕,思宗社之至重,思聖體之當慎惜,
> 思聖愛之當均溥。將見六宮奉職則百斯男,九廟降祥,本支百世,
> 實天下之大幸也。然此在聖心一轉移之間,非求神奉佛之所
> 能……。〔註 43〕

〔註 38〕《明憲宗實錄》,卷 286,頁 1b,成化二十三年正月辛亥條。

〔註 39〕同上,卷 25,頁 9b,成化二年正月壬戌條。

〔註 40〕同註 38。

〔註 41〕《明憲宗實錄》,卷 27,頁 3b,成化二年三月辛亥條。

〔註 42〕同上,卷 36,頁 7b,成化二年十一月甲午條。

〔註 43〕《明憲宗實錄》,卷 53,頁 5a～5b,成化四年四月甲辰條。「作」字據《校勘記》頁 193,應作「祚」。

這封奏疏除了要求憲宗「均溥聖愛」外，還意有所指地稱讚英宗之所以能子孫眾多，主要是因爲後宮嬪妃皆有關雎、螽斯不妒之美德，隱然有貶抑憲宗後宮嬪妃的意味，特別是萬貴妃，因爲她當時寵冠六宮，深獲憲宗的專寵，難免會讓外朝大臣懷疑她是否在背後干擾皇子的出生。此外，歷代言災異，以漢代爲最盛。在「天人災異說」的思想背景下，漢人最愛將自然界之各項災異，如日、月、星、山、地等之變象，附會一番，來影射太后主政，或后妃弄權、得寵諸現象，從而奠定了「婦人災異論」的理論架構。故觀此奏，若謂其繼承漢代「婦人災異論」之思想，亦無不可。〔註44〕但是憲宗對於這封奏疏，似乎並不領情，只是很簡短地回應說：「上天示戒，實警朕心，卿等所言，足見忠愛，內事朕自處置……」〔註45〕

四月二十九日，戶科給事中賀欽再一次建議憲宗「於宮闈則正名，溥恩以繁本支」，〔註46〕但並未獲得憲宗的正面回應。其他大臣對於皇嗣問題並不因憲宗的態度而死心，仍然再接再厲地上奏。五月八日，工部右侍郎兼翰林院學士劉定之以久旱上言四事，第一件事就是希望憲宗求天地之心，遵守正后、妃嬪進見的先後次序，「蕃昌聖嗣，永固宗社」，如此一來，天地之氣方可調和：

> 夫天氣下降，地氣上升，則陰陽和而雨澤降。今久旱風霾，天地之氣不和而致然也。臣愚以爲皇上猶天，中宮正后猶地，豈非正后禮遇稍踈而天地示戒若此乎？由正后而及於妃嬪，其進見先後悉猶其序，此誠古帝王修身正家之要道，太祖皇帝垂訓之成法。聖嗣由是而藩〔蕃〕昌，宗社由是而永固，惟皇上其勤念焉。不可以爲細故而因循不改，恐有後時不及之悔也。〔註47〕

顯然，劉定之亦沿承了漢代言「婦人災異論」之論點。又憲宗本人對該奏疏的態度爲何？《憲宗實錄》記載「留中不下」，〔註48〕據此推測，應該是不悅的。

〔註44〕有關漢代以災異歸咎婦人思想之討論，參見劉詠聰，〈漢代之婦人災異論〉，收於《德色才權──論中國古代女性》（台北：麥田出版社，1998），頁43～86。

〔註45〕《明憲宗實錄》，卷53，頁5b，成化四年四月甲辰條。

〔註46〕同上，頁12b，成化四年四月戊午條。

〔註47〕《明憲宗實錄》，卷54，頁2b～3a，成化四年五月丁卯條。「藩」字據《校勘記》頁195，應作「蕃」。

〔註48〕《明憲宗實錄》，卷54，頁4a，成化四年五月丁卯條。

　　姚夔、賀欽、劉定之等人的上疏已過了幾個月，宮內氣氛依然如故，未見絲毫改變。當年九月，彗星再次出現，六科給事中魏元與十三道監察御史康永韶等人，借著星象之變異，又再度向憲宗提出建言。魏元的奏疏不同於前面幾封奏疏多從「溥聖愛」的角度論述「廣繼嗣」的問題，而是直指憲宗無子是因萬貴妃之故，並且明確要求憲宗不該專愛萬貴妃一人：

> 竊見今春以來，災異疊見。近日彗星又見于東方，光拂台垣，人心恟懼，皆陰盛陽衰之證也。臣等待罪言路，固知言出而禍隨之，然與其不言而得罪于宗社，不若力言而得罪于陛下之為愈也。臣聞君之與后，猶天之與地，不可得而參貳者焉。外間傳聞，陛下於中宮或有參貳之者，禮部尚書姚夔等嘗以為言，陛下謂「內事朕自處置」。屏息傾聽，將及半年，而昭德宮進膳不聞有減，中宮不聞有增。夫宮牆雖深，而視聽猶咫尺也；衽席雖微，而懸象昭著也。且陛下富有春秋而震位尚虛，豈可以宗廟社稷之大計一付於愛專情壹之所，而不求子孫眾多以固國本、安民心哉？伏願陛下思祖宗傳體之重，明伉儷之義，嚴嫡庶之分，以尊嫡體，以正宮闈，使陰陽各歸其分，日月相並而明，宗社萬年之基將在於此。……〔註49〕

從以上所引，亦可看出魏元意圖把災異的發生和萬貴妃之得寵連繫起來。然而，憲宗的回答，仍是採取一貫的敷衍態度，只說：「所言有理，宮中事朕自處置。……」〔註50〕同日康永韶等人亦上奏說：

> ……太子者天下之大本也。古者人君一娶九女，所以廣繼嗣也。今前星未耀，宗廟神靈之所托，四海民物之所賴，實切憂惶。伏望均六宮之愛，協宜家之祥，庶幾螽斯繩繩，麟趾振振，而大本立矣。……〔註51〕

結果憲宗也是以「所言有理」予以回應，〔註52〕卻未明確表示願意採納「均六宮之愛」的建言。此後，不論群臣如何上言，憲宗還是一概不理睬。〔註53〕

〔註49〕《明憲宗實錄》，卷58，頁3b～4a，成化四年九月己巳條。

〔註50〕同上，頁5a，成化四年九月己巳條。

〔註51〕同上，頁5a～5b，成化四年九月己巳條。

〔註52〕同上，頁7a，成化四年九月己巳條。

〔註53〕同年九月二十五日翰林院檢討張順上言八事，第一件事即是要求憲宗「溥恩澤以廣厚嗣」，憲宗仍未針對此點予以回應。詳見《明憲宗實錄》，卷58，頁13b，成化四年九月辛巳條。

直到成化五年（1469）四月二十八日，柏賢妃爲憲宗生下一位皇子，取名祐極，朝中大臣對於國本問題的疑慮，才暫時獲得解除。然而引人玩味的是，憲宗似乎並未像初次得子那般的興奮，因爲當禮部要求立刻將皇子出生的消息詔告天下，用慰人心時，憲宗卻表示暫且緩行。〔註54〕表現的如此低調，究竟是爲了什麼？莫非是怕萬貴妃因此而受到刺激？〔註55〕還是他心中仍存有皇長子早夭之陰影？〔註56〕

　　成化七年（1471）六月，祐極已經兩周歲，如果按照中國傳統年數的算法，則是三歲，可以立爲太子了。朝中群臣遂開始醞釀立祐極爲太子的行動，太常寺卿兼翰林院侍讀學士孫賢首先上了兩道奏疏：一是請立皇太子，二是陳情乞休致。結果憲宗批准了他的致仕，建儲之奏卻留中不出。《憲宗實錄》修纂者認爲，孫賢要求退休並非其眞意，而是透過建議冊立太子一事，想要獨攬其功，但是又怕引來別人的非議，才會假意要求退休。誰知弄巧成拙，將自己逼到進退兩難的窘境，最後只有眞的退休了。〔註57〕

　　孫賢退休後的一個月，朝臣終於採取了共同行動，由英國公張懋領銜，聯合上表，請立東宮。憲宗對此事做了如下的批復：「覽表具悉，建儲國之大事，關繫甚重。卿等所請固出忠誠，顧今幼齡，詎堪負荷，其安之。」〔註58〕群臣對於得到這樣的敕諭並不滿意，決定繼續力爭，第二天再次上表請立祐極爲太子。憲宗降敕表示理解眾人體國忠君的至情，但儲副國本所繫，打算等到皇子年齡既長，進學成德以後，再議冊立之事。〔註59〕不過，群臣並不因此作罷，第三天又再上一次表，根據前朝的成例，反駁憲宗不立太子的理由，認爲太祖、太宗、仁宗都是即位後不久便定國儲，而宣宗也在即位後的第三年立英宗爲太子，如今皇帝君臨天下已經七年多了，皇子祐極當然可以立爲太子：

> 伏以明君御極以建儲爲先，忠臣愛君以豫定爲請。蓋建儲豫則國本
> 固，國本固則天下寧，上自夏商周，下及漢唐宋，享國長久率是道
> 焉。臣等之切望在茲，章疏之屢陳，敢後恭惟皇帝陛下德冠百王，

〔註54〕《明憲宗實錄》，卷66，頁7b，成化五年四月庚辰條。
〔註55〕萬曆時人沈德符曾作此推測，見氏著，《萬曆野獲編》，卷三，〈宮闈〉，頁83，「孝宗生母」。
〔註56〕方志遠即提出此看法，見氏著，《成化皇帝大傳》，頁96。
〔註57〕《明憲宗實錄》，卷92，頁4a，成化七年六月乙丑條。
〔註58〕同上，卷93，頁5b，成化七年七月辛卯條。
〔註59〕同上，頁6a，成化七年七月壬辰條。

仁涵萬國，望道未見懷周文之小心，納諫如流，恢漢高之大度。顧
諫儲一事，久未舉行，致在廷群臣重有煩瀆，仰惟聖子之生，實天
地禎祥之集，國家福祉之鐘。正位東宮，揆理爲當，稽諸本朝已行
之典，實乃今日當循之規。蓋太祖行於定鼎之初，而太宗繼志曾不
踰於二載，仁宗舉於即位之後，而宣宗紹統亦僅及於三年經世，遠
猷昏此焉。在以今較習固爲後期，伏望皇上念祖宗垂統之重，鑒臣
民屬望之深，早頒冊寶正主鬯之位載，稽典禮弘齒冑之規，俾百僚
睹重曜之光，萬方霑少海之潤，則宗社興隆，國家慶賴。臣等無任
瞻天仰聖，激切屏營之至，謹奉表以聞。〔註60〕

由於儲位問題，在中國歷代王朝向來被視爲宗社國家的根本問題，它關係到
國家最高權力的繼承和轉移能否以和平的方式進行，關係到國家的政治局面
能否穩定下來。儲位確定，皇位繼承人無可爭議，一旦老皇帝去世時，太子
就自然而然地成爲新君，若儲位不定，不同的政治派別和集團就會去尋找各
自的代理人，以實現他們的政治野心與利益。所以傳統中國的士大夫常常會
爲了建儲問題，向皇帝提出建言。這次群臣醞釀立祐極爲太子的行動，應該
也是基於此種考量。由於建儲行動得到了周太后的支持，使得憲宗不得不再
一次向大臣屈服妥協，他在張巒等人第三次上表後降敕說：「覽表具悉，卿等
再三以建儲爲言，詞明理正，援引切當，忠愛至矣。欽承皇太后聖訓，亦謂
茲事重大，宜從眾望，不可固拒。今特允所請，其令禮部具儀，擇日以聞。」
〔註61〕令人疑惑的是，在這次的爭議中，爲何憲宗不願立刻接受大臣的建言，
早立祐極爲太子呢？除了皇子年紀尚幼的理由外，是否還有其他私人情感因
素的考量？〔註62〕

　　四個月後，憲宗終於在十一月十六日，正式舉行了皇太子冊立儀典。〔註63〕
不過，外廷的文武百官對於皇帝的私生活，仍然是非常關注，並未因爲太子已
立而罷休，只要一逮到機會，就上書建言一番，讓憲宗本人大爲惱怒。十二月
再度遭逢彗星之變，憲宗下詔自責，敕群臣修省，條時政闕失，〔註64〕朝中大

〔註60〕《明憲宗實錄》，卷93，頁6a～6b，成化七年七月癸巳條。
〔註61〕同上，頁6b，成化七年七月辛卯條。
〔註62〕方志遠認爲憲宗拖著不立太子，顯然是想等萬貴妃再次生育。見氏著，《成化
　　　　皇帝大傳》，頁97。
〔註63〕《明憲宗實錄》，卷98，頁3b，成化七年十一月甲寅條。
〔註64〕同上，卷99，頁2b，成化七年十二月甲戌條。

臣遂紛紛上奏。十六日兵科給事中郭鏜上奏說：

> 邇者彗星示戒，皇上省咎求言，在廷文武群臣條陳應天事宜。然臣
> 以謂應天在乎以實，慎始在於圖終，古之帝王率循茲道。曩歲曾見
> 皇上容直言有詔矣，禁增修廟刹有旨矣，納尚書姚夔疏而處內庭有
> 道矣，此皆帝王之所勉強而行，漢唐以來之所絕無而僅有者也。然
> 而彗星復見者，豈皇上法天之誠，圖終之道，萬分一有所未盡，而
> 三事之行未能無間歟？變不虛生，必有以也。臣願皇上反觀內省，
> 痛自思惟，邇者群臣有以直言而得罪者否？近習有以禱祠而見惑者
> 否？宮闈有以嬖倖而擅寵者否？防微杜漸，圖惟厥終，則善治可成，
> 天心可回，星變可弭矣。〔註65〕

憲宗看了這封奏疏之後，非常生氣，認為郭鏜的建言完全沒有任何新意，多
是一些陳腔濫調，說：「今又妄言煩瀆，本當逮問，姑恕之。」〔註66〕過了七
天，左春坊左諭德王一夔上疏陳言五事，第一件事便是希望憲宗「正宮闈以
端治本」：

> 臣聞家齊而後國治，國治而後天下平。齊家之道在正倫理，篤恩義，
> 絕情〔請〕謁，戒驕奢，厚其所厚，薄其所薄，定尊卑而遠寵倖，
> 溥恩惠以廣繼嗣，如是則家齊而國興，天下可平治矣。……〔註67〕

面對群臣三番五次提到「正宮闈」之事，憲宗顯然已經感到非常不耐煩，在
批答王一夔的奏疏時，口氣非常強硬而且不客氣：「此皆陳腐之言而妄自張
大，本當究治，但係用言之時，姑宥之。」〔註68〕暫時杜了悠悠之口。

　　然而，令人扼腕的是，皇太子祐極冊立才兩個月多，便於成化八年
（1472）正月二十六日突然病逝。〔註69〕在皇太子死後的第四天，南京十
三道監察御史陳鑾等人上疏陳言：「切見孛彗告異，光芒甚長，天道人事實
相流通，必人事之失所致，惟在知而改之。爾願陛下睹茲災變，仰思天意
而內自訟」，然後辭鋒一轉，提供憲宗幾點自我檢討的方向，並且期勉憲宗
審而擇之，當為者速為之，當改者速改之，如此一來，天意可回，災變可

〔註65〕《明憲宗實錄》，卷99，頁12a～12b，成化七年十二月癸未條。
〔註66〕同上，頁12b，成化七年十二月癸未條。
〔註67〕《明憲宗實錄》，卷99，頁15b，成化七年十二月庚寅條。「情」字據《校勘
　　　　記》頁347，應作「請」。
〔註68〕《明憲宗實錄》，卷99，頁16b，成化七年十二月庚寅條。
〔註69〕同上，卷100，頁11a，成化八年正月癸亥條。

弭。此疏值得注意的是，陳鑾等人再度對憲宗的私生活頗有微辭，要求憲宗審慎檢討後宮生活是否有擅寵的問題，「乾施坤承家已齊矣，豈尚有情愛比暱之私乎？」〔註70〕這除了反映外朝大臣對萬貴妃獲得憲宗專寵一貫的不滿心態之外，是否也意味著當時有人將皇太子之死和萬貴妃的擅寵聯想在一起？令人驚訝的是，憲宗並未針對陳鑾等人的言論予以嚴厲斥責，對於後宮擅寵問題也未給予正面回應，只是就其他建言簡單回復說：「御史所言俱已有處置，所司其知之。」〔註71〕或許是憲宗對皇太子去世一事十分感傷，態度才會變得如此和緩，不願對大臣追究；又或許是大臣所言，正說到了他的痛處，使他對皇太子之死更加難過，所以才不願和他們計較。究竟是出於何種心理因素，我們難以得知。

憲宗第三子朱祐樘的出生，在《憲宗實錄》中的記載頗為隱晦，這應該和《憲宗實錄》在孝宗朝奉敕修纂有關，因為事涉孝宗隱私，史臣有所顧忌，不敢明言，只透露：孝宗出生於成化六年七月三日，〔註72〕但卻不為外廷所知，直到成化十一年（1475）五月十九日，才被戲劇化地對外公開身份，並且正式定名為祐樘。這段皇子現身的過程，在當時著實讓憲宗和內閣大臣傷透了腦筋，憲宗還特別請大臣詳加討論。《憲宗實錄》留下了這樣的記載：

> （憲宗）敕禮部：「朕皇子年已六歲，未有名，其與翰林院定議以聞。」既而擬進，上親定睿名祐樘，下宗人府書于玉牒。皇子，即今上（孝宗）也。母紀氏。生時失傳於外廷，臣不及致辭奉賀。至是已六年矣，因乾清宮門災，上欲顯示於眾，乃命司禮監太監懷恩等至內閣計議。僉議未定，良久，學士商輅曰：「若降敕於禮部，以擬名為辭，則眾不言而自喻矣。」恩等欣然從之，請於上，遂有是命。於是中外之人心，無不懽悅。越數日，上出皇子於文華門，召文武大臣進見。又數日，上御文華殿，召輅及學士萬安、劉珝、劉吉至御座前，溫言問曰：「皇子既出，將何如處之？」輅等頓首對曰：「皇上即位十年，儲副未立，天下人心望此久矣。今皇子出，實宗社之福，當立為太子。」上曰：「即舉行乎？」對曰：「今天氣向災，各衙門亦

〔註70〕《明憲宗實錄》，卷100，頁12b～13a，成化八年正月丙寅條。
〔註71〕同上，頁13a，成化八年正月丙寅條。
〔註72〕《明憲宗實錄》，卷81，頁1a，成化六年七月丁丑條。

有行造，俟秋涼舉行。」上曰：「然。」安復曰：「皇子饑飽、寒煖
之節，須勞聖慮。」上領之曰：「朕知悉矣。」輅等退，賜酒飯於文
華殿外，命太監懷恩、覃昌侍之。〔註73〕

這段記載有兩點可議之處：第一，爲何紀氏生孝宗這件事，會失傳於外廷六
年？從《明實錄》中，我們只能找到兩條線索，一爲《憲宗實錄》在萬貴妃
本傳中稱：「孝穆皇太后以妃之故遜居西內。」〔註74〕二爲《大明孝宗敬皇帝
實錄》（以下簡稱《孝宗實錄》）在卷一孝宗生平簡介中，曾經記載：「孝穆太
后既有娠，以疾遜于西宮而生上焉。」〔註75〕顯然孝宗的出生，就當時的情
勢而言，是不被允許的，很有可能是怕遭萬貴妃嫉妒，所以紀氏以生病爲藉
口，暫時避居於西內，並且偷偷地把孝宗生出來。然而，令人疑惑的是，憲
宗本人對於孝宗的出生，是否知情？還是和外廷大臣一樣，都被蒙在鼓裏？
如果答案是後者，憲宗最後又是如何得知孝宗的存在？另一個可議之處是，
萬安爲何要特別提醒憲宗注意皇子饑飽、寒煖之節？除了對憲宗表現出阿諛
諂媚之意外，是不是因爲皇二子祐極突然夭折，令外朝大臣心生疑慮，萬安
因而藉此暗示憲宗皇子的保育應小心謹慎。

　　皇子祐樘對外公開身份才一個月多，宮中突然傳來一個不幸的消息，
皇子之母病已沈重。根據《憲宗實錄》的記載，紀氏生病時，憲宗曾命內
醫日往視療，但是病情仍然很嚴重，已到了湯藥不能進的地步，憲宗便命
司禮太監黃賜赴閣下議後事。太子少保吏部尚書兼文淵閣大學士商輅等人
因此上奏：「臣等聞皇子之母病已沈重，若有不諱，一應禮節須宜從厚，仍
乞即命司禮監官奉侍皇子過宮問視，及製衰服行禮。」〔註76〕憲宗批答這
份奏疏時，表示同意。六月二十八日，紀氏終告去世。〔註77〕由於紀氏的
死實在是來得太突然，輿論一片嘩然，很多人都猜測與萬貴妃有關，但是
礙於當時的政治環境，不敢明言。直到孝宗即位以後，才有大臣上言要求
追查紀氏死因。成化二十三年（1487）九月，山東魚臺縣丞徐頊首先提出
這個問題，他上疏說：

〔註73〕《明憲宗實錄》，卷141，頁5a～6a，成化十一年五月丁卯條。
〔註74〕同上，卷286，頁2a，成化二十三年正月辛亥條。
〔註75〕《明孝宗實錄》（台北：中央研究院歷史語言研究所，1965），卷1，頁1a，
　　　　總頁1。
〔註76〕《明憲宗實錄》，卷142，頁5a，成化十一年六月癸卯條。
〔註77〕同上，頁5b，成化十一年六月乙巳條。

先母后之舊痛未伸，禮儀未稱，請議追諡遷葬。其萬貴妃戚屬萬喜
等罪大責微，請重行追究，盡沒入其財產。〔註78〕

孝宗回詔說：「追諡、遷葬，朝廷先已有定議。萬喜等罪狀，禮部會官再議。」
〔註79〕於是，禮部會文武大臣集議，認爲宮闈之事，不可臆度，在內應該派
中官密訪萬貴妃宮中的近御人等，以求的實。在外則拘逮萬氏親屬曾入宮者，
下錦衣衛獄，會官鞫問。孝宗獲知廷議結果後，下諭說：

此事皇太后、母后宣諭已明，凡外間無據之言，難憑訪究。又萬喜
等原所受官職、房產，已准辭退，其累次所賞金銀及違禁器物及支
過內府價銀，令盡數還官。如隱寄不實，追問不宥。〔註80〕

由此可知，這場要求爲紀氏申冤的風波，因爲有太皇太后和皇太后的斡旋，
才免了一場大獄。但是朝中仍有大臣對此結果深感不滿，繼續向孝宗上奏。
同年的十一月，巡按直隸監察御史司馬垔上疏說：

聖母之終，不能無疑。然太皇太后、皇太后所以保護陛下之恩亦至，
似宜少抑悲思，從容審查，弗傷兩宮之意。於凡先帝所行，尤當含
弘廣大，以蓋其愆，毋輕信希覬之徒爲已甚之舉。〔註81〕

十二月，監察御史曹璘也上疏：「貴妃萬氏有罪，請告于先帝，遷葬，削其
諡號。」〔註82〕然而孝宗向曹璘重申無追究此事之意，希望他不要再提及
削諡、遷葬等事。〔註83〕爲何孝宗不願對生母死因加以追究？或許《孝宗
實錄》中的一段記載，可以提供我們一點線索，其記載如下：「上不念舊惡
且重傷先帝在天之靈，卒不深究。」〔註84〕可見孝宗有感於父親一生與萬
貴妃的感情極深，倘若生母之死眞的和萬貴妃有關，如追萬貴妃罪，必不
符合父親的心意，自己怎能讓九泉之下的父親不安？再者，追罪萬貴妃勢
必牽扯到憲宗對她的姑息、容忍，有損於父親身後之名，這恐怕是孝宗不
願看到的結果。〔註85〕

　　成化十一年的重陽節，憲宗賜百官宴於午門。英國公張懋等人趁機上

〔註78〕《明孝宗實錄》，卷3，頁5b，成化二十三年九月丁巳條。
〔註79〕同前註。
〔註80〕《明孝宗實錄》，卷3，頁6a，成化二十三年九月丁巳條。
〔註81〕同上，卷6，頁5a，成化二十三年十一月乙巳條。
〔註82〕同上，卷8，頁6a，成化二十三年十二月丙子條。
〔註83〕同前註。
〔註84〕《明孝宗實錄》，卷224，頁7a，弘治十八年六月庚申條。
〔註85〕李夢芝，《弘治帝》（長春：吉林文史出版社，1996.1），頁212。

表，請立皇太子。〔註86〕沒想到憲宗又以「皇子方在幼齡」爲理由，予以拒
絕。〔註87〕文武群臣並未因爲憲宗推托的態度而遭受打擊，反而挾著前次建
立儲君成功的信心，決定採取不屈不撓的精神，繼續向憲宗上表陳請。第二
天又再次上表請立皇太子。憲宗還是一貫敷衍態度，降敕表示理解眾臣一片
忠懇之情，但建儲是國之大事，打算等到皇子年齡稍長，進學成德以後，再
徐議正名。〔註88〕第三天，英國公張懋等人又繼續上表請立皇太子。〔註89〕
同日，甚至遠在南京的五府六部等官以及駙馬都尉趙輝也加入陳請的行列。
〔註90〕這次行動因爲再次獲得皇太后的支持，所以憲宗最後還是向文武群臣
屈服了，他在給張懋等人的敕書中說：

> 卿等請建皇儲，懋隆國本，合詞表上，至於再三，眷此忠誠，理難
> 固拒。欽承聖母慈訓，實同輿言，茲特勉從所請，請令禮部擇日具
> 儀以聞。〔註91〕

同一年的十一月初八日，朝廷隆重舉行了冊立皇太子的儀式，正式確立祐樘
的儲君地位，〔註92〕立儲風波終告平息。

綜觀憲宗朝兩次的立儲行動，令人不解的是，爲何憲宗對於建立儲副之
事，態度總是如此的消極？如果前一次拒絕立儲行動，眞是基於皇子祐極年
齡尚幼的考量，那麼這次的立儲，祐樘已經六歲了，憲宗爲何還要再加以推
托呢？

自從皇三子祐樘戲劇化地現身以後，皇四子、皇五子……一個接著一個
地出生，〔註93〕而且這些皇子都是出自於萬貴妃以外的嬪妃。顯然萬貴妃自

〔註86〕《明憲宗實錄》，卷145，頁2b，成化十一年九月乙卯條。
〔註87〕同上，頁3a，成化十一年九月乙卯條。
〔註88〕同上，頁4a，成化十一年九月丙辰條。
〔註89〕同上，頁4b，成化十一年九月丁巳條。
〔註90〕同上，頁5a，成化十一年九月丁巳條。
〔註91〕同前註。
〔註92〕《明憲宗實錄》，卷147，頁1b～2a，成化十一年十一月癸丑條。
〔註93〕根據《明憲宗實錄》的記載，憲宗在成化十一年五月十九日以後，又陸續
　　　　獲得十一個兒子，分別是皇四子祐杭，成化十二年七月初二日邵辰妃所生
　　　　（卷155，頁1a，癸卯條）；皇五子祐榆，成化十四年十月十八日邵辰妃所
　　　　生（卷183，頁5a，丙午條）；皇六子祐檳，成化十五年正月初四日張德妃
　　　　所生（卷186，頁1a，辛酉條）；皇七子祐楎，成化十五年閏十月二十五日
　　　　張德妃所生（卷196，頁4b，丁丑條）；皇八子祐檀，成化十七年六月初三
　　　　日邵辰妃所生（卷216，頁1b，丙午條）；皇九子祐楮，成化十七年十一月

從生了皇長子後，就不再受孕，這可能與她的年紀已大，過了生育時期有關。原本令大臣擔憂的皇嗣不蕃問題，如今似乎不再成爲問題。但是令人困惑的是，爲何在皇三子現身之前，皇子的出生率如此低？和成化十一年五月以後相比，前後相差如此懸殊，難道只是一種巧合？還是其中眞有一些不爲外人所知的宮闈秘事？如果答案是後者，那麼問題又出在哪裡？是憲宗個人有不孕的隱疾？〔註94〕還是萬貴妃眞的干預過皇子出生之事？我們恐怕難得其詳。但從當時朝中的議論來看，一般大臣多將矛頭指向萬貴妃一人，認爲她是造成皇嗣不育的罪魁禍首。又倘若萬貴妃眞如大臣所推測，該負起引發皇嗣危機的責任，爲何在祐樘現身以後，她不再繼續干預下去？難不成這是她晚年固寵之道？和明朝關係親密的朝鮮，在其實錄中曾經留下如此記載：「彼萬氏見寵於大行皇帝，晚年色衰寵弛，私取遠方美女進之，以悅其心，以固其寵。」〔註95〕或許可以提供我們一點線索。

第四節　成化朝秕政

成化朝最爲人所熟知的便是奸佞圍繞，幾乎中國歷史上導致朝代衰亂的禍因，如外戚得勢、宦官竊權與營私，亦或「小人」入閣等問題，都可以在此時找到。而就《明實錄》的記載加以推論，這些禍因皆導源於萬貴妃的得寵，以下即就此加以論述：

十二日姚安妃所生（卷221，頁2b，壬午條）；皇十子成化十九年七月十七日王敬妃所生，同年九月夭折（卷242，頁3a，丁未條）；皇十一子祐樟，成化二十年九月二十四日張德妃所生（卷256，頁8b，甲辰條）；皇十二子祐橏，成化二十一年三月十六日楊恭妃所生（卷263，頁8a，丁酉條）；皇十三子祐樞，成化二十一年十二月十七日潘端妃所生（卷273，頁4a，戊寅條）；皇十四子祐楷，成化二十三年正月初四日楊恭妃所生（卷286，頁1b，辛亥條）。

〔註94〕相傳憲宗有使用房中術的習慣，成化時人王鏊如此記載：「憲宗宴駕，內監於宮中得疏一小篋，皆房中術也。悉署曰『臣安（萬安）進』。」（見氏著，《王文恪公筆記》，收於《國朝典故》【北京：北京大學出版社，1993】，卷61，頁1368。）此外，《九朝談纂》亦透露了相同之訊息：「成化中妖僧繼曉以房中術得幸，出入禁□久。時上幸萬妃試其術神驗，由此益有寵，賜予無筭。」（見不著撰人，《九朝談纂》【台北：偉文圖書公司，據國立中央圖書館藏舊抄本影印，1977】，頁1153。）故容易使人產生此方面之疑慮。

〔註95〕《朝鮮王朝成宗實錄》（漢城：朝鮮國史編纂委員會，檀紀4288～2496〔1955～1963〕），卷212，頁23a，十九年戊申（明孝宗弘治元年）閏正月戊子條。

一、外戚得勢

　　中國有句俗語：「一人得道，雞犬升天」，是歷代外戚掌權的最佳寫照。萬貴妃的得寵當然使其父兄增光，其父萬貴在女兒被冊封爲貴妃後不久，即被晉封爲錦衣衛正千戶，〔註96〕後又陞爲指揮僉事、〔註97〕指揮使。萬貴的三個兒子，萬喜、萬通、萬達亦獲得此項殊榮，分別於成化十四年（1478）二月晉陞爲都指揮同知、指揮使正千戶、指揮僉事，〔註98〕後來又陸續有所陞遷。此外，甚至連萬通兩歲庶子萬從善以及四歲養子萬牛兒，在萬通死後，也分別獲得都指揮使、指揮僉事的官職。〔註99〕由此可見，萬氏一門之得勢與受寵，凡是他們開口請求之事，憲宗莫不許之，例如：成化十三年（1477）十月賜萬通霸州田六百餘頃；〔註100〕十五年（1479）九月賜萬通兩淮餘鹽五十引；〔註101〕成化二十年（1484）十一月賜萬喜子萬祥校尉二十人，並賜萬喜軍伴如校尉之數；〔註102〕成化二十一年（1485）八月賜萬祥武清縣地四十一頃五十畝〔註103〕……。

　　由於萬貴曾執役公門，頗知禮法，每受重賞，總是憂形於色，看到兒子驕侈過度，就會警告他們不要過於浪費，他常說：「官家賜物皆注于曆，他日復來追，汝無以爲償。」〔註104〕但是萬氏兄弟或許從小跟著父親過苦日子過怕了，如今有姊妹備受皇帝寵愛，個個都變得驕橫起來，過去的自卑轉變爲變態的自大，不但將皇帝賞賜的器物，轉賣成銀兩，大肆揮霍，甚至還利用萬貴妃的關係，和中官做起了買賣。其中又以萬通爲最，萬通早年以經商爲業，所以頗諳經營之道，常從各地定製奇巧器物，運往北京，進獻給皇帝和后妃。宦官梁方便以內庫存銀支付物價，提取回扣。由於萬通的此等劣行，對國家的財富傷害甚大，所以在他死後，國史館也破例爲他作了一傳，〔註105〕

〔註96〕《明憲宗實錄》，卷27，頁4b，成化二年三月癸丑條。
〔註97〕同上，卷46，頁7a，成化三年九月癸亥條。
〔註98〕同上，卷175，頁2b，成化十四年二月壬寅條。
〔註99〕同上，卷257，頁7b，成化二十年十月丁丑條。
〔註100〕同上，卷171，頁2b～3a，成化十三年十月庚戌條。
〔註101〕同上，卷194，頁7a，成化十五年九月戊寅條。
〔註102〕同上，卷258，頁5b，成化二十年十一月乙巳條。
〔註103〕同上，卷269，頁3a，成化二十一年八月己丑條。
〔註104〕同上，卷143，頁2b，成化十一年七月戊午條。
〔註105〕雖然《明憲宗實錄》不乏爲外戚立傳之例，如中軍右都督王鎮（憲宗王皇后之父，見《明憲宗實錄》，卷129，頁5a，成化十年六月戊寅條）及太傅會昌侯孫繼宗（宣宗孫皇后之兄，見《明憲宗實錄》，卷197，頁6b～7a，成化十

茲摘錄如下：

> 通，貴妃之弟，行二，時不稱其官，惟以行第，稱萬二云。通少貧
> 賤，與兄（喜）俱以負販爲業，一旦驟貴，初猶畏懼，不敢恣肆，
> 既而閭巷惡少見其勢燄方起，爭趨赴之，誘以爲姦。時方尚寶石器
> 玩〔皿〕，小人之乘時射利者作爲奇技淫巧，以邀厚利，內外交通，
> 互相估價，取值至百千倍，府軍〔庫〕已空，而償其直猶不足。其
> 所製造者，皆無用之物，然亦無甚奇異者，一時進奉者毋慮數十家。
> 第宅服用，僭擬王侯，窮奢極侈，每一給直，車載銀錢，自內帑出，
> 道路絡繹不絕，見者駭嘆。在內則仗內臣梁方，外則富民爭庇，工
> 製爲新巧，託通以進分其利。〔註106〕

萬氏兄弟在政治上雖無干政之行，然而他們對政治秩序的敗壞，若和兩漢的
外戚相比，破壞力卻是更爲強大，因爲他們成了成化朝妖人佞倖取得進身的
媒介之一。如所周知，憲宗最爲大臣詬病的地方，除了不面見大臣議政之外，
就是偏信僧道，沈緬方術，而且內批授官，破壞正常的官員除授程序。這方
面的代表人物當數李孜省，李爲江西南昌人，原以布政司吏待選京職，因貪
污事發，逃匿至京，投靠權門。始則結交太監梁方、韋興、陳喜以爲援引之
謀，繼則依附外戚萬喜、萬達、萬祥以通倖進之路，終以祈禱邪術蒙幸。由
於李孜省頻繁地進獻符籙諸書以固寵，憲宗對他的寵信日甚一日，李孜省便
恃恩驕恣，當時官僚的進退，多出其口，一時士大夫皆畏之，無敢言者，〔註
107〕故李孜省對成化朝政局禍害之深可以概見。孝宗繼位以後，不少官僚認爲
解決此問題的時機已到，紛紛上疏，猛烈攻擊李孜省、鄧常恩等方士以及領
占竹扎巴堅參等僧侶，還有他們的靠山梁方、萬喜等人，希望孝宗嚴懲這些

五年十一月己酉條），但是這些傳的修纂皆符合凡例的規定：「凡公侯駙馬伯、
在京文武官三品以上、近侍五品以上，在外都司、布政司、按察司正官歿，
皆書卒及概見其行實善惡，務合公論。其有贈謚及賜祭賻贈，命有司治葬皆
書；若文武官有治行，功績顯著，不限職之大小皆書。有違例乞恩特與祭葬
亦書。」（見「凡例」，頁6）惟萬通卒時只不過是錦衣帶俸都指揮僉事，既
非如孫繼宗般位居公侯伯之列，又不若王鎮般有治行，《明憲宗實錄》卻仍然
予以立傳，可見其惡行之重大，才讓修纂者不得不爲他「破例」一下。

〔註106〕《明憲宗實錄》，卷225，頁7a，成化十八年三月丙申條。「玩」、「軍」二字
　　　　據《校勘記》頁626，應分別作「皿」、「庫」。

〔註107〕《明憲宗實錄》，卷189，頁1a，成化十五年四月丁亥條；《明孝宗實錄》，卷
　　　　2，頁9b，成化二十三年九月丁未條；《明孝宗實錄》，卷8，頁12b～13b，
　　　　成化二十三年十二月辛卯條。

不法之徒，以爲左道害正以及人臣不忠之戒。此時孝宗因爲剛即位不久，可能念及父親憲宗屍骨未寒，如果重處那些佞幸，豈不是大大暴露其父執政上的過錯？只好薄加責罰，並降萬喜、萬達、萬祥的官職。〔註108〕但是朝中大臣仍然有人認爲萬喜等人罪大，然而責罰甚微，遂請重行追究其罪行，並盡數沒收其財產入官。所以萬喜等人最後被奪職爲民，並奉旨將朝廷累次賞賜的金銀及違禁器物等盡數還官，〔註109〕果然應驗了其父萬貴生前的憂慮。

二、宦官竊權與營私

　　憲宗在位的二十三年中，還有一點備受大臣批評之處，就是重用宦官，造成政傾人怨的現象，而且具體說來，主要表現在兩方面：一是聽任宦官耗費儲藏，購置奇玩淫巧。二是寵信汪直，建置西廠，數興大獄，弄得人心不安。由於萬貴妃本傳曾提及這些宦官的不法之行，皆由萬貴妃主之，以下將從《明實錄》中有關這些宦官作爲的記載，觀察其評議之依據，試圖找出其與萬貴妃之關係。

　　明朝宦官到各地採辦物品，其實自永樂、宣德時早已有之，所以憲宗的採辦行爲，只不過是效法祖宗的做法，藉以滿足他對異域奇珍的慾望。綜觀當時的採辦過程，影響最大的宦官首推錢能和梁方。

　　錢能原爲御用監太監，負責造辦管理宮廷所用各種木器及玩器。〔註110〕成化四年二月，雲南總兵官黔國公沐琮上疏說，太監羅珪、梅忠二人同鎮雲南，如今羅珪已死，梅忠明敏不偏，可以獨任，請朝廷不必增派鎮守中官，憲宗許之，命梅忠總鎮雲南，用心辦事。不料四天之後，憲宗又將梅忠召還，改派錢能前往雲南鎮守。誰知錢能這一去，就是十二年，雲南從此以後變成了多事之地。令人好奇的是，這項人事任命案，爲何會在短短的四天內，發生了重大轉折？《憲宗實錄》只說是錢能用計謀得來的，至於是何種計謀？卻有所失載。〔註111〕

　　錢能剛去雲南一年，憲宗便收到巡撫貴州右副都御使陳宣的奏疏，劾錢能路過貴州時，隨行人員怙勢橫行，百端需索，民吏駭竄。陳宣更進一步指

〔註108〕《明孝宗實錄》，卷2，頁9b～11a，成化二十三年九月丁未條。
〔註109〕同上，卷11，頁15b，弘治元年二月乙未條。
〔註110〕劉若愚，《酌中志》，收於《筆記小說大觀》24：7（台北：新興書局，1979），卷16，〈內府職掌〉，頁15b～16a；《明史》，卷74，〈職官志三〉，頁1819。
〔註111〕《明憲宗實錄》，卷51，頁7b，成化四年二月癸丑條。

出，錢能在路上尚且如此，到了轄區更是可想而知，又雲貴居民有一半是蠻獠，若索求過度，後果將不堪設想。因此，他要求將錢能的隨從由十人裁減到法定的五人，並讓二處巡按御史嚴加禁約。結果，憲宗對這封奏疏，只給了兩個字的批答：「從之。」〔註112〕從字面上看，或許可解為憲宗同意陳宣的建議，但實際上，憲宗對採辦宦官的所作所為，其實也是「從之」。

錢能進行搜刮的對象，本來只限雲南境內的漢族和少數民族，沒想到後來，他竟然轉向異邦敲詐，而第一個被勒索的國家就是安南。雖然在地理位置上，安南與雲南互相接壤，但歷來的通貢道路都是經由廣西赴京城。錢能為了和安南國王拉上關係，派指揮使郭景進京上奏，說安南夷兵常假捕盜之名越境劫掠，請敕安南國王戒約之。朝廷不知其詐，便派郭景前往宣敕。郭景本來應從廣西貢道至安南，但他卻取道雲南，並代錢能將玉帶、寶縧、蟒衣、羅緞、犬馬、弓箭、鞍轡等送給安南國王，結果錢能從安南國王那裡獲得很多饋贈。之後，錢能還不斷派人前往干崖、孟密等宣撫司求索。此事後來被巡撫雲南右都御史王恕告發，要求朝廷立刻逮捕錢能等人回京問罪，〔註113〕誰知憲宗只將錢能的下屬九人繩之以法，對其本人則特別寬恕，僅降敕稍加苛責，曰：

> 法司奏鞫爾違法事皆實，及爾所奏巡撫官事皆誣，罪狀顯著。本欲械爾至京，依律問擬，但念爾在邊歲久，姑曲法寬貸。爾須以鎮守職任為務，以地方人心為重，嚴束下人，毋得於所屬軍衛有司騷擾。況土官化外之人，祖宗以來，但俾其以時納貢羈縻之而已，比之內地不同。今後有事須與黔國公沐琮并巡按御史、三司官公議，委三司廉幹官員撫諭勘問，毋得任情擅遣無藉（籍）之徒仍前需索詐騙，以起釁招亂。萬一有失，咎將誰歸？爾其戒之、慎之。〔註114〕

憲宗對錢能的寵信與縱容，由此可見一斑。或許錢能平時在外面搜刮的珠寶玩物，並非完全由他個人獨吞，其中也有部份是拿來進獻給憲宗之故。成化十六年（1480）由於科道官交相彈劾錢能在雲南的諸多不法，錢能自知難逃法網，只好稱病求還，終於在五月二十七日調回南京。〔註115〕

〔註112〕《明憲宗實錄》，卷62，頁3b，成化五年正月丁卯條。
〔註113〕同上，卷168，頁4b～5a，成化十三年七月乙亥條。
〔註114〕同上，卷174，頁8a～8b，成化十四年正月癸巳條。
〔註115〕同上，卷203，頁4b，成化十六年五月丙午條。

　　至於梁方則是宮中的御馬監太監，據王世貞〈中官考〉載，御馬監負有掌管御馬和各種進貢，並管理牧所關收付內官監收用及造內官諸人衣服鋪蓋等職責。〔註116〕梁方正是以御馬監的職責為基礎，將成化朝的政治社會風氣與國家財政經濟，弄得天翻地覆。梁方之所以能大獲憲宗的寵信，也是因為他懂得投憲宗所好，不斷向憲宗進獻寶石奇玩。雖然不如錢能擅權非為，但是對國家財政而言，卻是一大蠹害。他經常向素行不端的人估價，盜府庫銀以數十萬計，時人多為之切齒，卻又無可奈何。〔註117〕直到孝宗即位以後，才被降調南京御用監少監閒住。〔註118〕不久，被逮下錦衣衛，〔註119〕人心莫不稱快。

　　汪直與錢能、梁方這類到處聚斂財貨的宦官不同，是一個喜歡「戕害善良、弄兵構禍」的宦官。僅僅一個西廠，便折騰了五、六年，使外廷說廠色變。汪直最初在昭德宮侍奉萬貴妃，頗得萬貴妃的喜愛，不久即陞為御馬監太監。不知這是否和萬貴妃有關？成化十二年（1476）九月因為黑眚之異的出現，〔註120〕使憲宗感到極為不安與恐慌，於是決定找人去宮外探聽一下，此人就是汪直。《憲宗實錄》說汪直初出宮門，總是做布衣小帽的打扮，時乘騾或驢，往來京城內外，人皆不疑。〔註121〕或許是表現不錯，不久，就有西廠的出現。汪直自從接管西廠以後，為了獲得皇帝的賞賜，不惜縱容屬下製造事端，屢興大獄，濫殺無辜，弄得天下臣民惴惴不自安。成化十三年（1477）五月，大學士商輅、萬安、劉珝、劉吉聯合上疏，歷數汪直與西廠的十大罪狀，建議裁撤西廠，罷免汪直，以安人心，以回天意。〔註122〕憲宗得疏，勃然大怒，命司禮監太監懷恩、覃昌、黃高等人到內閣，責問商輅等人：「朝廷用汪直緝訪姦弊，有何壞事？爾等遽如此說，是誰先主意？」〔註123〕商輅遂

〔註116〕王世貞，《弇山堂別集》（台北：台灣學生書局，1965），卷90，〈中官考一〉，頁3969。

〔註117〕《明憲宗實錄》，卷223，頁1a，成化十八年正月乙亥條。

〔註118〕《明孝宗實錄》，卷2，頁10b，成化二十三年九月丁未條。

〔註119〕同上，卷7，頁12b～13a，成化二十三年十一月戊午條。

〔註120〕據王鏊的記載：「京師黑眚見，相傳若有物如狸或如犬，其行如風，倏忽無定，或傷人面，或囓人手足。一夜數十發，或在城東，又在城西，又在南北，訛言相驚不已。」見氏著，《震澤長語》，收於《明清史料彙編》1：3（台北縣：文海出版社，據清道光十八年刻本影印，1967），卷上，頁37b。

〔註121〕《明憲宗實錄》，卷162，頁2b，成化十三年二月丁丑條。

〔註122〕同上，卷166，頁3b～6b，成化十三年五月丙子條。

〔註123〕同上，頁6b，成化十三年五月丙子條。

據理力爭，憲宗只得迫於公論，革去西廠。〔註124〕然而憲宗暗中仍繼續派汪直伺察外廷的動靜，〔註125〕成化十三年六月十五日，因為監察御史戴縉的一封奏疏，西廠又恢復設立。這封奏疏的內容如下：

> 近年以來，災變荐臻，伏蒙皇上諭兩京大臣同加修省。夫何訊詰彰彰而聽之藐藐，未聞大臣進何賢才、退何不肖，以固邦本；亦未聞群臣革何宿弊、進何謀猶〔猷〕，以匡治理。惟太監汪直緝捕楊曄、吳榮等之姦惡，高崇、王應奎等之贓貪；又如奏釋馮徽等冤抑之軍因，禁裏河害人之宿弊，是皆允合公論，足以服人而警眾者也。〔註126〕

由於這封奏疏所引發的政治後果實在是太大了，人們不禁揣測起戴縉上疏的用意。原來戴縉已經九年沒有升官，迫切希望能陞職，他看出西廠雖革，汪直仍然受到憲宗的寵信，於是上了這封奏疏來討好憲宗和汪直。此外，《憲宗實錄》還揭露說，戴縉的奏疏先經錦衣衛千戶吳綬看過，因為吳授與汪直關係密切，所以又將奏疏轉給了汪直，在汪直將內容告訴了憲宗並得到首肯之後，戴縉才將奏疏呈上。〔註127〕

西廠重開後，汪直的氣燄更加囂張了，不僅以前曾經得罪過他的大臣紛紛遭到迫害，甚至還想以邊功自固。成化十五年七月，憲宗派汪直到遼東行邊，〔註128〕巡撫遼東都御史陳鉞看出汪直急於樹立戰功，就投其所好，於十月奏請憲宗對建州女真伏當加用兵。〔註129〕事後，憲宗不僅加汪直歲祿，陳鉞也得以升官。〔註130〕陳鉞的名利雙收，深使王越垂涎。次年春，傳聞蒙古人擁眾渡河，潛圖入寇。〔註131〕王越乘機向汪直遊說，慫恿憲宗下詔西討。〔註132〕果然，這次出征使王越得到了一個威寧伯的封號，汪直則再加祿米。〔註133〕從此以

〔註124〕《明憲宗實錄》，卷166，頁7a，成化十三年五月丙子條。
〔註125〕同上，頁12a，成化十三年五月辛卯條。
〔註126〕《明憲宗實錄》，卷167，頁3b，成化十三年六月庚戌條。「猶」字據《校勘記》頁533，應作「猷」。
〔註127〕《明憲宗實錄》，卷167，頁4a～4b，成化十三年六月庚戌條。
〔註128〕同上，卷192，頁3a，成化十五年七月癸酉條。
〔註129〕同上，卷195，頁2a，成化十五年十月丁亥條。
〔註130〕同上，卷198，頁2a，成化十五年十二月辛未條。
〔註131〕同上，卷199，頁2b，成化十六年正月丁酉條。
〔註132〕同上，卷201，頁1b，成化十六年三月丙戌條。
〔註133〕同上，頁5a，成化十六年三月戊戌條。

後，只要邊境一遇有警報汪直就想出師征討，以圖私利。〔註134〕

　　成化十七年（1481）冬，禦敵在外的汪直、王越因為進犯的敵軍已經退走，請求班師回京。令人訝異的是，憲宗竟然不允許，〔註135〕顯然，憲宗對他的寵信已逐漸減弱。朝中大臣看到這種情形，認為是罷除西廠的好時機，紛紛上疏，閣臣萬安也竭力支持罷西廠。成化十八年（1482）三月，西廠終於被廢除。〔註136〕隔年六月，巡撫大同都御史郭鏜向憲宗上言，說汪直與總兵官許寧不和，恐因此而貽誤邊事，憲宗便將汪直調到南京御馬監任職。〔註137〕兩個月後，科道官見汪直已失勢，又繼續上奏聲討汪直的八大過失：

> 一孤負聖恩，忍心欺罔；二妄報功次，濫陞官職；三侵盜錢糧，傾竭府庫；四排斥良善，引用奸邪；五擅作威福，驚疑人心；六招納無藉，同惡相濟；七交結朋黨，紊亂朝政；八輕挑強虜，擅開邊釁。
> 〔註138〕

群臣要求將汪直繩之以法，憲宗做了如此的回復：「直等結黨亂政，欺罔弄權，開啟邊釁，排擯正直，引用姦邪。本當置之重典，姑從輕發落。」〔註139〕遂降汪直為奉御，他的黨羽王越、戴縉等人，也都一併遭到罷黜，自此汪直利用西廠當權專政的歷史正式宣告結束。

　　從《明實錄》的記載，我們可以得知，錢能、梁方、汪直等人在成化朝中都是備受外廷大臣批評的惡徒。然而，我們卻無法從《明實錄》所節錄之大臣奏疏中，看出這些人所作的諸多不法事與萬貴妃本人有何直接關係。萬貴妃在成化朝的用人任事上，是否真的扮演著很重要的角色，因而促使錢能、汪直等人獲得憲宗的寵信與重用？又錢能、梁方等負責採辦工作的宦官，除了將四處搜刮來的奇珍異寶進獻給憲宗外，是否也將其中之一部份，拿去孝敬性喜侈靡的萬貴妃？這些容易讓人疑惑的地方，是否正是《明實錄》修纂者在取材大臣奏疏時，有所隱諱之處？如果答案是肯定的，那麼萬貴妃的罪惡除了在其可能造成的宮廷紛爭，也在其逞一己之欲與危害國家人民之輩狼

〔註134〕《明憲宗實錄》，卷207，頁3b，成化十六年九月乙未條。
〔註135〕同上，卷221，頁2b，成化十七年十一月己卯條。
〔註136〕同上，卷225，頁2a～2b，成化十八年三月壬申條。
〔註137〕同上，卷241，頁2b～3b，成化十九年六月乙亥條。
〔註138〕同上，卷243，頁6a，成化十九年八月壬申條。
〔註139〕同前註。

狠爲奸。由於《明實錄》性質的限制，無從探究，但是若就彭韶（1430～1495）
一份未被收入於《憲宗實錄》的奏疏來看，當時朝臣確實有此看法，茲引述
其內容如下：

> 伏惟陛下嗣位之初，廢立中宮，特詔天下正家之禮嚴矣。數年以來，
> 聞諸鎮守內臣貢獻土物於皇妃位下。或加中宮之上，又襃陞其家，
> 幾與先帝時后家相等，此陛下正家之禮，有未終者也。〔註140〕

由此觀之，《憲宗實錄》修纂者在萬貴妃本傳中，對於上述問題留下了「皆由
妃主之也」的記載，〔註141〕或許眞有其依據，只是這些原始資料爲何闕而未
載？確實值得玩味。或許，這是當時修史者顧及孝宗不願有損父親身後名的
心情，故意不加以採納，以免收錄這些直諫萬貴妃擅寵的奏疏，等於揭露了
憲宗對她的包庇與袒護。

三、「小人」入閣

　　成化一朝，雖然不乏賢臣輔政，但這些大臣不是被排擠就是被冷落。如
西廠初罷，汪直爲了報商輅彈劾之仇，在憲宗面前譖其接受過指揮楊曄的賄
賂，意圖開脫自己的罪責。商輅聞知，已經感到前途危懼，難以自安。到了
西廠復開，商輅自覺無力扭轉大局，只好請求致仕，憲宗竟然予以恩准，對
這位輔弼多年的老臣，完全沒有絲毫的眷戀。〔註142〕自此朝班之中濯濁守
清、臨風峭立者幾乎爲之一空，取而代之的都是一些阿諛逢迎，結黨營私之
徒，其中以萬安爲典型代表。雖然萬安在成化朝的所作所爲，還不夠格歸類
爲「奸臣」之流，卻居心刻薄陰險，務逞己私，與自己意氣相投的，則互相
勾結，朋比爲奸。與自己意見相左的，則千方百計將其逐去，如禮部侍郎刑
讓、國子監祭酒陳鑑、司業張業皆以無罪被誣罷官。〔註143〕甚至要結近倖，
不顧廉恥地鞏固己位，在《明史》修纂者看來，是個不折不扣的「小人」。
〔註144〕

　　萬安本人並沒有什麼特殊才能，之所以得入內閣，參與機務，完全靠趨

〔註140〕彭韶，《彭惠安集》，收於《景印文淵閣四庫全書》1247（台北：台灣商務印
　　　　書館，1983～1986），卷一，〈奏議〉，頁23a。
〔註141〕《明憲宗實錄》，卷286，頁2a，成化二十三年正月壬寅條。
〔註142〕《明憲宗實錄》，卷167，頁4b，成化十三年六月庚戌條；卷280，頁5a，成
　　　　化二十二年七月辛酉條。
〔註143〕《明孝宗實錄》，卷24，頁4a，弘治二年三月己巳條。
〔註144〕《明史》，卷168，頁4531～4532，「贊曰」。

炎附勢之功夫，尤以拐彎抹角的方式和萬貴妃攀上了親戚關係爲最。原來萬安看到萬貴妃寵冠後宮，遂以同姓爲由，和萬貴妃二弟萬通認起親來，後來還成爲連襟，地位益趨鞏固。《孝宗實錄》將此事載入萬安傳中：

> 是時指揮萬通爲昭德內妃兄弟，有寵，安以同姓結通爲族。已而通妻王氏母來自博興，王謂其母曰：「嘗記家貧時，以妹與人爲娣，今何在也？」母曰：「第記爲四川萬編修者也。」遂歷訪之，則知編修固安早年官也。于是妹呼娣小字曰「翠兒」，娣亦呼妹小字曰「翠蓮」，悲喜交集，而安與通眞爲姻婭矣。〔註145〕

後來，萬安又見李孜省、鄧常恩獲寵，也暗中與之交結。所以萬安在內閣輔政的十八年中，〔註146〕「惟黷貨好內以利其身家爲事，而于人才治體漠不概意」。〔註147〕孝宗即位後，逮治李孜省等佞倖，鼓勵了廷臣上言。御史湯鼐首先起來彈劾萬安，理由是萬安爲孝宗起草的即位詔書中有「給事中、御史職當言路，……不許假以風聞挾私妄言，違者依律治罪」之語。〔註148〕爲此，湯鼐到內閣與萬安理論，萬安竟然回答說：「此裡面意也。」〔註149〕湯鼐因而上奏說：「古之大臣善則歸君，過則歸己，今安過則歸君，無大臣體，奸邪不可用不報。」〔註150〕大臣遂群起攻之，孝宗便勒令萬安致仕，中外稱快。最令人玩味的是，既然萬安和萬貴妃建有同宗與姻親關係，那麼萬安在內閣的所作所爲，是否可能和萬貴妃有關？如果答案是肯定的，爲何《憲宗實錄》修纂者會失載？其背後有無特殊因素？實錄失載的問題，極有可能是出在劉吉身上。劉吉當時是以「光祿大夫柱國少傅兼太子太師吏部尚書謹身殿大學士」之身分，〔註151〕擔任總裁《憲宗實錄》的工作，而從弘治時人張昇（1442～1517）的「陳言修省以消變異事」疏中，可看出劉吉與萬家建有聯姻之誼：

> 先時貴戚萬通、萬喜、萬達等依憑宮闈，兇焰肆行，獲罪宗社。吉

〔註145〕同註143。

〔註146〕根據《明實錄》記載，萬安在成化五年五月十八日進入內閣參與機務，成化二十三年十月六日致仕。分見《明憲宗實錄》，卷67，頁4a，成化五年五月辛丑條；《明孝宗實錄》，卷5，頁3a，成化二十三年十月丁亥條。

〔註147〕《明孝宗實錄》，卷24，頁5a，弘治二年三月己巳條。

〔註148〕同上，卷2，頁8a～8b，成化二十三年九月壬寅條。

〔註149〕同上，卷24，頁4b，弘治二年三月己巳條。

〔註150〕同上，頁4b，弘治二年三月己巳條。

〔註151〕《明憲宗實錄》，「修纂官」，頁1。

驟附之，與締姻好，謀爲泰山之倚，互泄禁密之情，通家往還，殆
無虛日。去歲（成化二十三年）喜等以罪下獄，猶爲營救，百端此
其罪一也。〔註152〕

由於史臣經常基於官僚集團內部的利害關係，藉編撰實錄之機，挾私徇情，
隱諱若干史實，因此，劉吉不太可能在萬貴妃對內閣運作的影響上有所著墨，
否則將會落人口實，成爲後人詬病的把柄。〔註153〕

第五節　小　結

　　綜上所述，可知《明實錄》雖然可以歸爲一手史料，是研究明代宮廷人
物不可或缺的最基本資料，參考價值也最高，但是這類文獻因爲屬官方史料
的性質，編纂者出於政治忌諱，在撰寫前資料已經過刻意篩選，內容也多所
粉飾，並未能提供後人完整而眞實的歷史全貌。致使後世讀者在閱讀實錄時，
易有支離破碎及撲朔迷離之感，必須用想像力重構史實，尤其宮闈事秘且又
屬皇家禁忌，史臣難深言，更是留下許多不同的解釋空間。

　　此外，經由以上的討論，可知萬貴妃之所以會被《憲宗實錄》修纂者認
爲與成化朝政局發展有必然關係，部份可能是出於歷史事實的陳述，如：萬
氏一門因貴妃之故得以沾光生色；〔註154〕當時負責採辦工作的宦官，確實有

〔註152〕張昇，《張文僖公文集》，收於《四庫全書存目叢書》集部39（台南縣：莊嚴
　　　　文化事業有限公司，據明嘉靖元年刻本影印，1997.6），卷11，〈雜件〉，頁
　　　　21a～21b。

〔註153〕謝貴安曾據王世貞《史乘考誤》記載，指出劉吉與內閣大學士劉珝、尹旻因
　　　　爭權不和，便在主持修纂《憲宗實錄》時，對此二人進行誹謗和詆毀。見氏
　　　　著，〈《明實錄》修纂與明代政治鬥爭〉，《武漢大學學報（哲學社會科學版）》
　　　　1999：1，頁110。由此推測，劉吉極有可能利用修纂實錄的機會，通過對材
　　　　料的裁剪、增刪和連綴，將與自己有關的事做良好的記錄和掩飾。

〔註154〕1969年在北京西郊發掘了萬通墓，他的墓中出土了一批金銀器，例如：一
　　　　件帶承盤的金杯，一件刻龍紋的金執壺和兩件金帶鉤，都鑲嵌了各色寶石，
　　　　其華麗不亞於定陵的隨葬品。此外，在巴黎Cernuschi博物館內，有一個青
　　　　銅香爐，嵌有銀飾物及四個金飾梵文，在銀飾物底端刻有「大明成化年萬
　　　　家造」字樣，這似乎只有萬貴妃家族可能有此影響力想去製造此類寶物。
　　　　由此可見，萬貴妃確實爲他的家族帶來榮華富貴。分見夏鼐，〈無產階級文
　　　　化大革命中的考古新發現〉，《考古》1972：1，頁41；L. Carrington Goodrich
　　　　& Chaoying Fang eds., *Dictionary of Ming Biography 1368～1644*（明代名人
　　　　傳），P.1337.

將四處搜刮來的奇珍異寶進獻給萬貴妃之舉。然而，值得注意的是，這些記載亦有可能部份是出於傳統中國「女禍」史觀的慣性思維。〔註155〕從官員奏疏的內容觀之，當時大臣不無有人視萬貴妃為「女禍」，特別是在皇嗣不廣的時候，朝臣往往將自然災異現象的出現，歸咎於萬貴妃的得寵，責怪萬貴妃破壞了后妃進御的尊卑次序。是故，《憲宗實錄》修纂者是否亦以「女禍」史觀評議萬貴妃，不得不讓人感到懷疑。此外，傳統中國並不鼓勵婦人問政，自先秦以來即有許多相關言論，〔註156〕如：「牝雞無晨，牝雞之晨，惟家之索」〔註157〕、「哲夫成城，哲婦傾城，懿厥哲婦，為梟為鴟。婦有長舌，維厲之階。亂匪降自天，生自婦人。匪教匪誨，時維婦寺。……婦無公事，休其蠶織」〔註158〕、「女正位乎內，男正位乎外」〔註159〕、「毋使婦人與國事」〔註160〕、「聽主母之令，女子用國，……可亡也」〔註161〕等等。在這樣的思想薰陶下，後世士大夫對於婦人干政甚為忌諱。尤其皇帝的嬖寵因為侍奉不離左右，對皇帝所施加的影響往往很大，她們或是導帝淫嬉，荒廢政事，或是恃寵，借機渾淆聖聽、干預國事，進而引發立后、立嗣之爭，甚或援引外戚，造成「外姻亂邦」。由於這類嬖寵禍國的例子史不絕書，所以《憲宗實錄》修纂者如此記述萬貴妃，其實亦反映了傳統士大夫潛意識對皇帝嬖寵容易干政傾邦的不安與焦慮。

又《明實錄》所呈現的萬貴妃初步形象為何？在朝臣的心中，她是個恃寵而驕的婦人，所以憲宗冊立吳后不久，萬氏即與其爆發衝突，從而衍生成

〔註155〕所謂「女禍」，顧名思義，指凡因女子之言行、干政、過失和姿色而招致的各種禍害，其思想由來已久。有關歷代的「女禍」史觀，詳參劉詠聰，〈中國古代的"女禍"史觀〉，收於《女性與歷史——中國傳統觀念新探》（台北：台灣商務印書館，1995.1），頁3～12。

〔註156〕有關先秦時期反對婦女問政的言論，詳參劉詠聰，〈先秦時期禁止女性從政的言論〉，收於《女性與歷史——中國傳統觀念新探》，頁61～66。

〔註157〕《尚書正義》，收於《十三經注疏附校勘記》（台北：大化書局，1982），卷11，〈周書‧牧誓〉，頁71。

〔註158〕《毛詩正義》，收於《十三經注疏附校勘記》，卷18，〈大雅‧瞻卬〉，頁309～310。

〔註159〕《周易正義》，收於《十三經注疏附校勘記》，卷4，〈家人〉，頁50。

〔註160〕《春秋穀梁傳注疏》，收於《十三經注疏附校勘記》，卷8，〈僖公九年〉，頁32。

〔註161〕韓非，《韓非子》（台北：中華書局，四庫備要，子部，據吳氏影宋乾道本校刊，1965），卷5，〈亡徵第十五〉，頁3a。

廢后事件，繼吳后而立的王后因爲懂得「讓」，遂能終憲宗之世而與之相安無事。此外，萬貴妃還是一善妒的婦人，因爲這個性格上的特質，差點妨礙了皇嗣之繁衍，動搖國本，而且還成了導致孝宗生母紀氏猝死的嫌疑犯。在政治上，常常以私蔽公，專利其母家，甚至也影響了憲宗的用人任事，致使成化一朝奸佞圍繞。在服用器物上，她是個窮極奢靡之人，浪費了許多國家財富，以致府庫空竭。由此觀之，萬貴妃在成化朝的形象，顯然是以負面居多，可謂一「惡妃」矣。〔註162〕

〔註162〕王光宜於〈明代女教書研究〉一文，對明代女教書所揭示的教化思想，有詳盡的介紹，她指出，明人意圖建構的「賢妃」形象之內涵，可概分爲四方面：（一）規諫君王勤政愛民；（二）不親昵嬉狎，專寵後宮；（三）絕私謁之門，杜外戚之禍；（四）敦廉儉之風，絕奢靡之費。觀《明實錄》對萬貴妃言行舉止之記載，可知萬氏在成、弘朝臣的眼中並不具有這四大內涵，可謂一「惡妃」。見氏著，〈明代女教書研究〉，台北：國立台灣師範大學歷史研究所碩士論文，1999.1，頁92～96。

第二章　走入稗官野史：明人筆記中萬貴妃角色之展衍

　　由於《明實錄》是明代繼任皇帝對前一階段朝政所作具有權威效力的歷史結論，也是關係一朝君臣流芳和遺臭的千秋大事，以致《明實錄》的修纂，大量存在著失實、隱諱與迴護的現象。這點缺失在明人的著作中都有明確的論述，王世貞（1526～1590）在《史乘考誤》序文中，評實錄有不得書、不敢書、不欲書及書而無當之失：

> 國史之失職，未有甚于我朝者也。故事有不諱，始命內閣翰林臣纂
> 修實錄，六科取故奏部院咨陳牘而已。其于左右史記言動闕如也，
> 是故無所考而不得書；國恤衰闕，則有所避而不敢書；而其甚者，
> 當筆之士或有私好惡焉，則有所考無所避而不欲書，即書故無當也。

〔註1〕

焦竑（1541～1620）在《澹園集》卷五〈修史條陳四事議〉中，指出實錄記載不盡公允：「累朝實錄稟於總裁，苟非其人，是非多謬。……褒貶出之胸臆，美惡係（繫）其愛憎，此類實繁，難以枚舉。……」〔註2〕萬曆時人沈德符（1578～1642）《萬曆野獲編》卷二「實錄難據」條也說：

> 本朝無國史，以列帝《實錄》為史，已屬紕漏。乃太祖錄凡經三修，
> 當時開國功臣，壯猷偉略，稍不為靖難歸伏諸公所喜者，俱被劉削；

〔註1〕 王世貞，《史乘考誤一》，收於《筆記小說大觀》32：10（台北：新興書局，據明萬曆十八年刻本影印，1981），總頁6005。

〔註2〕 焦竑，《焦氏澹園集》，收於《四庫禁燬叢刊》集部61（北京：北京出版社，據明萬曆三十四年刻本影印，2000），卷5，〈修史條陳四事議〉，頁9a。

> 建文帝一朝四年，蕩滅無遺，後人搜括捃拾，百千之一二耳；景帝
> 事雖附英宗錄中，其政令尚可考見，但曲筆爲多。至於興獻帝以藩
> 邸追崇，亦修《實錄》，何爲者哉？……〔註3〕

由此可知，官修《明實錄》確實存有失實、不盡可信的情形。所以萬貴妃個
人史事，雖有《明實錄》爲依據，然而亦多隱諱曲筆甚至簡略之弊端，難睹
全貌。是故，後人往往摭拾文人筆記中的委巷俗說，藉以填補官書記載之空
白。以下將整理成化以來明人筆記〔註4〕所見之萬貴妃軼聞，進而一探萬貴妃
故事內容從簡單到豐富，形象從模糊到具體的發展。此外，本章的探討亦具
有兩點意義，其一是文人筆記或記切身之感受，或敘撰輯之見聞，直書時人
見解，藉此可了解明人對萬貴妃的認識及其所抒發之議論。其二是筆記屬於
私家撰述的性質，作者的所見所聞不受官方各種政治偏見或戒條忌諱的約
束，往往能直言不諱，反映現實，這些記載可以幫助我們一窺被史官所掩蓋
的歷史眞貌。由於明人筆記對萬貴妃軼聞的敷述在不同時期有不同的風貌，
以下將分期說明之。

第一節　弘治、正德年間記述的萬貴妃軼聞

　　明人關於萬貴妃軼聞之記載，最早可追溯至弘治年間，分別是尹直（1427
～1511）的《謇齋瑣綴錄》及黃瑜（1426～1497）的《雙槐歲鈔》。由於尹直
曾於成化二十二年至二十三年間進入內閣掌機務，〔註5〕是書敘述內閣掌故甚
詳，故該書之撰寫，應是在他離開內閣以後。〔註6〕至於《雙槐歲鈔》一書的
寫作，據黃瑜自序可知，始於景泰七年，即其中舉人之年，至弘治八年，歷
四十年始成。〔註7〕此書的寫作緣起，大概出於黃瑜在京師的見聞，而後陸續
補綴而成。黃瑜一生，雖然沈淪下僚，對於朝廷發生的事情，以得之於耳聞

〔註3〕沈德符，《萬曆野獲編》，卷2，〈列朝〉，頁61，「實錄難據」。
〔註4〕孫建民、薛亞康將筆記體文獻分爲三大類：第一類是小說故事類筆記，多爲
　　　志怪、小說，偏重文學範疇；第二類是歷史瑣聞類筆記，包括野史、掌故、
　　　纂輯文獻的雜錄、叢談等；第三類是考據、辨證類筆記，包括讀書隨筆、札
　　　記等，見氏著，〈筆記史學芻議〉，《河南大學學報》31：4（1991.7），頁84。
　　　本章所蒐集的筆記體文獻，多屬歷史瑣聞類筆記。
〔註5〕《明史》，卷168，〈尹直〉，頁4530～4531。
〔註6〕陳大康，《明代小說史》（上海：上海文藝出版社，2000.10），頁692～693。
〔註7〕黃瑜，《雙槐歲鈔》（北京：中華書局，1999），〈雙槐歲鈔自序〉，頁5。

者爲多，但他的寫作態度卻頗嚴謹，曾自述說：「得諸朝野輿言，必證以陳編確論；採諸郡乘文集，必質以廣座端人。如其新且異也，可疑者闕之，可厭者削之。」〔註8〕所以郎瑛（1487～？）給予此書的評價極高，認爲是「修史者當取焉」，甚至還認爲黃瑜記載孝宗生母紀后死事最爲完全。〔註9〕綜觀尹直、黃瑜二人關於萬貴妃軼聞的記載，其重點都在孝宗誕生的經過及其向外廷公開身分的原委和孝宗生母死因之謎。由於兩書行文敘述各有異同，以下將分點說明之。

一、孝宗之誕生

尹直在《謇齋瑣綴錄》中記載：「初，皇妣紀氏得幸有娠，萬貴妃既覺，恚而苦楚之。上令托病出之安樂堂，以痞報，而屬門官照管。既誕皇子，密令內侍近臣謹護視之。」〔註10〕黃瑜的《雙槐歲鈔》則載：

> 己丑（成化五年）九月幸昭德宮，時皇妣紀氏在御妻之列，既有娠，萬氏知之，百方苦楚，胎竟不墮。上命出居安樂堂，拖言病痞。庚寅（成化六年，1470）七月己卯（初三）朏，今聖上皇帝誕焉。皇妣乳少，太監張敏使女侍以粉餌哺之彌月，西內廢后吳氏保抱惟謹。
> 以未奉命，不敢剪剃胎髮。〔註11〕

前章曾提及《明實錄》對於孝宗誕生的記載，相當含糊不清，並不明言憲宗對此事是否知情。然而，從這兩段記載來看，憲宗似乎是整件皇子疑案的主導者，紀氏懷孕後，萬貴妃非常生氣，用盡各種方法使紀氏感到痛苦。憲宗或許是不想傷害萬貴妃，所以密令紀氏謊稱病「痞」，即腹內結塊，〔註12〕因而移居安樂堂。〔註13〕等到紀氏分娩後，憲宗又密令內侍近臣妥善看護。由於紀氏

〔註8〕同註7。

〔註9〕郎瑛，《七修類稿》（台北：世界書局，1963.4），卷2，〈國事類〉，頁776，「雙槐歲抄」。

〔註10〕尹直，《謇齋瑣綴錄》，卷5，收於《國朝典故》卷57，頁1305。

〔註11〕黃瑜，《雙槐歲鈔》，卷10，頁197，「孝穆誕聖」。

〔註12〕《玉篇・疒部》：「痞，腹內結病。」五代・徐鍇《說文解字繫傳・疒部》：「痞，病結也。」清・沈濤《說文古本考》：「痞，今人猶言腹中癥結爲痞。」《難經・藏府積聚》：「脾之積名曰痞氣，在胃脘，覆大如盤，久不愈。」楊玄操注：「痞，否也，言否結成績也。」詳參漢語大字典編輯委員會編，《漢語大字典》（武漢：湖北辭書社出版社，1992），頁2675。

〔註13〕據劉若愚《明宮史》之記載：「內安樂堂在金鰲玉蝀橋西、欞星門迤北、羊房夾道。……凡宮人病老或有罪，先發此處，待年久方再發外之浣衣局也。成

乳汁不足，太監張敏才會命令女侍以粉餌餵養小皇子，值得注意的是，黃瑜還特別提到當時居住西內的廢后吳氏，也主動前往幫助撫養。這位廢后死後仍受到禮遇，獲得以妃禮葬，據《明實錄》載，正德四年廢后吳氏薨於別宮，大學士李東陽等疏稱：

> 漢成帝廢后許氏葬延陵交道廄西，光武廢后郭氏葬北邙山。凡皇后廢黜，史冊猶稱廢后，書其葬地，不曾有降為庶人之禮。廢后吳氏原奉憲宗皇帝詔書止云退居別宮閒住，累朝以來服食恭奉皆從優厚。今日之事宜令禮部斟酌儀節，凡事宜從簡省，而殯歛祭葬皆不可闕，以存皇上敬老念舊之心。播之天下，傳之後世，亦美事也。〔註14〕

明武宗遂諭禮部：喪禮倣英廟惠妃故事。之後，太常寺以祭儀請，武宗又命歲時用素饈別祭于墓所。〔註15〕沈德符認為這是朝廷感念吳氏撫育保護孝宗有功。〔註16〕此外，皇甫錄（1470～1540）在《皇明紀略》中亦曾記載孝宗登基後，對廢后吳氏及其親族禮遇的情況：

> 孝廟登極，甚德吳后，幾欲復之，抑於仁壽（孝宗祖母，周太皇太后）。一日，皇城邏卒得吳氏姪所盜幽宮銀器，上親召問之，曰：「娘娘所與，自門隙中投出，非盜也。」上見其貧，甚憐之，復其官為錦衣百戶，吳后賜加膳，等於諸妃。〔註17〕

此與黃瑜所記：「上孝思追悼不已，念吳后保抱恩，命宮中進膳如母后禮，復其姪官為錦衣百戶。」〔註18〕不謀而合。由此推測，吳氏保抱孝宗之事應該屬實，否則，孝宗何必對前朝廢后及其親族特別禮遇。

二、孝宗之對外公開身分

尹直在《謇齋瑣綴錄》中留下了如此的記載：

化年間，憲廟皇貴妃萬娘娘專寵，孝穆皇后紀娘娘覺有孕，曾拖病居此，誕生孝廟，為中興聖帝云。」見《明宮史》，收於《筆記小說大觀》35：4，（台北：新興書局，1983），〈木集〉，總頁58。

〔註14〕《明武宗實錄》（台北：中央研究院歷史語言研究所，1965），卷46，頁3b，正德四年正月己酉條。

〔註15〕《明武宗實錄》，卷46，頁3b，正德四年正月己酉條。

〔註16〕沈德符，《萬曆野獲編》，卷3，〈宮闈〉，頁78，「廢后加禮」。

〔註17〕皇甫錄，《皇明紀略》，收於《歷代小史》（台北：台灣商務印書館，據上海涵芬樓影印明刊本，1970），卷85，頁23。

〔註18〕黃瑜，《雙槐歲鈔》，卷10，頁198，「孝穆誕聖」。

及悼恭（祐極）薨後，內廷漸傳西宮有一皇子。歲甲午（成化十年，1474）春，直偶與彭先生談及，且請乘間言之，或賜名付玉牒，或訪其外家略加表異，使外廷曉然知之，不然，他日何以信服於天下也？公唯唯。至冬，又談及之，公答曰：「近嘗託黃賜太監具達，至云漢高外婦之子，且朝取入宮，今實金枝玉葉，何嫌而諱？」上乃諭黃賜：「汝上覆先生，是有一子在西，當俟再打聽。」直歸，竊欲達白，請睿名以示外庭。稿具，復慮萬一允請，因而見忌，致有疏虞，則咎何辭？老氏福首禍先，斯所當鑒。且度皇子日長，中外已籍籍，當必有發之者，奚賜予言？遂已。〔註19〕

由此看來，尹直曾經打算以請睿名的方式，讓外廷知道西宮另有皇子之祕密，但因爲擔心遭忌，只好作罷。然而，令人可議的是，尹直在憲宗朝與李孜省等人朋比爲奸，也是備受爭議的「小人」之一。〔註20〕孝宗繼位後，受到群臣攻擊與彈劾，被強令致仕，《謇齋瑣綴錄》既然是他離開內閣以後所撰寫，是否有意藉此著作，爲自己說好話，以討孝宗之歡心，進而圖謀東山再起？不得不令人懷疑。焦竑在《玉堂叢語》中即曾說道：「尹直致仕去，又數載太子出閣，上〈承華聖德箴頌〉，因舉先朝黃淮例，冀復得賜對。……所著有《瑣綴錄》。萬安故直黨也，力詆之欲自解。」〔註21〕接著，尹直又記載道：

> 至是，太監張敏厚結貴妃主宮太監段英，乘間說之，貴妃驚云：「何獨不令我知？」遂具服進賀，厚賜紀氏母子，擇吉日請入宮。次日，下敕定名，徙紀氏處西內永壽宮，禮數視貴妃。中外臣僚喜懼交拜，而張敏者以爲己功，皆受厚賞。〔註22〕

《憲宗實錄》記載萬貴妃爲人機警，善於討好憲宗，於此或可見一斑。萬貴妃在發覺紀氏生子這個既成事實後，並未表現出無理取鬧的醜態，反而是很有風度，隨即前往道賀，並厚賜紀氏母子，還請憲宗擇吉日將皇子接入宮來，她有可能是想藉此維繫自己在憲宗心中之地位。

〔註19〕尹直，《謇齋瑣綴錄》，卷5，頁1305。

〔註20〕盧川於弘治年間曾上扶楊（陽）抑陰疏，指斥大臣無所顧忌，有曰：「……太子少保尹直挾詐懷奸，全無廉恥，世之所謂小人也。願陛下諷之再辭，以全其體，……」見不著撰人，《九朝談纂》，頁1323。

〔註21〕焦竑，《玉堂叢語》，收於《筆記小說大觀》33：2（台北：新興書局，1983），卷8，「紕漏」，頁281～282。

〔註22〕尹直，《謇齋瑣綴錄》，卷5，頁1305。

至於黃瑜在《雙槐歲鈔》則提及：

> 成化戊子（四年）九月，彗星見，掃三台，彭文憲公時在内閣，乞
> 歸不允。因疏請修省，謂：「外廷大政，固所當先，而宮中根本，尤
> 爲至急。凡女子年過四十則無子，雖有所生，亦多不育。諺云『子
> 出多母』，今宮嬪數多，宜生子亦眾，然數年無一生育者，必愛有所
> 專，其所專者，必過生育之期故也。伏望舍其舊而新是圖，務正名
> 分，均恩愛以廣繼嗣，爲宗社大計，則人心安而災異息矣。」……
> 上優詔答之。……辛卯（成化七年）十一月，悼恭太子祐極正位東
> 宮，已而薨於痘。禁中漸傳西宮有一皇子，上心甚念之，然慮爲萬
> 氏所忌。乙未（成化十一年）五月，張敏厚結段英，乘萬氏喜時進
> 言，萬氏許之，上即召見，髮已覆額矣。天性感通，相持泣下動容，
> 出語矩度不凡，上撫之大喜。萬氏具服進賀，遂令内閣擬名至再，
> 上親名之，送仁壽宮撫育，中外聞之胥悦。〔註23〕

這段記載值得注意的是，第一，黃瑜節錄成化四年大學士彭時的奏疏〔註24〕，
說明當時的輿論認爲憲宗一直沒有皇子的原因，和憲宗「愛有所專」有關。
彭時將彗星的出現解釋到皇帝愛有所專上，奏疏中雖未明確點出憲宗愛有所
專者爲何人？但明眼人一看就知道，因爲憲宗的嬪妃中過了「生育之期」的

〔註23〕 黃瑜，《雙槐歲鈔》，卷10，頁197～198，「孝穆誕聖」。

〔註24〕 這篇奏疏全文内容如下：「臣等竊考傳記，凡百災異彗孛爲甚。彗者，除舊布
　　　　新之象也。此象出見，其應不虛。惟能修德以弭之，則雖有其象而無其應矣。
　　　　今彗見東北，自三台歷北斗，其所關繫至重匪輕，不可不痛加修省，以回天
　　　　意。夫修省之，實在奮發於心，見諸行事，外廷大政，固所當先，而宮中根
　　　　本，尤爲至急。今聞外人私議竊歎，洶洶不安，咸以皇太子未生爲憂。臣等
　　　　官居禁，近私憂尤甚。伏睹先帝遺詔，有百日成婚之言，仰窺聖情切望在此。
　　　　然經今數季，未聞誕育者，道路相傳皆云：『皇上愛有所專，而恩不溥也。』
　　　　宮禁深密未敢妄信，然大凡女子季十五以至三十，皆生子之時，過四十則無
　　　　子，雖有所生，亦多不育。諺云『子出多母』，今後宮嬪御者多，宜生子亦眾，
　　　　然無一人生者，必愛有所專，其所專者，必過生育之期故也。若不舍其舊而
　　　　新是圖，日復一日，將何望焉？此誠宗廟社稷大計，安危治亂，實繫於此，
　　　　非臣等居宥密之地，不敢爲此言；非皇上具聖智之資，不敢以此言進。伏望
　　　　聖明體除舊布新之意，深思之，熟慮之，審處之。務正名分，均恩愛，溥乾
　　　　陽之施，遂坤道之生，是即修德之大者。以此仰合天心，則天心鑒祐，繼嗣
　　　　自然蕃昌，人心自然安定，災異亦可止息矣。是不惟今日之幸，實萬世無疆
　　　　之休。」見彭時，《彭文憲公集》，收於《四庫全書存目叢書》集部35（台南
　　　　縣：莊嚴文化事業有限公司，據清康熙五年彭忠槙刻本影印，1997.6），卷一，
　　　　〈奏疏〉，頁7a～8b，「題爲修德弭災事」。

只有萬貴妃一人，當年萬貴妃已三十九歲，而且憲宗寵幸萬貴妃也是人盡皆知的。顯見，彭時將萬貴妃視為「女禍」。彭時甚至還直指皇長子之所以不育，和生母年過「生子之時」而生有關，希望憲宗能有所取捨。有意思的是，此疏並未收入《憲宗實錄》，修纂者只在彭時死後所附的小傳中提及：「秋彗見，又上言：『乞正宮闈以綿聖嗣，且言專寵者年日以邁，宜子者恩或未逮，宜更新以回天意。』蓋人所難言者。」〔註25〕或許，彭時所言真為時人所難言者，為了替尊者諱，才被刪削。第二，《憲宗實錄》並未提及悼恭太子祐極薨逝的原因，然而，據黃瑜的記載可知，悼恭太子薨於「痘」，即死於「天花」、「痘瘡」之類的病。〔註26〕第三，自孝宗出生以來，顯然未曾和憲宗謀面過，直到成化十一年五月，西宮有一皇子事被萬貴妃得知，並且獲得萬貴妃的諒解，父子二人才有相認的機會，因此，兩人初次相見的畫面極為感人。或許是孝宗對外公開身分的過程，在平民百姓的眼中太過戲劇化了，所以成化年間刊行的說唱詞話《仁宗認母傳》，表面上雖是描寫包公直斷帝王家事，〔註27〕實際上是借此故事影射當時的紀妃與朱祐樘，因為紀妃與孝宗幼年的遭遇和《仁宗認母傳》敘述的故事非常相像。〔註28〕

　　根據尹、黃二人的敘述可知，憲宗、孝宗父子的相認，是在段英密告萬貴妃西宮有一皇子事後。然而，在尹、黃二人稍後，出現了另一種新說法，陳沂（1469～1538）在《維禎錄》中載道：

> 憲宗臨御之十年，每以儲位未立為憂。時貴妃萬氏怙寵，偶疾，宦官懷恩請西宮看花。時孝宗已四歲，自安樂堂遷於西宮廢后吳氏宮中，上始得見。大喜，回情（請）于太后周，遷入清寧宮，育于太后處。〔註29〕

〔註25〕　《明憲宗實錄》，卷139，頁6a，成化十一年三月辛未條。

〔註26〕　《字彙・广部》：「痘，痘瘡。」詳參漢語大字典編輯委員會編，《漢語大字典》，頁2675。

〔註27〕　《仁宗認母傳》主要是描寫包公在陳州桑林鎮天齊廟遇貧婦告狀，經詢問，知是李妃，乃仁宗親生母，遂為之伸冤的故事。詳見《新刊全相說唱足本仁宗認母傳》，收於《明成化說唱詞話叢刊》（台北：鼎文書局，1979.6），頁355～394。

〔註28〕　陳大康，《明代小說史》，頁240。

〔註29〕　陳沂，《維禎錄》，收於《四庫全書存目叢書》史部47（台南縣：莊嚴文化事業有限公司，據北京圖書館分館藏舊鈔本影印，1996.8），〈附錄〉，總頁228～229。

原來懷恩趁萬貴妃生病的時候，請憲宗至西宮看花，製造了憲宗、孝宗相認之機會。如果這則記載屬實，那麼憲宗和孝宗的相認，應該比黃瑜所記成化十一年更早才是。不過，就筆者閱讀所及，此一說法未再出現於其後的文獻資料，詳細原因不得而知。

三、孝宗生母之死

關於孝宗生母之死，尹直在《謇齋瑣綴錄》中記道：「時紀妃有病，命黃賜、張敏將院使方賢、治中吳衡往治。萬貴妃請以黃袍賜之，俾得生見。次日，病少間，自是不復令人診視。至六月二十八日，卒。……一時城中傳言病卒之故，紛紜不一，蓋不能無疑。」〔註30〕黃瑜在《雙槐歲鈔》亦有類似的記載：

> 皇妣受萬氏觴，有疾，徙居西內永壽宮。六月戊寅朔，文武大臣請建元良，甲申（初七）奏上，命待皇子稍長行之。是月乙巳（二十八日），皇妣薨，追封淑妃。京師藉藉，謂薨於鴆也。十一月始立今上（孝宗）為皇太子，及登大寶，追尊皇妣，諡曰孝穆皇太后。縣丞徐頊請究皇妣薨逝之由，當時診視太醫院使方賢、治中吳衡俱宜逮治。萬安、劉吉力請。已之。〔註31〕

上述兩段記載都指出，孝宗生母之死，曾引起輿論一片譁然，當時多猜測與萬貴妃有關。據尹直的說法，紀妃之死是萬貴妃間接下毒手所致。紀妃病時，太監黃賜、張敏領太醫院使方賢、治中吳衡往治，萬貴妃請以黃袍賜之。次日，病好了一些，就不再派人診視，致使病情轉重。黃瑜則是開宗明義地點出，紀妃之所以會突然得病，是萬貴妃在賜酒中下毒所致。孝宗即位以後，縣丞徐頊請求追究紀妃薨逝之真相，並且逮治當時負責診視的太醫院使方賢和治中吳衡，然而，這件事後來因為萬安、劉吉的阻止，並未加以追究。

值得一提的是，黃瑜對萬貴妃與成化朝政局的關係，曾留下了幾段簡單的陳述，這是尹直在《謇齋瑣綴錄》中所未提及的，其內容如下：

> 萬貴妃始為宮人，司東駕盥櫛，譎智善媚。既顓寵，居昭德宮，太監段英掌其宮事，與其兄弟子姪萬通、萬喜、萬達輩威福赫奕。大

〔註30〕尹直，《謇齋瑣綴錄》，卷5，頁1305。
〔註31〕黃瑜，《雙槐歲鈔》，卷10，頁198，「孝穆誕聖」。

學士萬安認爲同族，與劉吉皆附之，朝士無恥希進者，群趨其門。〔註32〕

成化庚子（十六年，1480），閩之長樂十八都昆由里，平地突起小阜，高三四尺，人畜踐之輒陷，鄉人聚觀，以爲異。明年復於其左湧起一山，廣袤五丈餘，占者曰：「女主爲男之兆，武后時有此變，幸其小耳。」時裕陵宮人萬氏冊爲貴妃，最被寵幸，每侍宸遊，戎服男飾以從，上益愛之，此其應也。乙巳（成化二十一年，1485）二月丁巳（初五）四鼓，泰山微震，三月壬午朔四鼓大震，入夜復震，丙戌（初五）四鼓復震，甲午（十三日）、乙未（十四日）相繼震，庚子（十九日）連震二次。有司奏聞。時椒寢漸繁，上有易樹意而未宣露。會內臺奏言，泰山震動，應在東宮。上大驚，意遂已。其驗如此。〔註33〕

第一則記載透露出，由於萬貴妃獲得憲宗的專寵，在她身邊的人，包括宦官、兄弟、子姪輩等無不挾其勢，作威作福。朝中大臣如萬安、劉吉等人，亦設法攀附在她的羽翼之下，謀求晉升的機會。至於這些大臣如何投萬貴妃所好？王鏊（1450～1524）在《震澤紀聞》中說道：「時昭德寵冠後宮，安（萬安）認爲同宗，表裏用事，人目爲二萬。……昭德方恣橫，好奇玩，中外嗜進者結宦豎，進寶貨，則降旨與官，謂之傳奉。以是府庫空竭，爵賞猥濫。」〔註34〕第二則記載進而揭示出黃瑜的「女禍」史觀思想。黃瑜將成化十六年以來，福建長樂十八都昆由里及泰山二地所出現的連續自然災異現象，歸咎於萬貴妃個人不當的言行舉止，因爲她逾越了原本所屬的性別和階級的界限。由於儒家禮教向來重視男女有別，荀子以「奇衣婦飾，血氣態度擬於女子」的男子爲「世俗之亂民」，〔註35〕先秦禮制也有「男女不通衣裳」的明訓，〔註36〕因此，黃瑜對萬

〔註32〕黃瑜，《雙槐歲鈔》，卷10，頁197，「孝穆誕聖」。

〔註33〕同前書，卷9，頁179～180，「山阜變古」。

〔註34〕王鏊，《震澤紀聞》，收於《明清史料彙編》1：3（台北縣：文海出版社，據清道光十八年刻本影印，1967），卷下，頁1a～1b，「萬安」。

〔註35〕荀況，《荀子》，收於《大本原式精印四部叢刊正編》17（台北：台灣商務印書館，據上海涵芬樓借江南書館藏明翻宋本景印本影印，1979），卷3，〈非相篇〉第5，頁3b～4a。

〔註36〕鄭玄注，《禮記》，收於《大本原式精印四部叢刊正編》1（台北：台灣商務印書館，據上海涵芬樓景印宋刊本原書版影印，1979），卷8，〈內則〉第12，頁15a。

貴妃喜作男子戎裝打扮一事，認為是變易陰陽的行為，必會招致自然災異的產生。再者，古人習以「陽者為天、為男、為君、為父、為長、為師；陰者為地、為女、為臣、為子、為民、為母」，〔註37〕如今福建長樂縣中突起一小山，高三、四尺，「人畜踐之輒陷」，不久，又湧出一山，此乃「陰侵陽」，有人附會說這與唐朝武則天時的奇事一樣，都是「女主為男」之兆，儼然影射萬貴妃有干預政事進而竊取皇帝權柄的野心。此外，古人常將地震發生的原因，附會為「陽微陰盛」所致，地震就是在下者不守其分，故咎在不順之后妃或作亂之大臣，〔註38〕所以黃瑜將「泰山連續震動」與「憲宗椒寢漸繁，有易樹意」二事並列，所暗示之因果關係，更是盡在不言中，隱然指控萬貴妃利用與憲宗枕邊細語的機會，煽動他生易儲之心。後來，幸虧內臺認為泰山連續發生地震，是反映了東宮不安之象，憲宗大感吃驚，終於斷絕另立太子之念頭。由此可推測，黃瑜亟欲藉此記載，罪責萬貴妃不該逾越后妃身分，干預朝中政事。其言論雖然荒誕不經，但其實是承襲了漢代災異起自婦人者的論調。就立場而言，與成化朝部份大臣無異。

上述這些記載也為我們留下一個問題，萬貴妃為何要勸憲宗易儲？黃瑜並未加以說明。與之同時的王鏊，對此有比較詳細的記載：

> 成化中，梁芳、韋興等作奇技淫巧，禱祠、宮觀、寶石之事興，於是十窖皆罄懸。上一日指示芳等曰：「帑藏之空，皆爾二人為之。」興懼不敢言，芳仰曰：「臣為陛下造齊天之福，何謂虛費？」因數三官廟、顯靈宮之類，曰：「此皆陛下齊天之福也。」上不懌，起曰：

〔註37〕 王明編，《太平經合校》（北京：中華書局，1992.3），卷69，〈天讖支干相配法〉第105，頁271。

〔註38〕 漢成帝（51～7B.C.；33～7B.C.在位）時，有日蝕地震之變，詔舉賢良方正能直言之士。杜欽乃上對策，說：「臣聞日蝕地震，陽微陰盛也。臣者，君之陰也；子者，父之陰也；妻者，夫之陰也；夷狄者，中國之陰也。春秋日蝕三十六，地震五，或夷狄侵中國，或政權在臣下，或婦乘夫，或臣子背君父，事雖不同，其類一也。」（《漢書》【台北：鼎文書局，1991】，卷60，〈杜周傳〉第30，頁2671）由此可知，杜欽顯然將婦奪夫權列為引起日蝕地震的三大原因之一。又李尋在漢哀帝年間（25～1B.C.；7～1B.C.在位）的對策也充分表露了這種思想。哀帝初即位，曾命侍中衛尉傅喜（？～5B.C.）問李尋何以「水出地動，日月失度，星辰亂行」，李尋對答甚詳，其中提到地震原因時，說：「臣聞地道柔靜，陰之常義也。地有上中下，其上位震，應后妃不順，中位應大臣作亂，下位應庶民離畔。」（《漢書》，卷75，〈眭兩夏侯京翼李傳〉第45，頁3183、3189）其思想可見一斑。

「吾已矣，不與汝計，後人必有與汝計者。」上指謂東宮也。芳退
而懼，寢食俱廢。時上鍾愛興王（朱祐杬，嘉靖帝生父，其母爲邵
貴妃），或爲芳謀曰：「盍説昭德，勸上廢太子，改立興王，是昭德
無子而有子，興王無國而有國也。如此可常保富貴，豈直免禍哉！」
芳大以爲然，即言於昭德，使以諷上，上且許之。〔註39〕

根據這段記載，太監梁芳與韋興等，爲了討憲宗的歡心，大肆揮霍浪費，導
致國庫的積儲爲之一空。梁芳等擔心太子登基以後會拿自己問罪，於是，遊
說萬貴妃，勸憲宗廢掉祐樘，改立邵貴妃之子爲太子。

　　綜上所述，可知尹直、黃瑜二人所敘寫的萬貴妃，其共同點就是強調萬
氏的「嫉妒」性格。由於萬貴妃天性善妒，憲宗知道紀氏懷有身孕以後，因
爲顧慮到萬貴妃的心理感受，遂安排紀氏謊稱有病，移居安樂堂，才會有外
廷六年不知西宮有一皇子的奇聞。直到成化十一年五月，萬貴妃間接從太監
口中得知此一祕密後，爲了討憲宗歡心，接納這個既成的事實，憲宗與孝宗
父子二人終於獲得相認之機會。一個月之後，紀妃不幸病死，由於事出突然，
當時的人多把矛頭指向萬貴妃，認爲她難辭其咎。此外，黃瑜亦視萬貴妃爲
一懷有干預朝政野心的后妃。

　　與尹直、黃瑜稍後的陳弘謨（1474～1555），在其所著的《治世餘聞》一書
中，主要是採用了尹直關於孝宗出生等之記載，〔註40〕他的用字遣詞幾乎與尹
直完全相同。〔註41〕《治世餘聞》成書於正德十六年（1521），專記弘治一朝見
聞，共分上下兩篇。陳弘謨在跋語中說：「上篇事關廟朝，下篇則臣下事也，皆
即一時所聞，或因一言一行之微，漫書之。」〔註42〕由此可知，尹直在憲宗朝
的風評雖不佳，然而與他同時的陳弘謨並未因人廢言，在其書中仍然沿用了尹
直的說法，反映出弘治、正德二朝之人對憲宗朝宮闈祕事的普遍看法。

　　前章曾提及，萬貴妃之詳細死因在《憲宗實錄》中失載，爲我們揭開祕
密的，則是陸深（1477～1544）。陸深在《谿山餘話》中載：

〔註39〕王鏊，《震澤紀聞》，卷下，頁 5a～5b，「梁芳韋興」。
〔註40〕陳弘謨，《治世餘聞》（北京：中華書局，1997.12），上篇卷1，頁1～2。
〔註41〕主要差異有二：第一、尹直行文時皆採第一人稱法敘述，陳弘謨則採第三人
　　　　稱法轉述。第二、少數關鍵字的異同，如：尹直作「內臣持本來擬」，陳弘謨
　　　　改「持」字爲「將」；尹本作「朕承皇太后洎母后宣諭明白」，陳弘謨改「諭」
　　　　字爲「慰」…等。
〔註42〕陳弘謨，《治世餘聞》，〈跋〉，頁 67。

> 我朝憲廟最寵萬貴妃，萬嘗得罪孝廟，外傳萬自盡。嘗見一中官說：
> 「萬體豐肥，一日，以拂子撻一宮人，怒甚，遂痰厥而死，蓋卒疾。」
> 內云人傳報，憲廟玉色憮然，云：「萬使長去，我也待要去也。」不
> 久，遂賓天，鍾情之傷若此。〔註43〕

由陸深的記載來看，有關萬貴妃死因的說法有二：第一，萬貴妃因為曾經得
罪過當時還是太子的孝宗，或許心生恐懼，害怕日後會遭到不測，因而自殺。
第二，萬貴妃體態豐腴，有一天，因為用拂塵責打一個宮婢，怒極以致痰湧
上口，呼吸困難，搶救不及而去世。這種說法後來為《皇明后紀妃嬪傳》、《萬
曆野獲編》、《勝朝彤史拾遺記》、《潛庵先生擬明史稿》等書所沿用。〔註44〕
值得注意的是，第一種說法並非毫無根據，《李朝成宗實錄》有段朝鮮君臣的
對話，可加以對照：

> 進香使李封、陳慰使卞宗仁來復命，上（成宗康靖大王）御宣政殿
> 引見，問中朝事。……上問新皇帝（孝宗）政治何如，李封對曰：「政
> 治嚴明，內外清肅。故有上書言欲誅萬氏族親者，又有言當朝大臣
> 過失者。彼萬氏見寵於大行皇帝，……新皇帝在東宮，又欲求寵，
> 養得老鸚鵡一雙，教之曰：『皇太子享千萬歲』，以送於太子。太子
> 聞其語，怒曰：『此是妖物也。』即欲以刀斷其項。萬氏聞之，自知
> 其不見寵而反取怒也，自縊而死。然未知其詳。」〔註45〕

這段記載揭露了萬貴妃何以會得罪太子祐樘的原因。原來萬貴妃晚年積極謀
求固寵之道，除了在憲宗身上下工夫外，更一心一意也想討好太子祐樘。她
曾經送了一對會說「皇太子享千萬歲」的老鸚鵡給祐樘，沒想到祐樘不但不
領情，還視之為妖物，萬貴妃自知自己不為祐樘所喜，為身後計，只好選擇
自殺一途。由於朝鮮與明朝關係極為密切，所以朝鮮李朝仿照中國《實錄》
方法撰修的《李朝實錄》，保留了大量朝鮮使臣回國向國王匯報明朝政情的資
料，這些資料甚至為中國史料所未見，所以彌足珍貴。雖然外國傳聞，未必

〔註43〕 陸深，《谿山餘話》（台北：台灣商務印書館，據寶顏堂祕笈本影印，1966），
頁21。

〔註44〕 李小林曾推測《皇明后紀妃嬪傳》很可能已經成了記載萬貴妃以這種原因致
死的最早的文獻，參見氏著，《萬曆官修本朝正史研究・研究篇》（天津：南
開大學出版社，1999.4），頁 127。唯此一說法有待商榷，實則在《皇明后紀
妃嬪傳》撰成之前，陸深的《谿山餘話》即記有此一說法。

〔註45〕 《朝鮮王朝成宗實錄》，卷212，頁22b～23a，十九年戊申（明孝宗弘治元年，
1488）閏正月戊子條。

完全可信，然與陸深的記載合觀，似乎可據以推測，當時宮外確有此一傳聞。
不過，若按常情來判斷，萬貴妃如何能預先得知憲宗必先於自己死去？所以，
萬貴妃自殺說的可信度甚低。不論萬貴妃究竟因何而死，對憲宗而言，卻是
一大打擊，他乍聞此噩耗，曾說：「萬使長去，我也待要去也。」成化二十三
年八月二十二日，在萬貴妃死後的八個月，憲宗也隨之駕崩了。〔註46〕由此
可知，萬貴妃的去世使憲宗頓時失去感情上的依託，應是不爭的事實。

第二節　萬曆以後傳述的萬貴妃軼聞

　　明人筆記所見萬貴妃軼聞的書寫，到了萬曆以後，出現了極戲劇化的轉
變，有關萬貴妃的妒行描寫逐漸增多。此一轉變，始見於于慎行（1545～1608）
《穀山筆麈》一書。于慎行是山東東阿人，隆慶二年（1568）進士，官至禮
部尚書。萬曆十八年（1590）致仕，家居十七年，以讀書著述為事。〔註47〕
《穀山筆麈》即寫於這個時期。《穀山筆麈》主要記敘明朝萬曆以前的典章、
人物、兵刑、財賦、禮樂、釋道、邊塞諸事。其中關於萬貴妃軼聞的記載，
內容重點有四，茲分述如下：

　　第一、憲宗不知紀氏生子

　　　　純皇（憲宗）之誕孝廟也，時萬貴妃寵冠後廷，宮中有孕者，百方
　　　　墮之。孝穆太后舊為宮人入侍，已而有孕，貴妃使醫墮之，竟不能
　　　　下，乃潛育之西宮，報曰：「已墮。」上不知也。……初，孝穆為宮
　　　　人時，有宮人當直宿者病，而強孝穆代之，遂有孕云。孝廟既生，
　　　　頂上有數寸許無髮，蓋藥所中也。〔註48〕

這則資料直指憲宗在位初期皇嗣不蕃的原因，和萬貴妃有關。當時萬貴妃寵
冠後宮，凡是宮中懷有身孕的妃嬪，她總要設法使之墮胎。孝宗生母紀氏原
本是個宮女，一日，因為值宿的宮女生病，改由紀氏取代其工作，致使紀氏
懷下了身孕。萬貴妃得知此事，曾派太醫強迫紀氏墮胎，可是，藥下之後，

〔註46〕《明憲宗實錄》，卷293，頁6a，成化二十三年己丑條。

〔註47〕葉向高，〈資政大夫太子少保禮部尚書兼東閣大學士贈太子太保諡文定穀山于
　　　　公慎行墓誌銘〉，收於焦竑編，《國朝獻徵錄》（台北：學生書局，1965.1），卷
　　　　17，〈內閣六〉，頁203～209；《明史》，卷217，〈于慎行〉，頁5737～5739。

〔註48〕于慎行，《穀山筆麈》，收於《筆記小說大觀》40：9（台北：新興書局，1985），
　　　　卷2，〈紀述一〉，頁11～12。

竟未見效，便誑萬貴妃已墮。紀氏後來潛藏在西宮生養孝宗，這件事憲宗始終不知。據說孝宗剛出生時，頭頂有數寸地方無髮，是因為萬貴妃給紀氏吃了墮胎藥造成的。與前此記載不同的是，尹、黃二人僅揭示了萬貴妃性格中的嫉妒心理，此處則進一步揭露了萬氏殘害其餘妃妾子嗣的妒行，萬貴妃似乎是個狠毒的婦人。

第二、父子相認過程

> 一日，上坐內殿，咄嗟自嘆，一內使跪問故，上曰：「汝不見百官奏耶？」小內使應曰：「萬歲已有皇子，第不知耳。」上愕然，問：「安在？」對曰：「奴言即死。」於是太監懷恩頓首曰：「內使言是。皇子潛養西宮，今已三歲，匿不敢聞。」上即敕百官語狀。明日，廷臣吉服入賀，遣使往迎皇子。使至，宣詔，孝穆抱皇子泣曰：「兒去，吾不得活。兒見黃袍有鬚者，即而（兒）父也。」皇子衣小緋袍，乘小轎子，擁至奉天門下。上抱置之膝，皇子輒抱上頸，呼曰：「爹爹。」上悲泣下。是日頒詔天下。〔註49〕

這段記敘非常生動感人，充滿了戲劇性，而且也透露了憲宗知道孝宗的存在，主要是經由身邊宦官懷恩的密告。

第三、周太后育孝宗於仁壽宮

> 時孝肅居仁壽宮，恐皇子為皇妃所傷，乃語上曰：「以兒付我。」皇子遂居東朝。自是，諸宮報生皇子者相繼矣。一日，上出，貴妃召太子食，孝肅謂太子曰：「兒去毋食也。」太子至中宮，貴妃賜食，曰：「已飽。」進羹，曰：「羹疑有毒。」貴妃大恚，曰：「是兒數歲即如是，他日魚肉我矣。」恚不能語，以致成疾。〔註50〕

根據這則資料，憲宗生母周太后惟恐孫子祐樘為萬貴妃所害，要求親自撫養，甚至還時時叮嚀祐樘要提防萬貴妃的陰謀。周太后親為保抱孝宗之因，考《孝宗實錄》，雖然語焉不詳，閃爍其詞，但我們不難從一些蛛絲馬跡窺出孝宗對其祖母的感慕之情，如：孝宗即位之初，為了報答祖母「保育」之恩，敕諭禮部上尊號為「聖慈仁壽太皇太后」。〔註51〕弘治七年（1494）七月，周太皇太后「偶嬰瘍疾」，生起病來。孝宗終日憂心忡忡。雖然照常上朝，處理政事，

〔註49〕 于慎行，《穀山筆麈》，卷2，〈紀述一〉，頁11。

〔註50〕 同前註。

〔註51〕 《明孝宗實錄》，卷3，頁7a，成化二十三年九月庚申條。

但他每天都去祖母宮中問安，親自過問其飲食、起居，夜裡還虔誠地對天祈禱，盼望祖母儘快痊癒。〔註52〕幾個月過去了，弘治八年（1495）正月十二日，照往年慣例應該舉行慶成宴，但祖母病了這麼久，尚未有起色，孝宗根本沒有心思，遂下詔免宴。〔註53〕弘治十一年（1498）清寧宮發生火災，孝宗親自攙扶周太皇太后至仁壽宮暫居，而且還徹夜不睡，陪侍在祖母左右以安撫她受驚嚇的情緒。〔註54〕可見周太后確實有恩於孝宗。然而，萬貴妃是否真如《穀山筆塵》所載有殺害祐樘之意？我們雖無法斷言，但弘治年間許浩（生卒年未詳）《復齋日記》載：「今上在東宮時，憲廟命太監覃吉侍。時詔（昭）德官（宮）寵盛，吉心常危懼，東駕出入起居必俱，飲食必嘗始進，未敢頃刻少離。」〔註55〕顯然，當時宮中太監在照顧太子起居飲食時，是抱持著戒慎恐懼的態度，深怕一時的疏忽，使太子遭遇不測，這段記載似乎也透露了類似的訊息。

　　第四、孝宗生母死因之謎

　　　　傳云：太子迎入東朝，貴妃使使賜孝穆死。或曰孝穆自縊。〔註56〕

前文提及，與紀氏之死有關的記載有二：一為萬貴妃間接致死，以《謇齋瑣綴錄》為代表。一為萬貴妃直接致死，以《雙槐歲鈔》為代表。此處又出現了一種新說法，即紀氏自縊說。

　　最後，于慎行還特別聲明，關於孝宗出生的故事，是「萬曆甲戌（十二年，1584），一老中官為于道說如此」。〔註57〕由於于慎行記事，很少採用此種方法，近人方志遠推測這或許是為了表示慎重，亦或者是表示自己對這種傳聞感到存疑。〔註58〕不過，亦有可能是于慎行感於時局與成化朝情形相類似，皇帝皆不急於冊立東宮，且皇帝皆有一專寵妃子，因而有意加以影射。細讀于慎行的記載，可發現其中有幾個讓人感到不解之處，譬如：宮中人多口雜，萬貴妃又耳目眾多，何以能匿藏孩童長達數年之久，而不被發覺？且憲宗初見孝宗，怎能憑第一眼印象就確知他為己子？而六歲的孩童對從未見過的父親能表現如此鎮

〔註52〕《明孝宗實錄》，卷98，頁5b，弘治八年三月壬寅條。

〔註53〕同上，卷96，頁4a，弘治八年正月丙申條。

〔註54〕同上，卷224，頁3a，弘治十一年十月甲戌條、乙亥條。

〔註55〕許浩，《復齋日記》，收於《明清史料彙編》8：4（台北縣：文海出版社，據民國五年丙辰孫毓修校印本影印，1967～1969），上卷，頁28b。

〔註56〕于慎行，《穀山筆塵》，卷2，〈紀述一〉，頁12。

〔註57〕同前註。

〔註58〕方志遠，《成化皇帝大傳》，頁101。

定與親暱也令人懷疑，這些不合情理之處，使得這段史事更充滿曲折離奇的色彩，可信度甚低。此外，眾所周知，明神宗在位期間（1572～1620），曾因遲遲不肯冊立皇長子朱常洛為太子，以致引發了「國本」之爭，當時士大夫多懷疑是鄭貴妃在背後蠱惑。于愼行累疏請早建東宮，結果疏入之後，不是「留中」，就是惹來神宗大怒，說：「朕見質體尚弱，爾等如何紛紛煩擾，意欲離間乎？」〔註59〕、「立儲之事還候旨行，不必以煩言間離天性」〔註60〕，甚至責以「要君疑上，淆亂國本」，將其罰俸三個月。〔註61〕最後，于愼行終因山東鄉試發生弊案，引罪乞休。這些政治上的際遇，不免引人有這方面的懷疑。

　　值得注意的是，與于愼行同時的沈德符，亦對于氏記述的真實性感到懷疑，他引用了尹直《謇齋瑣綴錄》的記載，提出五點質疑：〔註62〕第一，憲宗對於紀氏生子一事，「初非不知也」，事實上是「憲宗設計潛養他所」。第二，尹直與彭時談及西宮有一皇子事，是在成化十年，按孝宗庚寅生，即成化六年，「至是已五歲矣，不止三歲也」。第三，孝宗得以正式對外公開身分，是內臣黃賜、張敏、段英三人之功，非出自懷恩密奏。懷恩只不過是奉憲宗之命，傳諭內閣討論為皇子命名之事。沈德符還進一步引商輅成化十一年的奏疏〔註63〕證明之，並據此評論說：「孝宗之在西宮，商公已頌言於朝，且歸美萬氏，以頌寓歸，可謂苦心。今塵史乃云出自懷恩密奏，想于公并文毅疏未之見耳。」第四，紀后遷西宮之事亦成禮，「未有遽稱不活之語，亦不曾有進毒一事」。第五，成化十一年孝宗正位東宮，至成化二十三年春萬貴妃薨，年

〔註59〕于愼行，《穀城山館文集》，收於《四庫全書存目叢書》集部148（台南縣：莊嚴文化事業有限公司，據明萬曆于緯刻本影印，1997.6），卷36，〈請冊立東宮疏〉，頁6a。

〔註60〕同前書，卷37，〈請立東宮第五疏〉，頁10a。

〔註61〕同上，〈自陳典禮失職疏〉，頁12b。

〔註62〕沈德符，《萬曆野獲編》，卷3，〈宮闈〉，頁82～83，「孝宗生母」。

〔註63〕商輅這篇奏疏的全文如下：「臣等仰惟皇上至仁大孝，通于天地，光于祖宗。誕生皇子，聰明岐嶷，國本攸繫，天下歸心，重以貴妃殿下躬親撫育，保護之勤，恩愛之厚，踰於己出。凡內外群臣以及都城士庶之家，聞之，莫不交口稱讚，以為貴妃之賢，近代無比，此誠宗社無疆之福也。但外議皆謂皇子之母，因病另居，久不得見，揆之人情事體，誠為未順。伏望皇上敕令就近居住，皇子仍煩貴妃撫育，俾朝夕之間，便於接見，庶得以遂母子之至情，愜眾人之公論，不勝幸甚。臣等職居輔導，偶有所聞，不敢緘默，謹具題知，伏候聖裁。」見氏著，《商文毅公集》，收於《四庫全書存目叢書》集部35（台南縣：莊嚴文化事業有限公司，據明萬曆三十年劉體元刻本影印，1997.6），卷3，〈奏疏〉，頁1a～2a，「重國本疏」。

已十八歲，距離初立太子的時間，已經隔了十三年，安得有萬貴妃「忿不能語成疾之說也」。沈德符認爲紀氏之死，萬貴妃脫不了關係，是因爲她曾經以賜黃袍爲由，阻礙太醫前往診視。所以孝宗登極後，縣丞徐頊等人才會上疏建言，請求追報母仇。最後，沈德符還特別說明他認爲尹直的記載比于愼行一百年後得於一老宦官的傳聞可靠之理由有三：一是尹直「正長禁林」，親履其事。二是宦寺傳言向來訛舛不可信。三是按照當時的情況來判斷，尹直確實能向彭時進言，茲引述其內容如下：

> 尹謇齋雖非賢者，然此時正長禁林，親履其事，豈有謬誤。于公起北方，早貴，并本朝紀載不盡寓目，自謂得其說于今上初年老中官，不知宦寺傳言訛舛，更甚于齊東。予每聞此輩談朝家故事，十無一實者，最可笑也。尹錄所云彭先生蓋彭文憲時也。時甲子（午）年彭正當國，而尹以讀學掌院，與彭最厚，故得進言。尹所紀未免居功，而情景則不謬云。〔註64〕

　　無論于愼行之記載是否屬實，《穀山筆麈》一書的影響卻很大。于愼行在世時就有手抄本流傳，萬曆四十一年（1613）由其門人郭應寵整理付梓，天啓五年（1625）沈域據其家藏抄本再刊，故《名山藏》、《罪惟錄》、《勝朝彤史拾遺記》、萬斯同《明史》、《明史稿》、《明史》等官私修明史，均沿用此說。

　　至於沈德符個人對於萬貴妃史事的看法，可以歸納爲以下八點：

　　第一，廢后吳氏之所以會得罪，主要是因爲萬貴妃曾被吳氏杖責，萬貴妃遂在憲宗面前進讒言，要求憲宗廢后。〔註65〕沈德符認爲萬貴妃當時尚未有位號，故「吳氏得而笞之」。〔註66〕天順八年十月十二日，憲宗又立王氏爲后，由於王氏「能委曲下之，故得安于位」。〔註67〕

　　第二，成化五年，柏賢妃生下悼恭太子，大臣請求詔告天下，憲宗不許。沈德符認爲這是因爲憲宗「慮傷萬妃之心也」，故至孝宗之生，臣下不敢請命名，無怪其然。〔註68〕

　　第三，紀氏的暴薨，和萬貴妃之專妒有關，而萬貴妃始終無法加害於孝

〔註64〕沈德符，《萬曆野獲編》，卷3，〈宮闈〉，頁83，「孝宗生母」。
〔註65〕同上，頁81，「憲宗廢后」。
〔註66〕同上，頁84，「孝宗生母」。
〔註67〕同註65。
〔註68〕同註64。

宗，是「宗社之靈憑之也」。〔註69〕

　　第四，萬貴妃「豐艷有肌」，在外形上和楊貴妃相仿，憲宗每次出遊，貴妃必戎服佩刀，侍立左右，「上每顧之，輒爲色飛」。沈德符對萬氏喜著男服的評論頗堪玩味，他說：

> 然婦人以纖柔爲主，今萬氏反是而獲異眷，亦猶玉環之受寵于明皇也。晉傅咸傳云：妹喜冠男子之冠，桀亡天下。晉書五行志謂男子屐方頭，女屐圓頭，至惠帝時，女屐亦如男子，以爲賈南風專妒之應。今萬氏女而男服，亦身應之矣。〔註70〕

沈德符引經據典，借古諷今，無非在說明萬貴妃女而男服，逆反陰陽，必會導致家國之不幸。他更舉武則天垂拱二年（686）雍州新豐縣有山湧出至三百尺，因而改名爲慶山縣爲例，認爲係「女居男位，反易剛柔致然」，並附會《雙槐歲鈔》記載成化十六年福建長樂縣所發生的奇事，說是「男女易位之象，蓋亦以屬萬氏之服妖云」。〔註71〕沈德符的「服妖說」其實是有感於嘉靖、萬曆年間服飾違制日趨嚴重而起的議論，相同的言論尚可見於同書卷二十三「張幼予」條：

> 吳中張幼予獻翼奇士也。……晚年彌甚，慕新安人之富而妒之。命所狎群小呼爲太朝奉，至衣冠亦改易，身批采繪荷菊之衣，首戴緋巾，每出則兒童聚觀以爲樂。……予偶遇伯起，因微諷之曰：「次公異言異服，諒非公所能諫止，獨紅帽乃俘囚所頂，一獻闕下，即就市曹，大非吉徵，奈何！」……未幾而有蔣高私妓一事，幼予罹非命，同死者六七人。……此皆可謂一時服妖。〔註72〕

沈德符用具體的「服妖」二字詮釋張幼予的衣著行爲，並且以其後之驟逝來說明此乃不祥之兆。可見其論述與陰陽災異、天人感應觀念影響下的古代「服妖說」可說並無二致，而就萬貴妃以戎裝吸引憲宗一事，其批評重心則是著眼於服飾文化中的性別差異，反映晚明「服妖說」中注重男女有別的思想。〔註73〕巧合的是，與之同時的陳懋仁（生卒年未詳），於萬曆四十年（1612）

〔註69〕沈德符，《萬曆野獲編》，卷3，〈宮闈〉，頁84，「萬貴妃」。
〔註70〕同前註。
〔註71〕同前註。
〔註72〕沈德符，《萬曆野獲編》，卷23，〈士人〉，頁582，「張幼予」。
〔註73〕明代中期以後，士人對所謂「服妖」的指責漸多，其意涵或爲批評僭禮逾制、奢侈靡費，或爲指斥變亂男女、異服招禍，主張恢復禮制，整飭冠服。詳見

成書的《析酲漫錄》，亦從服飾裝扮上，將萬貴妃與妹喜相比擬：「妹喜反而男行弁服帶劍，我憲宗時萬貴妃每侍宸遊，亦戎服男飾。」〔註74〕或可反映萬曆時人對萬貴妃外在形象之看法。

第五，沈德符對成化朝的女寵問題有如下的看法：

> 唐武宗賢妃有盛寵，其貌與帝甚肖，每戎服從帝騎射，莫知其孰爲至尊也。萬氏以成化二年丙戌封貴妃，生皇長子，將百日而薨，未及命名。至妃之薨，則二十三年丁未，想其年必非少艾矣，而恩寵不衰。亦猶今上之專眷鄭貴妃，幾三十年也。然萬氏戚里之封，僅得錦衣衛，雖漸進不離本衛。今鄭氏亦然，並不敢援永樂之例，以請文職。蓋兩朝之恩厚而有節如此。〔註75〕

永樂年間，明成祖曾冊封權賢妃父爲光祿寺卿，任賢妃父爲鴻臚寺卿，王昭容、李昭儀、呂婕妤之父俱爲光祿寺少卿，崔美人父爲鴻臚少卿。〔註76〕沈德符認爲萬貴妃在成化朝之受寵，猶如鄭貴妃在萬曆朝之受寵般，皆屬恩寵不衰之類。然而兩朝對其親屬之冊封皆能有所節制，並未援用永樂之例，給予文職之待遇。

第六，沈德符曾根據實錄之記載，推算出萬貴妃在年齡上大憲宗十七歲，本來以爲此「必無之事」，或者是史臣記載之錯誤，後因看到成化四年大學士彭時的奏疏，與史臣所述情況相符，遂信之。他考證如下：

> 史云萬貴妃生於宣德庚戌，四歲選入，侍聖烈慈壽皇太后，即宣宗孝恭皇后孫氏也。云及笄侍上於青宮。憲宗以正統十四年立爲太子，時方三歲，妃已二十歲矣。後至天順元年（1457），憲宗從沂邸復儲位，年僅十一，而妃已二十八矣。又云：上即位遂專寵，此年七月大婚，聖齡十八，而妃則已三十五。次年，妃舉皇長子，未晬而薨，進封貴妃，此後遂不復孕。又進皇貴妃，嬖倖終憲宗之世。以成化二十三年正月初十日薨，計其年蓋已五十八，而上以是年秋八月上

林麗月，〈衣裳與風教——晚明的服飾風尚與「服妖」議論〉，《新史學》10：3（1999.9），頁111〜157；吳美琪，〈流行與世變：明代江南士人的服飾風尚及其社會心態〉（台北：國立台灣師範大學歷史研究所碩士論文，2000.7），頁128〜144。

〔註74〕陳懋仁，《析酲漫錄》，收於《四庫全書存目叢書》子部97（台南縣：莊嚴文化事業有限公司，據南京圖書館藏明刻本影印，1995），卷3，頁1b。

〔註75〕沈德符，《萬曆野獲編》，卷3，〈宮闈〉，頁84〜85，「萬貴妃」。

〔註76〕同前書，卷5，〈勳戚〉，頁148，「永樂間後宮父恩澤」。

昇，聖壽僅四十一，則妃實長於憲宗十七年。竊以爲必無之事，或者史臣紀載之訛。然成化四年秋彗星見，大學士彭時上疏，乞正宮闈以綿聖嗣，且言專寵者年日以邁，宜子者恩或未逮，宜更新以回天意。又云凡女子年過四十，雖有所生而多不育，蓋謂皇長子之薨，已直指其事不復諱，是年妃蓋已三十九矣。彭文憲謂之年邁，似史臣所述，又未必誣矣。〔註77〕

沈德符因而評論說：「自古妃嬪承恩最晚，而最專最久，未有如此者。然則夏姬之三少，宜主之內視，信乎有之？北周宣帝天太皇后朱氏，靜帝生母，亦長於宣帝十餘年，然而無寵。」〔註78〕夏姬是春秋陳國人，曾九爲寡婦，〔註79〕據說她能內使奇術，讓自己老而復少，故春秋之初，有晉楚之諺曰：「夏姬得道，雞皮三少。」〔註80〕北周宣帝后朱氏，因其家坐事，被沒入東宮，選掌太子衣服，當時仍爲太子的宣帝曾召幸之，遂生下靜帝。朱氏在年齡上大宣帝十餘歲，卻始終無寵。〔註81〕沈德符舉夏姬、天太皇后朱氏二人之例，無非在說明萬貴妃能這樣受到憲宗的恩寵，是相當罕見的。

第七，據沈德符的考證可知，明朝典制，皇帝尊諡十七字，皇后則十二字，皇妃及太子與太子妃只二字而已。至永樂年間，太祖惠妃崔氏薨，諡莊靖安榮，始見四字諡。以後各帝皇妃之諡，幾仿此例。又至成化二十三年正月，萬貴妃薨，憲宗不僅輟朝七日，還諡曰：「恭肅端愼榮靜」，開六字諡之先例，沈德符認爲這是憲宗對萬貴妃異寵有加。〔註82〕

第八，沈德符認爲萬貴妃應該爲明朝士風之敗壞負起部份的責任。他說：「國朝士風之敝，浸淫於正統，而糜潰於成化。當王振勢張，太師英國公張輔輩尚膝行白事而不免身膏草野。至憲宗朝萬安居外，萬妃居內，士習遂大壞。」〔註83〕

〔註77〕沈德符，《萬曆野獲編補遺》，收於《筆記小說大觀》15：6（台北：新興書局，1977），卷1，〈宮闈〉，頁804，「萬妃晚倖」。

〔註78〕同前註。

〔註79〕有關夏姬生平事蹟之介紹，可參見杜正勝，〈天生尤物、薄命紅顏的夏姬〉，《歷史月刊》16（1989.5），頁62～64。

〔註80〕《續笈山房集略》，轉引自李永祜主編，《奩史選注——中國古代婦女生活大觀》（北京：中國人民大學出版社，1994.10），卷4，〈夫婦門四〉，頁61，「寡婦」。

〔註81〕李延壽，《北史》（台北：鼎文書局，1991），卷14，〈后妃下〉，頁530。

〔註82〕沈德符，《萬曆野獲編補遺》，卷1，〈宮闈〉，頁802～803，「妃諡」。

〔註83〕沈德符，《萬曆野獲編》，卷21，〈佞倖〉，頁541，「士人無賴」。

第三節　小　結

　　《明實錄》對萬貴妃故事留下的空白，在明人野史筆記中似乎得到了一些線索，我們對成化朝的宮闈秘聞逐漸有一清晰的輪廓，特別是孝宗的出生為何會失傳於外廷之部份。由上述明人筆記所敘寫之萬貴妃軼聞，可以看出寫得最多的是萬貴妃性格中的「嫉妒」特質，而且呈現了兩種截然不同的描述。大抵弘治、正德年間，文人所記敘的萬貴妃故事，多半不脫《賽齋瑣綴錄》、《雙槐歲鈔》二書之情節，此一時期所呈現的萬貴妃形象，具體揭示了萬氏如何表現性格中的嫉妒心理，萬貴妃不能忍受她和憲宗之間有其他女性介入，所以一旦知道憲宗有負情之舉，就會生氣、苦惱。憲宗在保護皇嗣和平衡萬貴妃心理的考量下，主導了皇子疑案，祕密安排孝宗生母紀氏謊稱有病，並移居至安樂堂待產，外廷、貴妃均不知此事。直到成化十一年五月，憲宗在西宮另有皇子的消息間接傳到萬貴妃那裡，為了固寵，萬貴妃只好接受這個既成的事實，憲宗與孝宗父子二人終得相認。一個月後，紀氏不幸病死，因為來得太突然，輿論多把矛頭指向萬貴妃，認為她難辭其咎。

　　到了萬曆以後，萬貴妃故事的書寫，出現了極大的變化，這種變化以于慎行《穀山筆麈》一書為代表。萬貴妃變成非常狠毒的女人，為了捍衛自身的權勢與地位，戕害其餘妃妾子嗣，且其妒行並非只針對紀氏一人。紀氏為免遭到萬貴妃的毒手，只好藏匿於西宮生養皇子，這件事憲宗始終不知。後因憲宗身旁的宦官祕密告知此事，父子二人才得以相認。後來憲宗生母周太后惟恐孫子祐樘再為萬貴妃所害，親自擔負撫育之責。然而，值得注意的是，于慎行的說法並未得到同時代人之普遍認同，沈德符即曾對其說法提出幾點質疑，認為于氏從宦官那裡得來的傳聞是不可信的。這也顯示，明人筆記所敘述之萬貴妃故事，呈現的是多元化的風貌，萬貴妃的形象此時尚未被固定化。饒有趣味的是，于慎行的說法卻成為日後萬貴妃形象定型的基礎，在後人修撰的官私明史中一再被沿用，進而成為主流論述。

　　明人筆記對萬貴妃的「嫉妒」性格，揭露得如此深刻、有力，其背後所蘊含的社會文化意識，相當耐人尋味。中國歷來以「妒」為女子惡德，將其列為婦人「七出」〔註84〕的條目之一，認為其罪在於「亂家」，是故，有人還

〔註84〕所謂「七出」，又稱「七去」，是夫方以之為要求離婚的條件，據《大戴禮記·本命篇》的說法，包含了不順父母、無子、淫、妒、有惡疾、口多言、盜竊。參見戴德，《大戴禮記》，收於《四部叢刊初編》10 經部（上海：上海書店，

主張將其列居「七出」之首。〔註85〕尤其妒婦掀起的波濤以宮廷及官宦富貴之家居多，對上層社會的穩定常帶來破壞性衝擊，所引發的後果，可歸納為三點：其一為「有妨繁衍」，王公貴族因而有「覆其宗祧」香火不繼之虞。其二為破壞宗法繼承制度，演出爭寵奪嫡的戲碼，導致上層動亂和統治階級家道敗壞。其三為侵凌夫權，破壞了「夫為妻綱」的倫常規範。所以婦妒在古代中國可以說是事關「天下之本」的社會問題，社會上瀰漫著厭棄妒婦的心理氛圍。〔註86〕據此推之，明人筆記作者的這點書寫特色，多少隱含有警惕的意味。

最後，附帶一提的是，在明人野史記載中，關於孝宗出生後的情況，還出現了另一種說法：周太后知情而隱瞞，並潛育於清寧宮，等到憲宗為國本問題感到憂心時，她才安排孝宗與憲宗相認：

> 憲宗寵愛萬妃而志向有在，國本降誕於宮中之嬪侍時，則周太后潛育清寧宮，不使上知。迨憲宗□盛以國本為憂，太皇太后乃於本宮出嬪御及我孝宗，於是上有定立東宮以詔天下直，以萬妃多悍戾有智杭，恐有不測，故深保護於十年之後，而俟萬年已登五十無望，此太皇太后之明睿。上以繼祖宗大統之托，下以護全聖明。〔註87〕

此說據《九朝談纂》所記，應該源自《聞見謾錄》，可惜該書目前已失傳，作者及出版時間均不可考，故無法推測其最早流傳之時間。不過，其對後世的影響甚微，僅見於《名山藏》及《識大錄》二書，而且這兩部書都只提到周太后曾私育孝宗，並且不讓憲宗知道，卻未敘及後來還安排憲宗和孝宗相認事。或許這意味著何喬遠、劉振不覺得此說可信。

據上海涵芬樓借景無錫孫氏小綠天藏明袁氏嘉趣堂刊本景印，1989），卷13，〈本命第八十〉，頁 6a。

〔註85〕陳邈妻鄭氏，《女孝經》，收於《叢書集成新編》33（台北：新文豐出版公司，1985），〈五刑章第十一〉，總頁 472。

〔註86〕曹大為，〈中國古代的妒婦〉，《北京師範大學學報（社會科學版）》1990：4，頁 53～60。

〔註87〕不著撰人，《九朝談纂》，頁 1102～1103。

第三章　蓋棺漸論定：明清官私明史萬貴妃形象的一致化

　　嘉靖中葉以後，明代史壇出現了一股修撰當代史的熱潮。許多士大夫編著的史書中，皆有關於萬貴妃的記載，若和弘治年間官修《憲宗實錄》的內容相比較，有的幾乎與《實錄》大同小異，顯然是抄自官方史料，自然也站在成化朝臣的觀點來看待萬貴妃，尤其是憲宗的廢后及成化朝秕政之部份。至於《實錄》隱諱不明之處，則是融合了野史筆記中所傳述的軼聞作爲補充。這種取材原則與修史風氣，一直延續到清初。由於野史筆記對孝宗出生後情形之記載分歧，所以萬貴妃傳的書寫，也呈現了幾種不同的版本，直至乾隆初年官修《明史》刊行於世，萬貴妃的歷史書寫正式趨於固定化、刻板化，其形象也從而一致化。本章目的即在闡述此一演變過程，並揭示後世史家對萬貴妃史事之看法。需加說明的是，清代官私修明史的彼消此長大體經歷了三個階段，清初至康熙中是私修明史興盛而官修剛剛起步的時期，其中包含著私修明史中反清意識與官方政權的衝突；康熙中至嘉慶末是私修明史由冷清至沈寂，而官修明史興盛發達的時期，其中包括著官方對私修明史的主動阻扼；嘉道之際至清末是官修明史終止而私修明史復蘇、振興時期，其主流是私修明史的立場、觀點認同於清廷，但出現了脫離官方控制和革命黨人利用明史學反清的新現象。〔註1〕因此，本文在討論清代官私明史對萬貴妃史事之記載時，將據此三個階段分述之。

〔註 1〕喬治忠，《清朝官方史學研究》（台北：文津出版社，1994.3），頁226。

第一節　明代中後期明史著作中的記載

　　明人對當代史的編撰，據今人研究可知，大抵經歷了發生、勃興、繁榮的發展過程。洪武至正德間為發生期，嘉隆時代是勃興期，萬曆以後則是繁榮期。〔註2〕洪武至正德時期問世的史籍，記人物只限於「名臣」，記事蹟多屬於掌故見聞；敘事不成系統，多為未經剪裁的史料堆砌，再創作成分少，體例上也不夠成熟，不能算是嚴格意義上的史著。到了嘉靖中葉以後，才出現了一股勃興的景象，接連出現了一批經過再創作的、比較成熟的明史著作。

　　嘉靖年間，陳建（1527～1593）在朋友黃佐「成昭代不刊之典」的勸告下，〔註3〕撰修了迄今所見明代第一部成系統的編年體當代史《皇明資治通紀》，凡四十二卷。此書對萬貴妃事蹟的記載，主要是融合了《謇齋瑣綴錄》及《雙槐歲鈔》的說法而成，極少有陳建個人的論述，唯一特別之處，在於它補充了當時無恥希進的朝士群趨萬通家門之因。原來萬通妻王氏經常出入掖庭，比較容易透過萬貴妃上達天聽，以達成干求政治利祿之目的，其記載如下：

> 通妻王氏出入掖庭，學士萬安認為同宗，與劉吉皆附之。安陰使人
> 結通之妻，往來于家，朝士無恥希進者，群趨其門。〔註4〕

由於嘉隆時代，仍是一個明代列朝實錄密藏的時代。官方嚴禁實錄流傳民間，只許皇史宬和內閣各收藏一套，〔註5〕供皇帝閱讀和實錄館修史諸臣使用。所以《皇明資治通紀》一書，對晚明人來說，有一大遺憾，即是沒有參照過實錄，〔註6〕因此錯誤難免不少，諸如將孫太后命萬氏服侍尚是東宮的憲宗，誤解成是英廟的指示；甚至將柏賢妃所生的皇太子朱祐極，誤為是萬貴妃所生。

　　繼陳建之後，一大批當代史著作接連問世。武進人薛應旂（嘉靖十四年〔1535〕進士）所著，萬曆二年（1574）成書的《憲章錄》；晉江人黃光昇（？－1586）所撰，萬曆二十八年（1600）刊行的《昭代典則》；雷禮（1505～1581）等人於萬曆三十年（1602）撰成之《皇明大政紀》；卜世昌、屠衡同撰，萬曆三十三年（1605）刊刻的《皇明通紀述遺》；沁水人張銓（萬曆三十二年〔1604〕

〔註2〕錢茂偉，〈論晚明當代史的編撰〉，《史學史研究》1994：2，頁59。
〔註3〕陳建，《皇明資治通紀》，收於《四庫禁燬書叢刊》史部12（北京：北京出版社，據北京師範大學圖書館明刻本影印，2000），〈自序〉，頁1b。
〔註4〕同前書，卷19，〈憲宗純皇帝紀〉，頁25b。
〔註5〕錢茂偉，〈論明中葉當代史研撰的勃興〉，《江漢論壇》1992：8，頁60。
〔註6〕錢茂偉，〈論晚明當代史的編撰〉，《史學史研究》1994：2，頁63。

進士）於萬曆三十八年（1610）撰成之《國史紀聞》；涂山（生卒年未詳）編
輯，萬曆年間刊行的《明政統宗》；茶陵人譚希思（1542～1610）於萬曆四十
七年（1619）修撰的《明大政纂要》；鐘惺（1574～1624）所撰，成書時間不
詳的《明紀編年》；烏程人朱國禎（萬曆十七年〔1589〕進士）所輯，崇禎五
年（1631）刊刻的《皇明大政記》等編年體史書，〔註7〕在敘述與萬貴妃有關
的史事時，幾乎和《皇明資治通紀》無異，惟《明紀編年》一書對憲宗和萬
貴妃在孝宗出生上是否知情，態度有所出入，傾向不明言的立場。此外，值
得注意的是，萬曆以後，實錄開始逐步流傳於世，見到實錄的人逐漸多起來，
〔註8〕又值復古派盛行文壇之時，《史記》一派的考信理論對一部份史家影響
很深。所以，撰史開始注重史料的考信工作。〔註9〕朱國禎在《皇明大政記》
中的〈存疑〉部份，對萬貴妃煽動憲宗產生易儲之意的動機提出解釋：

> 孝宗自西內正東宮，萬貴妃既毒紀妃，忌心終不釋。或請育皇第二
> 子為子，登大位則已為大，后不失尊稱，憲宗意不能無動，故致泰
> 山之震事理。〔註10〕

據此可歸納出兩點動機：其一，萬貴妃是孝宗的殺母仇人，因此萬貴妃對孝

〔註7〕薛應旂，《憲章錄》，收於《中國野史集成》18，成都：巴蜀書社，1993；黃
　　　光昇，《昭代典則》，收於《四庫全書存目叢書》史部 12、13，台南縣：莊嚴
　　　文化事業有限公司，據明萬曆二十八年周曰校萬卷樓刻本影印，1996.8；雷禮
　　　等輯，《皇明大政記》，收於《四庫全書存目叢書》史部 8，台南縣：莊嚴文化
　　　事業有限公司，據明萬曆三十年秣陵周時泰博古堂刻本，1996.8；卜世昌、屠
　　　衡，《皇明通紀述遺》，台北：廣文書局，1972；張銓，《國史紀聞》，收於《四
　　　庫全書存目叢書》史部 17，台南縣：莊嚴文化事業有限公司，據明天啓刻本
　　　影印，1996.8；涂山，《明政統宗》，台北：成文出版社，據明萬曆四十三年刻
　　　本影印，1969；譚希思，《明大政纂要》，收於《四庫全書存目叢書》史部 14、
　　　15，台南縣：莊嚴文化事業有限公司，據清光緒二十一年湖南思賢書局刻本
　　　影印，1996.8；鐘惺，《明紀編年》，收於《四庫禁燬書叢刊》史部 35，北京：
　　　北京出版社，據清順治刻本影印，2000；朱國禎，《皇明大政記》，收於《四
　　　庫全書存目叢書》史部 16，台南縣：莊嚴文化事業有限公司，據明崇禎刻皇
　　　明史概本影印，1996.8。
〔註8〕萬曆十六年（1588），神宗索閱列朝實錄，由於實錄原本「式樣寬闊」，不便
　　　展閱，只好同意內閣首輔申時行的提議，命人重錄一套微型本。因實錄的重
　　　抄，諸校對、謄錄官，遂趁機傳抄。如此一來，明列朝實錄就陸陸續續傳佈
　　　到了民間。參見錢茂偉，〈晚明史家何喬遠及其《名山藏》初探〉，《福建論壇
　　　（文史哲版）》1992：2，頁 74。
〔註9〕錢茂偉，〈論晚明當代史的編撰〉，《史學史研究》1994：2，頁 63。
〔註10〕朱國禎，《皇明大政記》，卷 19，〈存疑〉，頁 37a。

宗的猜忌始終無法釋懷。其二，那些母儀天下的歷代太后，往往是通過母憑子貴的途徑被抬上權力寶座的，萬貴妃請育皇二子為己子，有可能是基於此一考量。如果將來由皇二子登基的話，她即可被尊為皇太后，那麼她仍可憑藉太后之尊在宮中佔有一席之地。

在紀傳體史書方面，則有官修與私修之別。明代官方在長達兩百七十餘年（1368～1644）的歷史中，僅於萬曆二十二年（1594）組織過一次撰修紀傳體國史的活動，〔註11〕最後卻因天災人禍等原因，半途而廢，〔註12〕前後歷時二年餘。這次修史，儘管全書沒有完成，但當時所寫的稿件中，現在至少尚有近十種流傳於世，令人興奮的是，由楊繼禮所撰寫的《皇明后紀妃嬪傳》正是其中之一種。這部史書目前藏於北京圖書館，留給後世最珍貴的史料，在於第一次提出了后妃立傳的名單。憲宗的后妃立有專傳者共五人，而萬貴妃亦被收載，顯見其在成化朝的重要性。本書在史料來源上，除了以《明實錄》為基本依據外，同時亦注意參考明代文人筆記的記載。值得注意的是，目前所見明人筆記中關於孝宗出生後的情況，有兩種說法，一為憲宗知情而萬貴妃不知情，以尹直的《謇齋瑣綴錄》和黃瑜的《雙槐歲鈔》為代表；一為憲宗和萬貴妃都不知情，以于慎行的《穀山筆麈》為代表。至於《憲宗實錄》和《孝宗實錄》，則不明言憲宗與萬貴妃是否知情。然而，《皇明后紀妃嬪傳》卻出現了另一種說法：孝宗出生後萬貴妃知情而隱瞞。這段記載的原文是：

> 孝穆皇后紀氏，廣西賀縣人，中軍都督福斌女。年數歲入宮，為憲

〔註11〕 內閣大學士陳于陛於萬曆二十一年（1593）九月四日，正式上疏提出編寫紀傳體國史的要求，獲得朝廷的回應，於萬曆二十二年八月二日正式開館。詳見《明神宗實錄》（台北：中央研究院歷史語言研究所，1965），卷264，頁1b～4a，萬曆二十一年九月乙卯條；卷276，頁2b，萬曆二十二年八月丁未條。

〔註12〕 錢茂偉認為這次修史曇花一現的主要原因有二：一為統治者害怕修成一部不刊之典，給自己的祖先蓋棺論定。故朝中大臣多不樂意作這種吃力不討好的工作，趁皇極殿、文昭閣、武成閣三殿失火，即下令停修。二為纂修隊伍的龐雜，造成修史無法得其人，專其任。參見錢茂偉，〈萬曆中葉正史撰修探賾〉，《寧波師院學報（社會科學版）》1988：1，頁84。李小林則認為「同列害成」是修史活動半途而廢的基本原因，張位與沈一貫這兩位心胸狹窄的人，當時掌握了朝中大權，他們對倡非由己的事情不熱心，以致「害」其「成」，故意將之扼殺；至於萬曆二十五年六月宮中發生火災，則是次要的原因，它主要是「害成」的「同列」所利用的一個藉口。參見李小林，《萬曆官修本朝正史研究·研究篇》，頁34～36。

> 廟嬪，頗見御，有身，以疾居西宮。時皇貴妃萬氏專寵，懷妒忌，
> 紀氏自是希見上。以成化六年七月三日生皇子，是為孝宗。是日，
> 有風雷之異，孝宗生而隆準高額，顴骨聳然，儼如龍形。然萬貴妃
> 祕之，上弗知也。〔註13〕

據李小林的考證，《皇明后紀妃嬪傳》據以記載這一說法的原始文獻資料，可能已經失傳，《皇明后紀妃嬪傳》很可能已成為至今唯一記載這一說法的文獻資料。〔註14〕

　　由於陳于陛主持的修史活動，在萬曆二十五年（1597）六月停止〔註15〕後，終明朝之世未再恢復，於是私修紀傳體國史，蔚然成風。其中鄧元錫（1528～1593）於萬曆三十四年（1606）編成的《皇明書》和晉江人何喬遠（萬曆十四年〔1586〕進士）所著、崇禎年間刊行的《名山藏》，〔註16〕對萬貴妃事蹟的記載，多附於孝貞純皇后王氏、孝穆太后紀氏、及廢后吳氏傳中，〔註17〕並未單獨為她立傳。這兩部史書的內容，皆先詳述憲宗廢吳氏改立王氏為后之因，次則談及紀氏於安樂堂生孝宗、憲宗與孝宗父子相認、孝宗朝大臣上言要求追查紀氏死因等過程。

　　《皇明書》對萬貴妃的書寫，悉採《謇齋瑣綴錄》及《雙槐歲鈔》二書之記載，抄掇補綴，穿鑿潤色，基本情節與二書無大異，唯一失實之處，就是鄧元錫誤以為悼恭太子是萬貴妃所生，很有可能是直接或間接受到陳建《皇明資治通紀》一書的誤導。此外，其記載與二書唯一不同處，在於鄧元錫對萬貴妃得知西宮有一皇子之事能夠展現風度，其背後的心理轉折有一番描寫：

> 貴妃內多智，念已不復育，幸上有子也，乃大驚曰：「何不早令我知？」
> 遂啟上召見。〔註18〕

〔註13〕楊繼禮，《皇明后紀妃嬪傳》（清抄本，清周星詒校，北京圖書館藏），〈紀皇后紀〉，轉引自李小林，《萬曆官修本朝正史研究・史料篇》，頁412。

〔註14〕李小林，《萬曆官修本朝正史研究・研究篇》，頁126。

〔註15〕《明神宗實錄》，卷311，頁7a，萬曆二十五年六月癸未條。

〔註16〕鄧元錫，《皇明書列傳》，收於《明代傳記叢刊》73、73-1，台北：明文書局，1991；何喬遠，《名山藏》，台北：成文出版社，據明崇禎十三年刊本影印，1971。

〔註17〕《皇明書》見於〈孝貞純皇后傳〉及〈孝穆太后傳〉；《名山藏》則見於〈王皇后傳〉、〈紀太后傳〉及〈廢后吳氏傳〉。

〔註18〕鄧元錫，《皇明書列傳》，卷1，〈后妃內紀〉，頁15b。

可見鄧元錫認爲萬貴妃在這件事的處理上，展現出她的心機與世故。萬氏知道自己生育皇子的機會不大，爲了確保自己在憲宗心目中的地位及日後之權勢，只好大方接受，以解憲宗思子之苦。

《名山藏》對萬貴妃的書寫，和《穀山筆塵》的說法非常相似，並且補充了許多過去史籍所未見之記載。首先他交代了紀氏的身世及其入宮成爲女官的過程，說她是廣西賀縣人，爲一土官之女，成化初，明王朝征伐大藤峽瑤民，俘獲男女無數，其中便有紀氏。紀氏被帶至京城後，充入宮內任女史，〔註19〕由於機警聰敏，粗通文墨，遂命管理內庫：

> 紀太后憲宗妃，孝宗母也。賀人，本蠻土官女，成化中大征蠻，太
> 后在俘中。久之，中選宮人，受女史，警敏通文，守內藏。〔註20〕

其次，詳述紀氏在內藏被憲宗臨幸並謫居安樂堂的過程。文中還揭露了兩件秘辛：第一，悼恭太子之死及紀氏之謫居安樂堂，皆和萬貴妃有關。第二，孝宗剛出生時，紀氏爲了逃避萬貴妃之毒手，曾經想溺死孝宗，幸賴太監張敏的阻止，才得以將孝宗保全下來：

> 時萬貴妃有寵而妒，他姬幸上者皆治使墮任（妊），即任（妊），亦
> 被其害傷。柏賢妃所生悼恭太子，亦爲貴妃失之。上嘗行內藏，紀
> 太后應對稱上意，上悅之，就藏幸太后。萬貴妃知而恚甚，居數月，
> 且治之，婢謬報曰：「病痞。」於是，萬貴妃譖太后（孝穆太后紀氏）
> 上前，謫居安樂堂。久之，孝宗生，太后使門監張敏溺焉敏，同安人。
> 敏驚曰：「今上未子，雖不敢即使上知，顧奈何棄之！」稍哺餌粉飴，
> 秘之別舍，此時惟憲宗吳廢后知之，亦時時哺養。〔註21〕

後段對憲宗、孝宗父子相認的過程及萬貴妃的反應，也有比較細膩豐富的文字描寫，戲劇效果強化不少：

> 至成化十一年，六歲矣，尚不敢翦其胎髮，萬貴妃不知也，莫敢言
> 上。上平居數歎未有太子，中外亦憂萬貴妃者一日在宮中，安能使

〔註19〕 宮內女官，掌執文書。明代女官制度在洪武末年臻於完備，其機構設置爲「六
　　　　局一司」，下轄二十四司及彤史共二十五個分支機構，女官總數約300人，分
　　　　別掌管著內宮的禮儀、戒令、寶璽、圖籍、財帛、羽仗及衣食供給等諸多宮
　　　　廷事務。有關明代女官制度的討論，參見王雲，〈明代女官制度探析〉，《明清
　　　　史》1997：1，頁36～42。
〔註20〕 何喬遠，《名山藏》，卷31，〈坤則記〉，總頁1825。
〔註21〕 同上，總頁1825～1826。

諸妃子也。他日上召張敏櫛，照鑑歎曰：「卉卉矣，而未子。」敏伏
地曰：「死罪，萬歲有子也。」上叱：「安得有！」敏伏地叩頭曰：「有，
顧萬歲當為子主者，臣敢出以見。」上曰：「老奴，無傷也。何以生，
領我視之。」敏復伏地言狀。憲宗召見之，孝宗髮批地，走入上懷，
牽上衣遊戲，抒上髻。憲宗顧視曰：「我子也，類我。」會其年五月
乾清宮災，外廷憂上無繼嗣，上乃使司禮監懷恩出謂大學士商輅等
曰：「主上有子，六歲矣。莫之知。」因具道故，群臣聞之皆大喜。
即請為孝宗名，擬上，不中旨，上自名之。於是，上移居紀后永壽
宮，數召后飲酒，甚懼。萬貴妃日夜泣怨也，曰：「群小亡狀，不使
我知！」其六月，候上召紀后飲，置毒酒中，后暴斃，上悲悼之，
意貴妃而不明言，賜諡「恭恪莊僖淑妃」。張敏懼亦吞金死。〔註22〕

這段記載值得注意之處有四：第一，從憲宗和張敏的對話，可知張敏在說出
匿養小皇子之祕密前，內心曾經過一番掙扎，既不想犯欺君之罪，但又顧忌
到小皇子現身後是否能得到保護，直到獲得憲宗這方面的承諾後，才肯將實
情和盤托出。第二，揭露了萬貴妃加害紀氏之心理因素。原來萬貴妃知道下
面的人欺騙了她，已經是滿腔怨恨，再加上嫉妒心作祟，不能容忍紀氏奪了
她的寵位，只好將怒火發洩到紀氏身上，一日趁著憲宗再度召見紀氏飲酒的
機會，在紀氏酒中下毒，直接造成了她的暴斃。第三，何喬遠敘寫憲宗對紀
氏之死感到非常悲傷，雖然知道是萬貴妃所為卻不敢追究。此處的憲宗儼然
是一懼內的懦夫，其形象與《謇齋瑣綴錄》、《雙槐歲鈔》所記迥然不同，二
書筆下的憲宗，是有心計的，對萬貴妃不見得事事都百依百順，不敢違拗，
身為皇子疑案的主導者，一面應付萬貴妃，將紀氏移居安樂堂，讓萬氏得到
心理上的平衡，一面又暗中派人謹慎照顧自己的骨肉。第四，當初向憲宗洩
漏潛養皇子祕密的太監張敏，對紀氏之死感到恐懼萬分，或許是害怕會遭到
萬貴妃的毒害，最後竟選擇吞金自殺。此事隱然透露了萬貴妃當時在後宮勢
力之大，因而可以如此無法無天。

　　又何喬遠個人對這段歷史，所持看法為何？或許我們可以從以下這首詩
看出，詩云：

紀后當年奉至尊，觀津諸竇久無存，據龍有夢終成寵，飛燕何人得
共恩。粵國星辰悲末極，泰陵風雨泣長門，八宗漢代推文景，千古

周家邐姒媛。〔註23〕

顯見，何氏對紀淑妃的不幸遭遇深表同情，對她生下孝宗這個賢君則以爲有功於明室。類似的看法在明人筆記中亦可發現，《月山叢談》對紀氏誕孝宗事亦有所歸美：「昔塗山興，夏有娀興，殷□蘗興，周帝王受命，豈徒德戀，蓋自其母家而已然矣。以古揆今，豈不信哉！」〔註24〕

此外，宣城人劉振（？～1645）以實錄爲本，並旁採諸家文集銘誌之類，成《識大錄》一書，其與前述二書不同之處有二：第一，劉振將萬貴妃個人的專傳附在〈孝貞純皇后傳〉後面；〔註25〕第二，憲宗和孝宗相認的情節，劉振則付之缺如。此書記載最令人感到困惑的是，關於孝宗出生後的情況，竟然出現了自相矛盾之處。〈帝典·憲宗純皇帝下〉及〈帝典·孝宗敬皇帝〉皆明確地陳述一直到孝宗六歲時，憲宗才知道他的存在：

（成化十一年）五月，紀宮人之生孝宗皇帝六年矣。以萬貴妃寵且妒，不敢聞上，至是上始知之。〔註26〕

孝宗敬皇帝諱祐樘，憲宗子也，母曰紀淑妃。憲宗王皇后無子，萬貴妃寵而妒，它妃不得子。淑妃一幸上，爲萬貴妃所譖逐。既有身，及生上，皇太后、王皇后私育之而不敢以聞。及六歲，憲宗方知有上。〔註27〕

然而，〈孝貞純皇后傳〉卻稱憲宗知道紀氏有娠一事，並令託疾出居安樂堂：

孝穆皇后紀氏，孝宗生母也。初有娠，入昭德宮爲選侍，得幸上，遂萬貴妃知而忌之。百方苦楚，胎竟不墮。上令託疾出居安樂堂，以瘄報。而屬門官照管，後誕聖嗣……彌月，西宮廢后吳氏保抱惟謹，孝貞皇后恩育如己出，不使貴妃知。〔註28〕

查上述二說，〈帝典·憲宗純皇帝下〉及〈帝典·孝宗敬皇帝〉的說法，應該

〔註23〕何喬遠，《鏡山全集》（台北：漢學研究中心景照，明崇禎十四年序刊本），卷4，〈詩〉，「秋日湘南雜興八首」，頁 6b。

〔註24〕《月山叢譚》，轉引自不著撰人，《九朝談纂》，頁 1343。

〔註25〕劉振，《識大錄》，收於《四庫全書存目叢書》史部 36（台南縣：莊嚴文化事業有限公司，據北京圖書館清鈔本影印，1996.8），總頁 665。

〔註26〕劉振，《識大錄》，收於《四庫全書存目叢書》史部 35，卷 17，〈帝典·憲宗純皇帝下〉，頁 30b。

〔註27〕同前書，卷 18，〈帝典·孝宗敬皇帝〉，頁 1a～1b。

〔註28〕劉振，《識大錄》，收於《四庫全書存目叢書》史部 36，不分卷，總頁 663～664。

是襲用《名山藏》的〈典謨記〉〔註29〕寫成，其行文用語幾乎一致，〔註30〕
又〈典謨記〉關於「周皇太后私育孝宗」之記載，可能是直接或間接參考《聞
見謏錄》的敘述而來；〔註31〕至於〈孝貞純皇后傳〉的說法，則和《皇明書》
相似。顯見，兩種說法皆各有原始資料爲依據，但畢竟互相矛盾，在同一部
書中出現這種情況，不能不說是作者劉振寫作上的疏失。另外，還有一點值
得注意的是，此書記敘孝宗出生以後，曾受到周皇太后及王皇后的祕密照顧。
因此，劉振對於王皇后有相當高的評價：

> 當萬貴妃專寵，孝穆別居幽室，而純皇后獨能優容靜拊。中宮唯以
> □護東宮爲急，卒能讒言不起，宮闈稱靜，而太子因以得全，可謂
> 柔順利貞矣。語曰：「家有賢婦，國即賴之」，信然！〔註32〕

上述史書在述及成化初年胤嗣不廣問題時，皆是抄錄既有的官方史料，
顯然，在立場上都是成化朝士大夫觀點的延續，認爲和萬貴妃的專寵有關，
只要萬貴妃在宮中一天，其他的嬪妃就沒有機會可以懷孕生子。值得注意的
是，類似的批評言論，在明代後期私家撰述的明史著作中，也開始出現，如
武進人吳瑞登（生卒年未詳）在《皇明繩武編》中有一段作者的評論：

> 臣按嫡妾之分，尊卑殊絕，而傳體之重，子孫所關，以萬貴妃而奪
> 中宮，則倒置甚矣。其父與兄授以要職，使如姚夔之言，又如六科
> 之疏，而無佞臣以爲之緣，則嗣孕豈不廣哉！奈之何萬通之寵幸無
> 比，而萬安、劉吉之佞人，又從而附之，以致上而彗掃，下而地震，
> 皆由安、吉輩固結於中，誣周于上也，可勝誅哉！〔註33〕

上述吳瑞登的論點，重點有二：其一，萬貴妃不該踰越她在後宮的階級界線，
不管皇后是否得寵，在后妃宮嬪中，皇后的地位自然是最高的，有統轄六宮
之責，其餘眾妃嬪必須遵守宮廷禮制的規定，依次進御侍寢，以維護皇后的
尊嚴及聖嗣之繁衍，倘若違反了尊卑秩序，是爲禮法所不容。其二，萬貴妃

〔註29〕〈典謨記〉主要是記明太祖迄穆宗等十三朝間的史實。

〔註30〕參見何喬遠，《名山藏》，卷16，〈典謨記‧憲宗純皇帝二〉，總頁916；卷18，
〈典謨記‧孝宗敬皇帝二〉，總頁1037。

〔註31〕詳見本書第二章，「小結」，頁76。

〔註32〕劉振，《識大錄》，收於《四庫全書存目叢書》史部36，不分卷，總頁666，「逸
史臣劉振曰」。

〔註33〕吳瑞登，《皇明繩武編擬續大學衍義》，收於《四庫全書存目叢書》史部53（台
南縣：莊嚴文化事業有限公司，據明萬曆刻本影印，1996.8），卷20，〈愍邪
周上之情上〉，頁6a。

的得寵導致成化朝奸佞圍繞，進而嗣孕不廣。當時朝中佞臣莫不間接利用萬貴妃對憲宗的枕邊效應，他們設法依附於外戚萬通之下，以攫取個人的政治私利。如此惡劣的政治環境，幾使孝宗的生命岌岌可危。是故，吳瑞登在〈荒淫之戒〉中發出「寵不可專」之警語：

> 臣按萬貴妃專寵，儲嗣不廣，豈特通之倚勢作威，而其妻王氏亦披庭交搆，不惟朝士群趨，而萬安、劉吉亦群而阿比，幾使孝宗爲其忌害。非憲宗別居誕育，吳后保抱惟謹，則十八年之令主，其能安乎？以是知寵不可專也。〔註34〕

在中國歷史上，有關「抑女寵」的論調，是屢見不鮮的。知識階層皆認爲婦女得寵後，極易與權臣朋比爲奸而令國家覆滅。顯然，吳瑞登亦有感於此，才會發出此論，希望人君能提高警覺。

不過，黃景昉（1596～1662）在《國史唯疑》一書中，則提出與吳瑞登不同的觀點，他同意萬貴妃的驕妒，是造成六宮進御漸稀的原因，但對萬貴妃利用枕邊細語讒害憲宗諸子事，則深表懷疑：

> 憲十四子麟祥最蕃。初悼恭太子薨，上以髮種種，儲嗣未兆爲憂。驟聞西宮皇子信驚喜，豈興、岐諸王皆晚出耶？萬貴妃驕妒，六宮稀進御是矣。攷萬卒僅先龍馭一年，諸王故岐嶷自如，似非盡專夕者，謗殆虛設。〔註35〕

此外，他還懷疑成化初年廢吳后之事，可能如宣德年間廢胡后一樣，都是皇帝故加之罪：

> 皇后吳氏立踰月廢，莫詳何狀？或云太監牛玉專恣，惡玉者借是奪其權，或云后嘗杖責萬貴妃致然。既以輕浮粗率爲譴，後卻能保抱孝宗有恩，賢猶足錄，疑亦故加之罪，如宣德中廢胡后例。〔註36〕

考《大明宣宗章皇帝實錄》，宣德三年（1428）三月初一，明宣宗廢胡皇后，改立孫貴妃爲后。他在給禮部的敕諭中說了其中的原委：

> 比皇后胡氏自惟多疾，不能恭承祭養，重以無子，固懷謙退，上表請閒。……貴妃孫氏，昔皇祖太宗文皇帝選嬪于朕，十有餘年，德

〔註34〕吳瑞登，《皇明繩武編擬續大學衍義》，卷28，〈荒淫之戒〉，頁15a。

〔註35〕黃景昉，《國史唯疑》（台北：正中書局，1969），卷4，〈成化、弘治〉，頁238～239。

〔註36〕同前書，卷3，〈正統、景泰、天順〉，頁201。

　　義之茂，冠於後宮。實生長子，已立爲皇太子，群臣咸謂《春秋》

　　之義，母以子貴，宜正位中宮，屢陳表奏；聖母垂訓，命從衆請。

　　今冊貴妃孫氏爲皇后，……〔註37〕

按照《實錄》的說法，宣宗廢后的理由是，胡氏體弱多病，不能生育，孫氏則爲宣宗生了「皇長子」。然而，王錡（1432～1499）在《寓圃雜記》中卻稱：「宣宗胡皇后無子，宮中（一云紀氏）有子（英宗），孫貴妃攘爲己子，遂得冊爲皇后，而廢胡爲仙姑。」〔註38〕由於王錡終生未曾仕宦，而且隱居故里，所以這段記載應是採自市井傳說，但在某種程度上，應可反映庶民百姓對此事的看法：認爲皇后辭位並非出於自願，廢后的理由可能只是個藉口。所以黃景昉才會對憲宗廢吳后一事，產生類似的懷疑。因爲一個輕浮粗率的人，後來卻能對孝宗保抱惟謹，其言行舉止如此前後不一，極有可能是憲宗「故加之罪」。

　　綜觀明代中後期各類史書有關萬貴妃的記載，可看出幾點特色：第一，在編年體史書部份，從嘉靖年間至崇禎初年，除了《明紀編年》一書外，皆採一元化的論述，幾乎全是抄自《皇明資治通紀》的內容，只是詳略不一。而《皇明資治通紀》的書寫態度，顯然是站在《謇齋瑣綴錄》及《雙槐歲鈔》二書的立場，陳建對孝宗別居誕育的形容，與二書無異，亦即認同此事爲憲宗所安排策劃。在紀傳體史書部份，官修的《皇明后紀妃嬪傳》，出現了孝宗出生後萬貴妃知情而隱瞞的說法，很可能是目前所見這一說法最早的文獻。至於萬曆三十四年私人編撰的《皇明書》，大體上仍是沿用《謇齋瑣綴錄》及《雙槐歲鈔》二書的說法，這可能和二書較早刊行、普遍流通有關。直到萬曆四十一年《穀山筆麈》一書出版以後，于愼行從一老太監得來的另一種不同說法，亦即憲宗和萬貴妃對孝宗之出生皆不知情，開始引人注意，崇禎年間刊行的《名山藏》，有可能是受于愼行的影響。劉振的《識大錄》一書，因爲記載有互相矛盾及闕漏之處，無法確切看出其歷史見解。雖然如此，于愼行的說法在明末似乎尚未成爲主流論述，因爲明末宦官呂毖（生卒年未詳）在《明朝小史》一書中，記載了許多明朝的軼事，其對紀氏別居安樂堂生育孝宗一事的敘述，仍與《皇明書》無異。〔註39〕此外，崇禎年間刊刻的《釋

〔註37〕《明宣宗實錄》（台北：中央研究院歷史語言研究所，1965），卷39，頁2a，宣德三年三月癸未條。

〔註38〕王錡，《寓圃雜記》（北京：中華書局，1997.11），卷1，頁3，「胡皇后」。

〔註39〕呂毖，《明朝小史》（台北：國立中央圖書館，1981.6），卷9，〈弘治紀〉，頁473～474，「居安樂堂」。

鑑稽古略續集》，幻輪對孝宗身世的描寫，雖然很簡單且模糊，但仍可看出是以《蓉齋瑣綴錄》及《雙槐歲鈔》的說法爲本，其記載如下：

> 孝宗敬皇帝，憲宗長子。紀妃生于西宮，妃少乳，太監張敏以粉餌餔之，護視惟謹。後悼恭太子薨，内官漸傳，西宮有皇子，六歲矣。
> 萬貴妃驚而召入昭德，因立爲太子。〔註40〕

第二，大部分明史著作有關於萬貴妃的記載，皆以記述居多，鮮少有作者個人的評論，直到萬曆二十年編成的《皇明繩武編》始見相關評論。這些評論大體上都是成化朝臣觀點的延續，認爲萬貴妃必須對六宮稀得進御負責，唯一出現歧異之處，在於萬貴妃是否有透過枕邊細語，讒害憲宗諸子。由現存資料來看，吳瑞登與黃景昉的看法顯然相左。

第二節　清初私修史書的看法

　　中國歷史上向來有後代爲前代修史的優良傳統，尤其在鼎革之際，往往會吸引很多學者獻身於爲前代編纂史書的事業。清代初期，私撰明史的風氣盛行，史家或探索國家治亂之源及生民根本之計，或通過著書立說，寄託故國情感，總結明亡教訓，闡發政治理念。此外，清初的社會政治形勢和官方的統治政策，也爲明史學的興盛提供了一定的條件。在清初相當長的一段時間內，統治者不得不將注意力集中於鎮壓武裝的反抗活動上，對思想文化領域的敵對情緒尚無暇顧及。〔註41〕在這樣的背景下，清初私撰明史著作層出不窮，蔚成奇觀，不僅爲後世留下大批明史的著作，也爲清廷《明史》之編纂奠定了堅實的基礎。

　　談遷（1594～1657）於明亡以後，不忍國滅史亦隨滅，〔註42〕遂寄亡國的悲憤於先朝史書之編修。其於順治十年（1653）刊行的《國榷》，爲一編年史著作，內容主要是根據明列朝實錄和一百多家明朝史家的著作編排考訂而成，於重要大事之末，除了徵引其他史家的看法外，間亦有談遷個人的評論。

〔註40〕幻輪，《釋鑑稽古略續集》，收於《大藏經》49 史傳部（台北：新文豐出版公司，1983），卷 3，總頁 947。

〔註41〕姜勝利，〈清代私家明史學的興衰及其背景〉，收於《第二屆明清史國際學術討論會論文集》（天津：天津人民出版社，1993.3），頁 129～130。

〔註42〕邵廷采，《思復堂文集》（台北：華世出版社，據清光緒十九年會稽徐友蘭鑄學齋刊本影印，1977），卷 3，〈明遺民所知傳〉，總頁 446，「談遷」。

茲將其中與萬貴妃有關者，整理如下：

天順八年八月二十二日，憲宗下詔廢吳后，談遷針對《憲宗實錄》之記載，有一段評語：

> 談遷曰：吳后廢不以罪，且席未暖而長門之恨繼之，歸獄牛玉。玉誠專，欲擅軒龍之柄，義所不出也。入宮之妒，實才人萬氏釀之。自來床簀之愛，人主溺其私，雖法拂無所關其口。然唐宋時猶有力爭者，至國朝結盈廷之舌，將恕己諒主之說勝耶。〔註43〕

可見談遷的看法和黃景昉一樣，對憲宗廢后的兩點理由抱持存疑的態度。他認爲吳后會對萬氏施以杖責，完全是萬氏所造成，由於萬氏的擅寵，造成吳后大婚不久，立即感受到憲宗的冷落，因而產生了如漢武帝陳皇后般之怨恨心理。再者，牛玉再怎麼擅權，也不可能竊取皇帝之權柄，在選后的過程中動手腳，這在體制上來說，是不合理的。談遷指出，自古以來，皇帝總是聽信寵妃「床頭之言」，雖然爲禮法所不容，卻又無法制止其發生。他感嘆唐宋時代尚有大臣爲此而上疏力爭，到了明朝，不僅沒有廷臣爲之力諫力爭，而且還爲憲宗廢奪之失飾美。

又談遷對史事的記述十分謹愼，既不偏信《實錄》，也不側重私家著述，對紀氏西宮生子及六年後憲宗、孝宗父子於西宮相認二事，他的敘述如下：

> 時萬貴妃妒甚，無他色。上偶御紀氏而娠，妃數苦之。紀氏引疾，生西宮。彌月，廢后吳氏謹事之。乳少，俄鷹爪一伏雌，日取卵雜粉餌啖之，上勿聞也。〔註44〕

> 上召皇子于西宮。嘗攬鏡浩歎，近侍竊曰：「官家憂皇子耶？」上頷之，近侍曰：「西宮皇子六歲矣！復何憂？」駭問，得其故，大悅，立至西宮。萬貴妃驚曰：「何不我知也？」具服稱賀，召皇子入昭德宮，遷紀氏永壽宮，請定策，少俟之。上手書名玉牒曰：「祐樘」。越數日，出皇子于文華門，群臣入謁。〔註45〕

談遷的描述顯然是將《孝宗實錄》、《蹇齋瑣綴錄》、《雙槐歲鈔》及《穀山筆

〔註43〕談遷，《國榷附北游錄》（台北：鼎文書局，1978），卷34，「英宗天順八年八月癸卯條」，頁2176。

〔註44〕談遷，《國榷附北游錄》，卷36，「憲宗成化六年七月己卯條」，頁2287。

〔註45〕同前書，卷37，「憲宗成化十一年五月丁卯條」，頁2355。

塵》等說法，作一折衷處理，對於孝宗出生後的情況，則認定憲宗和萬貴妃都不知情。此外，談遷對萬貴妃是否有意害死紀氏，看法相當保留，他認為萬貴妃其人固然驕妒，曾經對前往診治紀氏的御醫予以刁難，然而，紀氏後來病情轉重，並非萬貴妃蓄意陷害。其記如下：

> （癸卯）大學士商輅等言：「聞皇子母因疾別居，久不得見，望就近以居，皇子仍貴妃撫育，俾朝夕接見，以遂母子之情。」至是疾甚，萬貴妃故驕妒，西宮事非其意也。一日，觸紀氏，疾作。司禮太監黃賜、張敏，以太醫院使方賢、治中吳衡藥之，貴妃即請賜黃袍俾生見。次日，少間，不召醫，至大故。〔註46〕

明人筆記曾記憲宗受萬貴妃影響有過易儲的念頭，後因泰山連續發生地震才作罷。談遷對此事的真實性亦感到懷疑，他評論道：「說者謂帝初欲易儲，以太山屢震而止。噫！帝能尊錢后、復景帝，俱事出常情之外，而乃輕視東宮，必不然也。」〔註47〕談遷以為憲宗在位期間，既然能做出上嫡母錢氏「皇太后」尊號和重新恢復叔父景帝帝號等事，又怎麼可能會輕視東宮太子而任意更改？此事必子虛烏有。

由此可知，談遷雖視萬貴妃為一善妒之婦人，卻不認為她是一個狠毒的女人，蓄意將紀氏害死，在某些方面，她是一個「機警善迎合」的人，很懂得適時進退。

明遺民查繼佐（1602～1676）編纂，康熙十一年成書的《罪惟錄》，在〈外志〉中記載了幾則明代妃嬪的軼事，其中有一則記載與萬貴妃有關，是其他文本所未見，茲抄錄如下：

> 初，憲廟在東宮，多寵。英廟聞而戒之，更侍以老成者。萬貴妃長於上十有五，與諸五兒同預召，又皆被寵濫。英廟召各杖百，諸死，萬絕而甦。初，憲廟欲幸萬，萬要上：「能以我為妃，始奉命。」憲廟輒與誓，後御極，遂有偶尊之惑。太后孝肅語上：「萬雄悍，何所取？」上曰：「臣有疝疾，非妃撫摩不安。」妃智譎，外結中貴梁芳等，招納權貴，嘗男子幘扶侍左右。孝穆侍上內藏，生孝廟，雖監敏露之，太皇白之，上不敢令萬知，託宮墻圯，往視。孝廟自敗垣出，時尚束布裙。上問：「誰為汝衣？」曰：「姊姊。」問：「何食？」

〔註46〕談遷，《國榷附北游錄》，卷37，「憲宗成化十一年六月癸卯條」，頁2356。
〔註47〕同上，卷40，「憲宗成化二十三年己丑條」，頁2545。

—80—

曰：「乾鹽飯。」上惻然。〔註48〕

這段記載有三點值得注意的地方：第一，揭露了萬氏獲得憲宗寵愛之過程。原來英宗為了戒除東宮太子憲宗多寵的惡習，改命年紀老成的宮女服侍之，萬氏當時在預召之列，此一說法顯然與《明實錄》發生了牴牾。又憲宗有意臨幸萬氏時，萬氏曾要求憲宗保證日後能立她為妃，這就是憲宗即位以後，特別專寵萬氏並冊封她為貴妃之緣由。第二，說明萬貴妃不以美貌得寵的深層因素。憲宗生母周太后曾經詢問憲宗寵愛萬貴妃之理由，從憲宗的回答可知，憲宗常為隱疾所苦，而萬貴妃能讓憲宗獲得生理上的慰藉和性生活的滿足。第三，大部分文獻記載憲宗、孝宗父子相認場景時，多敘及憲宗遣使前往西宮迎接皇子與之相見，此處的憲宗卻很低調，因為不敢讓萬貴妃知道紀氏祕密生子事，只好假借宮墻坍塌，偷偷前往相認。

此外，與萬貴妃相關的事蹟，主要是附於〈王皇后吳廢后紀太后邵太后傳〉中，除了紀氏謫居安樂堂生子及憲宗、孝宗父子相認等主要情節的記述，悉抄自《名山藏》外，其中亦有許多新的記載與見解，最耐人尋味的是，《憲宗實錄》在萬貴妃本傳中只提及「皇后吳氏廢實由於妃」，〔註49〕至於兩人的衝突過程則有所隱諱，查繼佐在此透露了引發憲宗廢吳后的導火線。原來吳后嫉妒萬貞兒得到憲宗的專寵，曾多次對萬氏進行責問。某日輪到憲宗臨幸吳后，吳后照例得沐浴以待，但萬氏卻不遵守這個規定，徑自先在浴堂淋浴，全然不將吳后放在眼裡。牛玉作為司禮太監，對此事頗有微辭。萬貴妃得知以後，極為不滿，因而煽動憲宗廢吳后，並且追究牛玉在選后時接受賄賂的不法行徑。〔註50〕由此可推測，萬貴妃在廢后事件中，的確扮演了關鍵性的角色。

萬貴妃的無禮與僭越，還可從另一件小事看出，查氏在〈覃褒傳〉中記述說：

> 成化中，為司禮太監。昭德妃索黃幄急，褒不與。妃泣訴，上召褒
> 面責之。褒伏地曰：「祖宗舊制，惟太后中宮得用黃幄。妃而奉此，
> 后將安施？且妃何厭之有？」上怒，不及其詞畢，促詔獄杖二十，
> 調守南京。〔註51〕

〔註48〕 查繼佐，《罪惟錄》，收於《筆記小說大觀》45：1～4（台北：新興書局，1987），
　　　　志卷32，〈外志〉，「妃嬪逸」，頁1053～1054。
〔註49〕 《明憲宗實錄》，卷286，頁1b，成化二十三年正月辛亥條。
〔註50〕 查繼佐，《罪惟錄》，列傳卷2，〈王皇后吳廢后紀太后邵太后傳〉，頁1160。
〔註51〕 同前書，列傳卷29上，〈覃褒傳〉，頁2609。

查氏對覃褒不遵黃幄之請，做了以下的詮釋：「至於不遵黃幄之請，且曰妃何厭之有，時諸侍誰不惟妃東西，否輒死，此語豈昭德宮所聞乎？褒實欲以身殉此口矣。」〔註52〕這短短幾句話把萬貴妃在後宮的囂張跋扈，形容得非常淋漓盡致。

吳后被廢以後，憲宗改冊立王氏為皇后，史載王后對待萬貴妃「每以厚德優容之」，〔註53〕查繼佐在這方面有比較深刻的描寫：

> 后在中宮時，萬貴妃益幸，……而后終其身不十幸，無所妒忌。嘗視上疾勤，上曰：「皇后，吾慢女多矣。」后退，再往，壽安鄰之，曰：「上不耐生人，勿數至。」后亦無慍色。〔註54〕

根據這則記載來看，憲宗後來也覺得自己對王皇后的冷落，似乎有點過份，因而發出「吾慢女多矣」之語。

既然萬貴妃生性善妒，常以惡毒的手段對付情敵，一旦得知西宮尚有一皇子事時，內心的衝擊一定很大，查繼佐對此有不同於萬曆人鄧元錫的詮釋，他說：

> （成化十一年）五月……召皇子於西宮，即孝宗皇帝，生母紀氏。……敏復厚結昭德主宮段英，聞於萬貴妃。貴妃恨，佯具服進賀，厚賜紀氏，擇吉詔皇子就昭德宮撫視，徙紀氏於永壽宮，立為妃。〔註55〕

查氏認為萬貴妃的心中充滿了無比的怨恨，但是為了固寵，只好「假裝」表現出風度來。

當時宮中宦官如何利用萬氏的得寵，互相鉤心鬥角，查繼佐亦有透露：「萬貴妃……結中貴梁芳招納權賂。芳嘗邀上宴，不許，而且就韋興，芳所役也。芳恥之，懇于妃。妃稱病，上竟不往韋興。」〔註56〕至於萬貴妃死因之謎，查氏則記載了兩種不同的說法，一說是自殺，〔註57〕另一說是被人勒死。〔註58〕

以上所述多屬萬貴妃生平事蹟之記載，又查繼佐對萬貴妃的看法為何？我們從《罪惟錄》相關的論贊內容中，或可看出。在〈王皇后吳廢后紀太后

〔註52〕 查繼佐，《罪惟錄》，列傳卷29上，〈覃褒傳〉，頁2609～2910。
〔註53〕 《明憲宗實錄》，卷286，頁1b，成化二十三年正月辛亥條。
〔註54〕 查繼佐，《罪惟錄》，列傳卷2，〈王皇后吳廢后紀太后邵太后傳〉，頁1160。
〔註55〕 同上，帝紀卷9，〈憲宗純皇帝紀〉，頁153。
〔註56〕 同上，列傳卷2，〈王皇后吳廢后紀太后邵太后傳〉，頁1161。
〔註57〕 此說可能是依據《谿山餘話》而來，詳見本書第二章第一節，頁63。
〔註58〕 同註56。

邵太后傳〉末，有一段作者的感慨：

> 憲廟親見周太后之奪嫡，費百口。乃及身，輒廢吳后以悅貴妃萬乎！
> 非王皇后，不能安萬時也。……萬貞兒貌雄聲巨，女中丈夫哉，丈
> 夫何疑懼？成化二十三年七月，上崩，是年萬卒。或曰左右縊萬死。
> 想初時憲廟當亦厭之，以太子故，益念紀之所以死。觀不奪其譜，
> 太子安，帝意可知矣。……大學士萬與貴妃萬一姓，或託聲息。……
> 曲借哉！〔註59〕

查繼佐認為憲宗一開始時是寵愛萬貴妃的，然而，由於紀氏謫居安樂堂生子，
及紀氏之暴薨，皆與萬氏有關，查氏因而大膽推測，憲宗得知實情以後，應當
對萬氏感到很厭惡。這件事可從萬氏勸憲宗廢太子祐樘改立興王，卻未能得逞
可看出。最後，他對萬安以與貴妃同姓之由，親近、詔媚貴妃，並互通聲息，
感到不齒。他在〈萬安劉吉傳〉中亦有類似的評論：「萬眉山雖得指揮通妻謬
語，託大小姨以進，此不過暗貴妃以同姓，而所由媚貴妃有由。」〔註60〕

　　另外，據《罪惟錄》記載，柏賢妃剛生下皇子祐極不久，萬貴妃即視如己
出養育。成化七年十二月，祐極被立為皇太子，次年正月，皇太子患痘瘡薨逝，
葬於西山，道士李孜省曾召太子魂魄與萬貴妃相見。關於李孜省召太子魂的記
載並非空穴來風，確實有所依據，《延休堂漫錄》也曾出現過相同的傳聞：

> 成化七年悼恭太子薨，憲宗正念不已，昭得（德）妃萬氏哀慟成疾，
> 左右或言李孜省之術，能致其魂，如漢李少君者，貴妃以聞，上許
> 之。召孜省入見，上問以能致太子一見，吾且尊爾官。孜省頓首曰：
> 「非且能之，亦能致太子與人交言，彼少君區不足數也。」上具所
> 需，……太子以第七日亥時降，……太子呼之曰：「我上帝玉童也，
> 以過誤謫人間七週歲，今者限滿，復還天宮，其樂不可言述，人間
> 臭腐污我，所耽母何用哭。」為言已，左右促行，旋復跨鶴而去，
> 有頃不見，妃乃哀止。〔註61〕

查繼佐可能是直接或間接襲用此記載。接著，他又評論道：

> 萬貞兒豈宜使之有子？既無子，豈宜使子柏賢妃之子？且以立為皇

〔註59〕查繼佐，《罪惟錄》，列傳卷2，〈王皇后吳廢后紀太后邵太后傳〉，頁1163～
1164，「論曰」。

〔註60〕同前書，列傳卷30，〈萬安劉吉傳〉，頁2646，「論曰」。

〔註61〕羅鳳，《延休堂漫錄》，轉引自不著撰人，《九朝談纂》，頁1126～1128。

太子者使之子？甫月餘，而天以彗除之。而紀淑妃始不病痞，不然，孝廟即六歲，胎髮委背，豈敢以微見。及見之帝，帝亦不能遽曰類我。當時，左道李孜省能白日致太子魂，貞兒欲見太子，太子敢不魂見！〔註62〕

這段評論的重點有二：第一，查氏認為萬貞兒這種人命中註定不該有小孩，她以柏賢妃之子為子，就是違背了天命，所以上天以「彗星」示警，不久，祐極遂暴斃。第二，查氏藉由紀氏藏匿西宮生子及李孜省召太子魂二事，指出萬氏在後宮的權勢，及眾人對她的畏懼。

至於萬貴妃與成化朝政局之關係為何？查繼佐認為萬貴妃「擅寵威福，窮買採，興方術，以致啓兵構禍，逆天召災，幾致大亂」，〔註63〕在〈憲宗純皇帝紀〉的論贊中，明顯地將成化朝所有的秕政，歸罪於萬氏的擅寵，與《明實錄》立場無異，其說如下：

災異之警，無有酷於此二十三年者也。宮中位一女戎，而群小相緣益進，惑暱導誘，顛倒黜陟，以致傳陞無已，監督四出，閣輔阿循，廠衛搜射。而帝又旋悟旋迷，嘉言罔入，邊釁苗殘，幾無寧歲。天乃致仁，歷以所警貫耳而呼，而其如溺柔，聽者裒不聞也。……嗟乎，哲婦傾城，危矣哉！〔註64〕

這段評論頗有漢人「天人感應說」的意味，查氏認為萬貴妃在政治上所引發的種種亂象，上天每每以自然災異現象示警，然而憲宗卻聽信婦人之言，視而不見。最後，只好發出「哲婦傾城」之歎。顯見萬貴妃在查氏心中的形象，除了是「妒婦」之外，也是一位多謀慮、巧言善讒的婦人，她的得寵足以將大局導向禍亂之境地。

然而，憲宗朝為何沒有后妃垂簾聽政之弊端出現？查繼佐在〈皇后傳總論〉中，亦有一番評論，今引述如下：

若夫萬、鄭兩貴妃，一長溺志，一胎黨禍，溺志幾于失度，……幸君志清明，祖訓諄切，且處在閏位，不至有垂簾之弊。而諸臣之謣謣殿廷，頗有其人，嗚呼及矣。〔註65〕

〔註62〕查繼佐，《罪惟錄》，列傳卷3，〈皇太子祐極〉，頁1194，「論曰」。

〔註63〕同上，帝紀卷9，〈憲宗純皇帝紀〉，頁164。

〔註64〕同前註。

〔註65〕查繼佐，《罪惟錄》，列傳卷2，〈皇后傳總論〉，頁1143。

評語中所謂的「祖訓」，即指明太祖對后妃的一些誡諭之辭。據史籍記載，明太祖在立國之初，鑑於前代「女禍」之嚴重，命翰林儒臣編修婦誡，他在諭示學士朱升（1299〜1371）等人時，說明編纂的目的稱：

> 治天下者，修身為本，正家為先。正家之道，始於謹夫婦。后妃雖母儀天下，然不可使預政事。至於嬪嬙之屬，不過備執〔職〕事，侍巾櫛，若寵之太過，則驕恣犯分，上下失序。觀歷代宮閫，政由內出，鮮有不為禍亂者也。夫內嬖惑人，甚於鴆毒；惟賢明之主能察於未然，其他未有不為所惑者。卿等為我纂述女戒及古賢妃之事可為法者，使後世子孫知所持守。〔註66〕

尤其他對元末不能嚴宮閫之政，因而導致滅亡，深以為戒，遂著手定法令要典，要後代遵守，對后妃言行皆有所規範：

> 皇后之尊，止得治宮中嬪婦之事，即宮門之外，毫髮事不預焉。自后妃以下，至嬪侍女使，小大衣食之費、金銀錢帛器用百物之供，皆自尚宮奏之而後發，內使、監官覆奏，方得赴所部關領。若尚宮不及奏而朧朧發，內官監、監官不覆奏，而輒擅領之部者，皆論以死；或以私書出入內外者，罪亦如之。……至於外臣請謁、寺觀燒香、禳告星斗之類，其禁尤嚴。〔註67〕

到了洪武五年（1372），太祖命工部將這些戒諭后妃之辭，鐫造於紅牌，懸於宮中。〔註68〕此後，「后妃不得干政」的思想逐漸深入宮闈，對后妃預政頗有警示與約束的作用。是故查氏認為萬貴妃之過在於「溺志」失度，幸賴君志清明，祖訓諄切，而且萬氏又不是處於正位，故不至於有垂簾聽政之弊端。此外，大臣們常在殿廷中，針對天子家事抗爭直言，也發揮些許制衡作用，如姚夔、魏元、商輅、彭時…等人，都是其中的佼佼者。查氏在〈魏元傳〉中亦有類似的評論：「貞兒□□□巨，類男子，上亦奈此男子何？上曰宮中事朕主之，猶幸不參預宮外。雖歷代家法之嚴，不能遽軼，然元等□言或濟萬一也。」〔註69〕

綜上所述可知，查繼佐除了延續前人看法，視萬貴妃為「妒婦」之外，

〔註66〕 《明太祖實錄》，卷31，頁1a，洪武元年三月辛未條。「執」據《校勘紀》頁105，應作「職」。

〔註67〕 《明太祖實錄》，卷52，頁4a〜4b，洪武三年五月乙未條。

〔註68〕 同上，卷74，頁9b，洪武五年六月甲辰條。

〔註69〕 查繼佐，《罪惟錄》，列傳卷13上，〈魏元〉，頁2029。

對其性格上的描寫，也有更多的著墨。萬氏顯然是一個極懂得要弄心機與手段的婦人，當她服侍還是東宮太子的憲宗時，即處心積慮爲自己安排日後晉升后妃之路。在她躋身嬪妃之列以後，又不能遵守後宮體系中的等級制，時有僭越、無禮之舉。所以，她也是一個「悍婦」，宮中上下，包括憲宗在內，沒有哪一個人不對她感到畏懼。凡是她提出的要求，幾乎照辦。所以朝中的佞臣與宮中的宦官，皆設法進獻珍寶，謀求私利，以致一時冗官充斥，國庫爲之空竭，朝政如江河日下。值得注意的是，前人在評述萬貴妃時，亦不乏從「女禍」的觀點出發者，但皆採暗諷或影射的方式發抒己見，態度含蓄許多。查繼佐在《罪惟錄》中，卻直指萬貴妃是會傾敗城國的婦人，其所反映的「女禍」史觀更加明顯。

傅維鱗（？～1667）所撰，康熙十四年（1695）刊行的《明書》，是清代第一部記載有明一代全史的紀傳體著作，康熙十八年（1679）官修《明史》時曾徵是書入館。此書也爲萬貴妃立了專傳，[註70]其所記萬貴妃事蹟，從行文看與《謇齋瑣綴錄》、《雙槐歲鈔》等說法，大體相似。然其內容亦有自相矛盾之處，如關於悼恭太子的生母問題，其〈宮闈紀二〉與〈悼恭皇太子記〉二文，所說就不相同。〈宮闈紀二〉明確地記敘萬貴妃「生悼恭太子祐極，未期而薨」，[註71]但在〈悼恭皇太子記〉中卻說悼恭太子是柏賢妃所生：

> 悼恭皇太子祐極，憲宗第二子，先是貴妃萬氏生長子，未名而薨。
> 太子以成化五年生，母賢妃柏氏。七年十一月己酉，冊立爲皇太子，
> 詔赦天下，十二月薨，葬西山，諡曰悼恭。[註72]

考《憲宗實錄》，〈悼恭皇太子記〉的說法，才是符合實情。在同一部書中竟然出現這種自相牴牾情況，不能不說是作者在撰寫時考慮不周所造成的。

綜觀清初私家所撰修的明史著作，萬貴妃故事大體上呈現了兩種不同的版本，這有可能和《謇齋瑣綴錄》、《雙槐歲鈔》以及《穀山筆塵》等明人筆記的普遍流傳有關。從這些作家的書寫方式，可以看出他們對萬貴妃此一歷史人物的觀感，就立場而言，所有的文本都認同萬貴妃爲一懷有妒意的婦人，但她是否亦是一個「狠毒」的女人？每位作者的看法不一。談遷不認爲萬氏

〔註70〕傅維鱗，《明書列傳》，收於《明代傳記叢刊》87、88（台北：明文書局，1991），卷21，〈宮闈紀二〉，頁 60～62。
〔註71〕同上，頁 61。
〔註72〕傅維鱗，《明書列傳》，卷88，頁 132，〈悼恭皇太子記〉。

有意害死孝宗生母紀氏，傅維鱗則持保留態度不明言，查繼佐顯然相信紀氏是被萬氏所毒死，而且其他妃嬪凡有懷孕者，都會被萬氏逼令喝藥墮胎。此外，查繼佐更視萬貴妃爲憲宗朝的「女禍」。

　　在此，值得注意的是，明萬曆年間官修的《皇明后紀妃嬪傳》，記載了孝宗出生後萬貴妃知情而隱瞞的說法，爲何不被清初史家所傳抄？據李小林的推測，起碼在乾隆年間，楊繼禮所纂修的明朝后妃傳記之書，是依然流傳於世的，而且它對後世史書關於明代后妃的記載，很可能有直接或間接的影響。〔註73〕然而，唯獨萬貴妃隱瞞紀氏生子的說法不被採納，這些書寫者在取材時，究竟抱持的態度爲何？由於文獻不足，恐難推知。

第三節　清初官修明史的記載

　　順治二年（1645）清統治者於戎馬倥傯之中，首次下詔纂修明史，〔註74〕其用意是顯而易見的，一方面用以總結前代治亂興亡的經驗教訓，藉此證明新王朝「天命所歸」的正統地位；另一方面作爲軍事征服的輔助手段，用來籠絡羈縻漢族知識份子，爭取他們的合作，以鞏固清政權的統治。然而在當時全國抗清活動方興未艾，清政權立足未穩的情況下，史料難以蒐集，人才不易薈萃，總裁當中，有的徒具虛名，無暇承擔修史重任；有的則借入館之便，趁機行私，致使史館形同虛設，成果也微乎其微，不過「仿《通鑑》體，僅成數帙」而已。〔註75〕此後，儘管清廷曾有諭令蒐集天啓朝闕佚實錄以及崇禎朝有關史料，大臣剛林、朱之錫、湯斌等人偶爾還有搜求史料、廣徵遺書的奏疏，但清統治者忙於鎮壓各地抗清活動，一時無暇顧及，修史之事便半途停擱了。〔註76〕

〔註73〕李小林，《萬曆官修本朝正史研究·研究篇》，頁104、219。

〔註74〕前人多以爲順治二年五月，清統治者正式下詔纂修《明史》。然據何冠彪的考證，順治二年四月十一日，御史趙繼鼎「奏請纂修《明史》，并博選文行鴻儒充總裁、纂修等官」。多爾袞將趙疏「下所司知之」。趙繼鼎的奏請應該很快就獲得批准，因爲在五月二日以前，内三院大學士馮銓、洪承疇、李建泰、范文程、剛林和祁充裕等已經「欽奉聖諭，總裁《明史》」了。參見何冠彪，〈順治朝《明史》編纂考〉，《大陸雜誌》99：2(1999.8)，頁12～14，註七。

〔註75〕劉承幹，《明史例案》，收於《二十四史訂補》15（北京：書目文獻出版社，1996），卷7，〈楊農先再上明鑑綱目館總裁書〉，頁6a。

〔註76〕黃愛平，〈《明史》纂修與清初史學——兼論萬斯同、王鴻緒在《明史》纂修中的作用〉，《清史研究》1994：2，頁83。

　　康熙四年（1665），史館再開，但旋即又不了了之。康熙十八年，清廷三開《明史》館，這次重新開館，亦是從政治需要出發，此時全國的政局仍不穩固，江南士人的反滿情緒尚未平息，清廷對吳三桂等三藩之亂的戰爭，雖已取得一定優勢，但戰爭仍在較大範圍內繼續。在這種情況下，清廷於康熙十七年（1678）特開博學鴻詞科，試圖以此拉攏漢族學界名流，消弭他們的反滿情緒。次年三月底，將考試取中的五十位鴻儒，破格授與翰林院官職，並任命為《明史》纂修官。〔註77〕五月，又命內閣學士徐元文（1634～1691）為《明史》監修總裁官。〔註78〕元文去後，張玉書、湯斌、陳廷敬、王鴻緒等先後為總裁官。康熙四十年（1701）以後，《明史》館名存實亡，纂修工作再度呈現停滯狀態。〔註79〕總裁王鴻緒（1645～1723）以修成明史為己任，於公務之餘，獨自擔負起明史全稿的修改審定工作，至雍正元年（1723）六月始將寫本進呈皇帝，共計三百十卷。〔註80〕初未刊行，鴻緒死後，其子收入《橫雲山人集》中，題曰《明史稿》，才廣為流傳。

　　雍正元年七月，皇帝下詔續修明史，任命張廷玉（？～1787）為總裁，〔註81〕在王鴻緒進呈的《明史稿》基礎上，進一步修改加工。直至乾隆四年（1739），全書刊刻告成，〔註82〕即今所見通行本《明史》。

　　毛奇齡（1623～1716）在修《明史》期間，曾以《明實錄》為基本史料來源，並雜以外史所記及先子石阡府教授所藏《宮闈紀聞》一卷，撰成《勝朝彤史拾遺記》一書，〔註83〕可能有意作為后妃之備傳。〔註84〕關於孝宗出

〔註77〕《大清聖祖仁皇帝實錄》（台北：華聯出版社，1964），卷80，頁14a～14b，康熙十八年三月甲子條。

〔註78〕同上，卷81，頁8b，康熙十八年五月己未條。

〔註79〕喬治忠認為清聖祖晚年的史學觀念出現了虛無主義之傾向，視史學為無用、有害，從而對纂修《明史》工作由熱情支持轉為極端冷落。見氏著，《清朝官方史學研究》，頁248～251。

〔註80〕王鴻緒，《明史稿列傳》，收於《明代傳記叢刊》95（台北：明文書局，1991），〈恭呈明史疏〉，頁3b。

〔註81〕《大清世宗憲皇帝實錄》（台北：華聯出版社，1964），卷9，頁26a，雍正元年七月壬寅條。

〔註82〕乾隆四年七月二十五日張廷玉等進呈明史表曰：「謹將纂成本紀二十四卷，志七十五卷，表十三卷，列傳二百二十卷，目錄四卷，共三百三十六卷，刊刻告成，裝成一十二函，謹奉表隨進以聞」，參見張廷玉等撰，《明史》，收於《仁壽本二十六史》55（台北：成文出版社，據東海徐氏退耕堂刊本影印，1971），〈進表〉，頁4a。

〔註83〕毛奇齡，《勝朝彤史拾遺記》，收於《明代傳記叢刊》70（台北：明文書局，

生後的情況，他持憲宗和萬貴妃皆不知情的說法，在敘述邏輯上，與《名山藏》大體相同。所不同的是，毛奇齡爲萬貴妃立了專傳，〔註85〕其所記相關事蹟有些是以前所未見，亦不乏獨到之見，分述如下：

　　吳氏被冊立爲皇后後，因爲厭惡萬貴妃的無禮，於是抓住萬貴妃犯錯的機會，加以杖責，憲宗大怒，遂有廢后之舉。毛奇齡對吳氏杖打萬妃一事，評論說：「后能杖萬妃，雖廢何憾？舊史猶諱言，祗稱帝所寵宮人，何威懾乃爾！」〔註86〕這短短幾句話，顯示作者對萬貴妃恃寵而驕的行爲，感到極端憎惡。

　　憲宗廢吳后改立王氏爲后，王后對待萬貴妃「一以曲處之」，毛奇齡認爲這是王后「賢而有智」的表現，懂得記取吳后被廢的教訓：

> 時萬妃有寵，吳后與妃不相中，因見廢。后賢而有智，鑒吳事，一以曲處之。嘗游西苑，妃車先后行。歲時朝見，不執妃禮，昭德宮醞饌每加于中宮，帝嘗令妃戎服侍酒，使太監段英掌宮，后一無所忌。〔註87〕

此外，毛氏對萬貴妃從孫太后宮人轉而改侍太子宮的過程，有比較詳細的描述：

> 妃生四歲，選入掖廷，爲聖烈孫太后宮人。及笄而妍，充小答應，給事仁壽宮。憲宗爲太子時，見而悅之，因竊侍太子，旋命司秩，改侍太子宮，有日矣。〔註88〕

文中的「答應」是指地位排在宮人之後的婦女，通常有大、小之分。〔註89〕萬氏剛被送入宮中時，是孫太后的宮人。等到成年後，才改調到仁壽宮當小答應，結果，被還是太子的憲宗所喜愛，不久，萬氏奉命改侍太子宮。這樣的情節後來還被民國年間所出版的《明史通俗演義》所沿用。

　　毛奇齡對萬氏喜作戎裝打扮一事，譏諷其「猥褻」，〔註90〕毛氏也指出宮

據西河文集排印本影印，1991），〈記一〉，頁 127。

〔註84〕李晉華，〈明史纂修考〉，收於《明史編纂考》（台北：台灣學生書局，1968.1），頁 121。

〔註85〕毛奇齡，《勝朝彤史拾遺記》，〈記三〉，頁 158～159。

〔註86〕同上，頁 153。

〔註87〕同上，頁 154。

〔註88〕同上，頁 158。

〔註89〕張必忠，〈明清皇宮裏的『答應』〉，《紫禁城》1995：2，頁 40。

〔註90〕毛奇齡，《勝朝彤史拾遺記》，〈記三〉，頁 158。

中帑藏為之一空，其實和萬貴妃有關：

> 如錢能、覃勤、汪直、梁芳、韋興輩，皆假貢獻科民財，中外騷擾。
>
> 至為妃求福，凡一切祠廟、宮觀、齋醮、懺禮之費，竭水衡輸之。
>
> 宮中帑藏，為之一空。〔註91〕

他認為梁芳、韋興等人假借為萬貴妃求福之名義，大肆興建祠廟、宮觀，花費大量庫銀，導致國庫逐漸空虛。

　　由此可見，毛奇齡對萬貴妃的種種作為，是深有不滿與厭惡的。其對明朝宮闈之記載，直接影響到乾隆時人程嗣章，程氏根據這些宮廷婦女的事蹟，撰寫了《明宮詞》一百首，〔註92〕其中與萬貴妃有關的有：

> 怙寵宮人事不平，何須執法漫爭名，
>
> 長門寂寞恩先斷，賴得儲皇度此生。〔註93〕

這首宮詞說的是吳后被廢事。

> 貴妃承寵已多年，曲意相看自可憐，
>
> 尚食每嘗陳玉饌，翟車馳道任爭先。〔註94〕

這是詠王后對萬貴妃的百般容忍與禮讓，又有：

> 征南俘得蠻中女，警敏初堪笘籥司，
>
> 莫怨花時常寂寂，新承恩寵少人知。
>
> 謫居安樂生皇子，胎髮垂肩倏五齡，
>
> 若使當年先漏洩，紫薇何處覓前星。
>
> 幾層華渚看虹繞，明鏡空嗟不駐顏，
>
> 忽有黃門報消息，始知少海在人間。〔註95〕

以上三首宮詞，是記孝宗生母紀氏被憲宗臨幸及謫居安樂堂生子等事。

> 掖庭初入未勝衣，稍長何來絕世姿，
>
> 一自青宮承幸後，難令恩寵讓當時。
>
> 桂殿朝昏奉起居，後廷游玩恣歡娛，
>
> 君王偏自多憐愛，袴褶新裝馬首驅。

〔註91〕毛奇齡，《勝朝彤史拾遺記》，〈記三〉，頁159。

〔註92〕程嗣章，《明宮詞》，收於《明代傳記叢刊》70（台北：明文書局，據石印本影印，1991），頁205。

〔註93〕同前書，頁215。

〔註94〕同前書，頁216。

〔註95〕同前書，頁216～217。

　　　燕燕飛來已數春，何因負約御他人，

　　　綠綈方抵常傳語，裹藥重封葦籠頻。

　　　南郊黃霧塞天衢，妃子終先聖主殂，

　　　自識君恩同比翼，免教血淚灑蒼梧。〔註96〕

以上這四首，說的是萬貴妃被憲宗寵愛之事。

　　湯斌（1627～1687）在史館期間，撰有太祖本紀四卷、曆志三卷、高文昭章睿景純七朝后妃傳一卷、英景憲孝四朝諸臣列傳十二卷等，這些稿文後來都收入《湯子遺書》中。在后妃傳中，憲宗朝所收錄的名單，共有四人，分別是廢后吳氏、孝貞純皇后王氏、貴妃萬氏、孝惠皇太后邵氏。頗堪玩味的是，孝宗的生母紀氏竟然闕而未載，這是以前文本所未見的現象，其相關記載僅見於貴妃萬氏傳中，而且寥寥數語而已：

　　　紀妃遜居西宮生子，數年出。妃飲之酒，中酖而薨。……至宏（弘）

　　　治初，言者藉藉，有云：「母后遺痛未伸，宜廢妃號，籍其家。」賴

　　　天子仁厚，重違先帝意，卒置不究云。〔註97〕

湯斌不爲紀氏立專傳，其背後的心理想法爲何，不得而知。然而，從前段行文的敘述，可知他對憲宗和萬貴妃在孝宗之生上是否知情，採取和《明實錄》相同的態度，亦即不作明確說明。甚至連紀氏暴薨的原因，也寫的很含糊，只說她是中毒而死，卻不陳述是誰下的毒。此外，對比湯斌對萬貴妃的記載和《皇明后紀妃嬪傳》對萬貴妃的記載，兩者的內容範圍和敘述邏輯，往往大體相同，連行文用語也基本一致。其中只有兩個地方不同：

　　第一，湯斌將柏賢妃所生的皇子祐極和萬貴妃所生的皇子混淆，因而有這樣不合史實的記載：「貴妃萬氏……生皇子祐極，帝喜甚，至爲遣中使四出祈祐山川。立爲太子，逾月，薨。妃亦自是不復娠矣。」〔註98〕類似的錯誤，在廢后吳氏傳中亦可發現：「孝宗生，紀后暴卒。萬貴妃方專寵妒虐，賴后保抱惟謹，故得免於禍。」〔註99〕細讀這段記載，容易使人誤以爲紀氏在孝宗出生不久即暴薨，所以撫養保護孝宗的工作，就落在當時已廢居閒宮的吳氏身上。然而，考《明實錄》記載，紀氏死於成化十一年孝宗對外公開身分後。

〔註96〕程嗣章，《明宮詞》，頁218～219。

〔註97〕湯斌，《潛菴先生擬明史稿》，收於《中國野史集成》22（成都：巴蜀書社，據湯子遺書影印，1993），卷8，〈高文昭章睿景純七朝后妃傳〉，頁25b～26a。

〔註98〕同上，頁24a。

〔註99〕同上，頁23a。

而且關於吳氏對孝宗保抱惟謹的記載，最早見於《雙槐歲鈔》，原文記敘紀氏奉憲宗之命，移居安樂堂生子，當時居住西內的廢后吳氏，也主動幫忙照顧孝宗，不難想像，可能是因爲地緣上比較接近的關係。湯斌在書寫此段歷史時，出現如此嚴重的錯誤，可能是直接或間接受到明人皇甫錄所撰《皇明紀略》的誤導，因爲該書亦有相類似之陳述：「紀太后黜居吳后幽宮，生孝廟而卒，吳后實有保抱之功。」〔註100〕

第二，萬貴妃兄長萬通因萬氏得寵，受封爲都指揮使。萬通的妻子王氏以貴妃戚屬的身分，經常出入掖庭，萬氏一門權寵，致朝士無恥希進者蝟集萬通家，謀求私利。湯斌在寫萬貴妃傳時，特別將這段記載加進去。

以上這兩點只能說是極小的差異，不過，我們仍可據此判斷，湯斌在撰寫后妃傳時，很可能直接或間接地受到了《皇明后紀妃嬪傳》的影響，甚至襲用了《皇明后紀妃嬪傳》的記載。整體而言，湯斌的萬貴妃傳，所持態度相當中庸，用語也相當平和，和萬斯同、王鴻緒等人的書寫態度頗有不同。

還有一點值得注意的是，萬貴妃對萬安以同姓之由，認作本家，其內心的想法爲何？湯斌曾作如此解釋：

> 而是時昭德萬貴妃方寵冠後宮，安私于內侍，曰：「妃，故眉山人，安族姑也。」而又與安妻有連。妃常欲張其門閥，與他妃競，聞之，大悅。〔註101〕

原來萬安看到當時萬貴妃寵冠後宮，爲了尋求政治上的靠山，決定在他的姓氏上打主意，委託太監向萬氏獻殷勤，自稱爲姪。萬貴妃爲了能和其他妃嬪競爭，曾有擴大本家門第的想法，此時有個「姪子」作內閣輔臣，自然大爲高興。這樣的看法似乎獲得了普遍的認同，不但被萬斯同《明史》所採納，甚至還爲《明史稿》和《明史》所保留。

萬斯同（1638～1702）字季野，晚號石園。師事黃宗羲，專攻史學，不僅諳熟「兩漢以來數千年之制度沿革、人物出處」，更特別致力於明代歷史的研究，「于有明十五朝之實錄，幾能成誦，其外邸報、野史、家乘，無不遍覽熟悉，隨舉一人一事問之，即詳述其曲折始終，聽若懸河之瀉」。〔註102〕康熙

〔註100〕皇甫錄，《皇明紀略》，卷85，頁23。
〔註101〕湯斌，《潛菴先生擬明史稿》，卷15，〈陳文萬安劉吉傳〉，頁20b～21a。
〔註102〕錢儀吉編，《碑傳集》，收於《近代中國史料叢刊》928（台北縣：文海出版社，

十八年明史開館，萬斯同基於「以任故國之史事報故國」的願望，〔註103〕接受徐元文的多次聘請，館於京師徐氏邸舍，不受俸祿，不領官銜，以布衣身分參與修史。在纂修工作中，萬斯同雖無總裁之名卻行總裁之實，史館凡「建綱領，制條例，斟酌去取，譏正得失，悉付斯同典掌」，〔註104〕所以他對《明史》的纂修貢獻最大，主要做了制定凡例、擬定傳目、修改史稿等項工作，其中尤以修改史稿用力最多。〔註105〕諸纂修官分別撰寫的史稿，最後都集中於總裁之處，由萬斯同審核修改，排纂成編。全祖望記載說：

> 諸纂修官以稿至，皆送先生覆審。先生閱畢，謂侍者曰：「取某書某卷某葉有某事當補入，取某書某卷某葉某事當參校。」侍者如言而至，無爽者。〔註106〕

在萬斯同和各監修總裁的長期努力下，康熙二十九年（1690）左右，第一部紀傳志表俱全的《明史》初步編成，凡四百一十六卷。但由於明代史事繁雜，不易考校，史料又真偽並存，難定是非，再加上底稿由多人撰成，不僅互不相屬，紛紜散亂，還有內容詳略不同，品質不一的差別。雖經萬斯同長年累月，孜孜矻矻，考核修改，所成初稿也不免有「缺而不全，澳而不一」之處，因此，「稿雖就而未敢以進」。〔註107〕康熙四十一年（1702）萬斯同去世時，他修訂的四百一十六卷史稿中的列傳部份剛剛脫稿，〔註108〕不少工作尚未做完，「缺略者尚須撰補，成篇者尚待校讎」。〔註109〕此後，改由王鴻緒擔負起《明史》全稿的修改審定工作。他在萬斯同修改稿基礎上，進一步「搜殘補缺，薈萃其全」，〔註110〕可見，王鴻緒的《明史稿》大半出自萬斯同之

1973），卷131，〈萬季野先生斯同墓誌銘〉，頁6214。

〔註103〕全祖望，《鮚埼亭集》（台北：華世出版社，1977），卷28，〈萬貞文先生傳〉，頁355。

〔註104〕錢林輯、王藻編，《文獻徵存錄》，收於《近代中國史料叢刊三編》138（台北縣：文海出版社，據咸豐八年刻有嘉樹軒藏板影印，1986），卷1，頁74。

〔註105〕黃愛平，〈《明史》纂修與萬斯同〉，《史學集刊》1984：3，頁37。

〔註106〕全祖望，《鮚埼亭集》（台北：華世出版社，1977），卷28，〈萬貞文先生傳〉，頁353。

〔註107〕劉承幹，《明史例案》，卷7，〈楊農先再上明鑑綱目館總裁書〉，頁7a。

〔註108〕溫睿臨，《南疆繹史》，收於《台灣文獻史料叢刊》5：89～90（台北：台灣大通書局，1887），「原例」，頁31。

〔註109〕王鴻緒，《明史稿列傳》，收於《明代傳記叢刊》95，〈恭呈明史列傳全稿疏〉，頁1b。

〔註110〕同上，頁2b。

手。〔註111〕所以萬斯同對萬貴妃的認識爲何？顯得格外重要。前人在寫萬貴妃傳時，多聚焦於萬貴妃在成化朝中所引發的宮闈鬥爭，與此不同的是，萬斯同在與萬貴妃有關的成化朝秕政方面，有更多的著墨。其記述（見附錄一）重點如下：

首先，交代了萬貴妃的籍貫、小名及其受憲宗專寵、冊封的過程。相當有趣的是憲宗和萬貴妃的年齡問題，自沈德符後，再度受到注意。從其行文敘述，可看出是直接受到沈氏的影響。然據沈德符之記載：「上（憲宗）……七月大婚，聖齡十八，而妃則已三十五。」〔註112〕萬斯同卻在傳文中，記敘：「憲宗年十六即位，而妃已三十有五矣。」〔註113〕據此推算，兩人在年齡上幾乎差了十九歲。又考《憲宗實錄》，憲宗生於正統十二年十一月，即位時十七歲，按中國傳統年數的算法則爲十八歲，萬貴妃生於宣德五年，見深即位時應是三十四歲，按中國傳統年數的算法則爲三十五歲，所以兩人實際的年齡差距，應該是十七歲，〔註114〕故沈德符的說法比較符合歷史實際。此處，萬斯同將憲宗減二歲，是否有意擴大二人的年齡差距？頗令人玩味。〔註115〕其說法後來還被《明史稿》所沿用。此外，姚之駰（康熙六十年〔1721〕進士）嘗摘取元明諸書，分門別類雜載爲《元明事類鈔》四十卷，他亦據《明史稿》同一記載，將萬貴妃歸於「年長獲寵」條下。〔註116〕

其次，述及萬貴妃得到憲宗的專寵，對成化朝政局的影響。萬貴妃雖無皇后之名份，卻儼然是後宮的主宰，內外大臣、商人、奴隸莫不逢迎巴結之，形成「爵賞濫」的弊端。這部份記載很明顯是以《明實錄》爲依歸（見表一），可見萬斯同與《明實錄》修纂者的立場無異。此外，萬斯同是首位將成化朝南北之爭的問題與萬貴妃聯繫起來的史家。〔註117〕

〔註111〕錢大昕，《潛研堂文集》（台北：台灣商務印書館，1968），卷38，〈萬先生斯同傳〉，頁595。

〔註112〕沈德符，《萬曆野獲編補遺》，卷1，〈宮闈〉，頁804，「萬妃晚倖」。

〔註113〕萬斯同，《明史》，收於《續修四庫全書》327（上海：上海古籍出版社，1997），卷150，〈憲宗皇貴妃萬氏傳〉，總頁126。

〔註114〕《明英宗實錄》，卷160，頁1a，正統十二年十一月庚寅條；《明憲宗實錄》，卷286，頁1b，成化二十三年正月辛亥條。

〔註115〕方志遠曾提出此說，參見方志遠，《成化皇帝大傳》，頁79。

〔註116〕姚之駰，《元明事類鈔》，收於《景印文淵閣四庫全書》884（台北：台灣商務印書館，1983～1986），卷5，〈君道門二〉，頁10b，「年長獲寵」。

〔註117〕有關成化年間大臣南北之爭的情形，參見陳綸緒，〈記明天順成化間大臣南北之爭〉，原載《中國學誌》1：1，後收入《明史論叢之四——明代政治》（台

最後，補充說明孝宗出生及其成長過程。萬斯同曾自述編寫《明史》時，材料的取捨是以實錄為主，以諸家之書為輔：「考問往事，旁及郡志、邑乘、雜家誌傳之文，靡不網羅參伍，而要以實錄為指歸。……凡實錄之難詳者，吾以他書證之；他書之誣且濫者，吾以所得于實錄者裁之。雖不敢具謂可信，而是非之枉於人者，蓋鮮矣。」〔註118〕觀其對此段史事的敘寫，可以發現，在敘述邏輯上，幾乎沿用了《名山藏》的說法，這或許和他將此書列為「可以參觀而不可以為典要」的態度有關，萬斯同曾遍覽諸家記事之書，他對這些書有如下的評論：

> 嘗集諸家記事之書讀之，見其抵捂踈漏，無一足滿人意者，如鄭端簡之吾學編、鄧潛谷之皇明書，皆倣記（紀）傳之體而事跡頗失之略；陳東莞之通紀、雷谷和之大政紀，皆倣編年之體而褒貶間失之誣。袁永之之獻實，猶之皇明書也；李宏甫之續藏書，猶之吾學編也；沈國元之從信錄，猶之通紀；薛方山之獻章錄，猶之大政紀也。其他若典彙史料，史該、國榷、世法錄、昭代典則、名山藏、頌天臚筆，同時尚論錄之類，要皆可以參觀而不可以為典要。〔註119〕

表 1：《明實錄》萬貴妃本傳與萬氏《明史・憲宗皇貴妃萬氏傳》關於萬貴妃對成化朝政局記載比較表

	《明實錄》萬貴妃本傳	《明史・憲宗皇貴妃萬氏傳》
1.	上即位，遂專寵，皇后吳氏廢實由於妃。及今皇太后王氏正位中宮，每以厚德優容之，……	吳皇后以失妃意，甫立，遽廢。王皇后偱位而已。……凡用事內臣，但事昭德貴妃，視皇后亡如也。
2.	妃亦機警善迎合上意，且籠絡群下，令覘候動靜，六宮希得進御。……數年儲嗣未兆，中外以為憂。……言者每勸上恩澤當溥，然未敢顯言妃之妒也。惟給事中李森言及之，而寵益甚。	悼恭太子之薨事，由於妃。孝宗亦幾不免，雖竟得立為嗣，而其母紀妃卒受傷害。中外皆惡其專寵錮寢，傾危繼嗣，至形之章疏。

北：台灣學生書局，1968.8），頁 249～278。

〔註118〕方苞，《望溪先生文集》（台北：台灣中華書局，據戴編足本校刊，1965），卷12，〈萬季野墓表〉，頁 2b。

〔註119〕萬斯同，《萬季野先生遺稿》，收於《明清史料彙編》6：7（台北縣：文海出版社，據石印本影印，1969），〈寄范國雯書〉，頁 1a～1b。

3.	服用器物窮極僭儗；四方進奉奇技異物皆歸之一，……中貴用事者一忤妃意輒遭斥逐，而佞幸出外鎮守，內備供奉者如錢能、覃勤、汪直、梁方、韋興輩皆假以貢獻買辦科斂民財、傾竭府庫而不卹委以行事，擅作威福，戕害善良、弄兵搆〔構〕禍而無已，皆由妃主之也。甚至齋醮之濫費、宴樂之暴殄靡有紀極。	妃雅好貨寶，又以無子□，邀佛氏力，於是鎮守內臣爭遣使，採珠求寶輦而輸之貴妃宮中。西南外徼干崖、南甸、孟密之屬，皆被使者之擾。……用宣德中王三保出使故事，搜珍異於西洋諸蕃，戢兵郎中劉大夏沮之，乃得止。宮中時時建齋醮，所費不可勝計，隆善寺成，至官其梓匠二十人，靈濟宮、護國、永昌等寺，相繼營建不絕以故。
4.	一門父兄弟姪皆授以都督、都指揮、千百戶等官，賚賜金珠寶玉無算，甲第宏侈，田連州縣〔府〕，……	妃父貴，本縣小吏，坐罪，謫霸州。以妃恩，授都督同知，兄通及弟姪皆拜大官。通妻王氏通籍掖庭，恣出入，萬氏聲焰震天下，……
5.		四方有夤緣納賄貴妃宮中者，雖賈豎賤隸必傳旨予官，一時珍寶山積而帝尙□。……成化二十三年之中，爵賞濫而政事紊，公私之力皆困詘焉。
6.		大學士眉州萬安結內侍，自通於妃，曰：「妃，故吾州萬氏也，于次，安當爲子行。」妃方內歉素無門望，聞則大喜。當是時，安與同官劉珝爭權相軋，安及彭華爲南黨附貴妃，珝與王越爲北黨附汪直。直亦故以昭德宮內使有寵，得竊國柄，然安卒能罷西廠，析直勢，遂陰排珝而去之者，以有貴妃爲之內主也。

又萬斯同對萬貴妃有何評價？他在〈后妃傳〉的「序」中說：「孝慈（明太祖馬皇后）而下皇后，希有大失德者，惟萬、鄭二妃，寵踰太過，亦未敢顯違。」〔註120〕又有「論」說：

> 論曰：有明家法之嚴且遠軼於宋，又何論漢唐列代也。然萬、鄭兩妃，以驕恣搆釁宮闈，至貽禍於宗社，尙論者爲心悼焉。〔註121〕

顯然，萬斯同和查繼佐的看法相同，都把萬貴妃和鄭貴妃兩人，同列爲明代「惡妃」之代表，甚至將她們的所作所爲，以禍害視之。值得注意的是，入清以後，查繼佐雖然拒絕仕清，然而與清朝官員彼此的互動卻十分頻繁，除

〔註120〕萬斯同，《明史》，收於《續修四庫全書》史部327，卷150，總頁117。
〔註121〕同前書，卷151，總頁140。

了尋求生計上的出路外，更涉及學術上的互通聲息。〔註122〕《東山外紀》即記載徐元文曾於康熙初年求教查繼佐以明史事。〔註123〕又據王嘉川的研究可知，徐元文雖然長期個人出資聘請萬斯同於家，但並非如後人所說，史稿皆出萬斯同一人之手，而是徐、萬二人共同討論商榷、共同刪修核訂的結果。〔註124〕由此觀之，萬斯同對萬貴妃的評價與查繼佐雷同，應該不是純粹巧合，有可能是間接受到查繼佐的影響。

　　雍正以後，後人對萬貴妃故事的書寫，開始有由紛歧而趨於畫一的趨勢，這個現象可能與《明史》的完成有很大關係。由於我們現在所看到的《明史》，多本王鴻緒之《明史稿》而增損，以下，筆者將透過比較《明史稿》與《明史》后妃傳〔註125〕中關於萬貴妃事蹟記載之間的異同，來觀察兩者的因襲關係，及清初史臣對萬貴妃故事的理解狀況。

表2：《明史稿》與《明史》后妃傳關於萬貴妃事蹟記載比較表

	《明史稿》列傳第一	《明史》列傳第一	出處
1.	憲宗廢后吳氏……先是，憲宗居東宮，萬貴妃已擅寵。后既立，摘其過，杖之。帝怒，**乃下詔**：「先帝爲朕簡求賢淑，已定王氏，育於別宮待期。太監牛玉**擅將**選退吳氏於**母后**前復選。冊立禮成之後，朕見舉動輕佻，禮度率略，德不稱位，因察其實，始知非預立者。用是不得已，請命**母后**，廢吳氏別宮。」……	憲宗廢后吳氏……先是，憲宗居東宮，萬貴妃已擅寵。后既立，摘其過，杖之。帝怒，**下詔曰**：「先帝爲朕簡求賢淑，已定王氏，育於別宮待期。太監牛玉**輒以**選退吳氏於**太后**前復選。冊立禮成之後，朕見舉動輕佻，禮度率略，德不稱位，因察其實，始知非預立者。用是不得已，請命**太后**，廢吳氏別宮。」……	〈憲宗吳廢后傳〉
2	孝貞皇后王氏……**已而，吳后廢**，冊爲皇后，天順八年**九月**也。萬貴妃寵冠後宮，后處之**澹**如。	孝貞皇后王氏……**吳氏既立而廢**，遂冊爲皇后，天順八年**十月**也。萬貴妃寵冠後宮，后處之**淡**如。	〈孝貞王皇后傳〉

〔註122〕羅慶萃，〈明清之際查繼佐（1610～1676）的忠節觀及其出處〉（台北：國立台灣師範大學歷史研究所碩士論文，1999.6），頁120～130。

〔註123〕劉振麟、周驤，《東山外紀》（北京：中華書局，1992），卷2，頁118。

〔註124〕參見王嘉川，〈徐元文與《明史》纂修〉，《史學史研究》1995：2，頁41。

〔註125〕王鴻緒，《明史稿列傳》，列傳1，〈后妃上〉，頁15b～20b；張廷玉等撰，《明史》（台北：鼎文書局，1991），卷113，〈后妃〉，頁3520～3525。

3	孝穆紀太后……本蠻土官女。成化中征蠻，俘入掖廷，**受女史**，警敏通**文**，命守內藏。時萬貴妃**顓**寵而妒，後宮有娠者皆治使墮。柏賢妃生悼恭太子，亦為所害。帝行內藏，**妃應對稱旨，悅之。一幸有身**。萬貴妃知而恚甚，令婢鈎治之。婢**繆**報曰病痞。乃謫居安樂堂。久之，生孝宗，使門監張敏溺焉。敏驚曰：「上未有子，奈何棄之。」稍哺粉餌飴蜜，藏之他室，貴妃日伺無所得。至五六歲，未敢剪胎髮。**當是時**吳后廢居西內，近安樂堂，密知其事，往來哺養，帝不知也。	孝穆紀太后……本蠻土官女。成化中征蠻，俘入掖廷，**授女史**，警敏通**文字**，命守內藏。時萬貴妃**專**寵而妒，後宮有娠者皆治使墮。柏賢妃生悼恭太子，亦為所害。帝**偶**行內藏，應對稱旨，悅，**幸之，遂**有身。萬貴妃知而恚甚，令婢鈎治之。婢**謬**報曰病痞。乃謫居安樂堂。久之，生孝宗，使門監張敏溺焉。敏驚曰：「上未有子，奈何棄之。」稍哺粉餌飴蜜，藏之他室，貴妃日伺無所得。至五六歲，未敢剪胎髮。時吳后廢居西內，近安樂堂，密知其事，往來哺養，帝不知也。	〈孝穆紀太后傳〉
4.	帝自悼恭太子薨，**數數視影躑躅，中外群臣皆知以貴妃故，恐皇嗣不可復望，私為帝憂**。成化十一年，帝一日召**敏**櫛髮，照鏡嘆曰：「老將至而無子。」敏伏地曰：「死罪，萬歲已有子也。」帝愕然，問安在。對曰：「奴言即死，萬歲當為**子**主。」於是太監懷恩頓首曰：「敏言是。皇子潛養西內，今已六**載**矣，匿不敢聞。」帝大喜，即日幸西內，遣使往迎皇子。使至，**宣詔**，妃抱皇子泣曰：「兒去，吾不得生。兒見黃袍有鬚者，即兒父也。」**皇子**衣小緋袍，乘小輿，擁至階下，髮披地，走投帝懷。帝置之膝，撫視久之，悲喜泣下曰：「我子也，類我。」使懷恩赴內閣具道其故，群臣皆大喜。明日，入賀，頒詔天下，移妃居永壽宮，數召見。萬貴妃日夜泣怨曰：「群小紿我。」其年六月，妃暴薨。或曰貴妃**使使賜妃死**，或曰自縊也。**賜**諡恭恪莊僖淑妃。敏懼，亦吞金死。	帝自悼恭太子薨後，**久無嗣，中外皆以為憂**。成化十一年，帝一日召**張敏**櫛髮，照鏡嘆曰：「老將至而無子。」敏伏地曰：「死罪，萬歲已有子也。」帝愕然，問安在。對曰：「奴言即死，萬歲當為**皇子**主。」於是太監懷恩頓首曰：「敏言是。皇子潛養西內，今已六**歲**矣，匿不敢聞。」帝大喜，即日幸西內，遣使往迎皇子。使至，妃抱皇子泣曰：「兒去，吾不得生。兒見黃袍有鬚者，即兒父也。」衣**以**小緋袍，乘小輿，擁至階下，髮披地，走投帝懷。帝置之膝，撫視久之，悲喜泣下曰：「我子也，類我。」使懷恩赴內閣具道其故，群臣皆大喜。明日，入賀，頒詔天下，移妃居永壽宮，數召見。萬貴妃日夜泣怨曰：「群小紿我。」其年六月，妃暴薨。或曰貴妃**致之死**，或曰自縊也。諡恭恪莊僖淑妃。敏懼，亦吞金死。	〈孝穆紀太后傳〉

5.	孝宗既立爲皇太子，時孝肅皇太后居仁壽宮，語帝曰：「以兒付我。」太子遂居仁壽。一日，貴妃召太子食，孝肅謂太子曰：「兒去，無食也。」太子至，貴妃賜食，曰：「已飽。」進羹，曰：「**羹**疑有毒。」貴妃大恚曰：「是兒數歲即如是，他日魚肉我矣。」因恚而成疾。	孝宗既立爲皇太子，時孝肅皇太后居仁壽宮，語帝曰：「以兒付我。」太子遂居仁壽。一日，貴妃召太子食，孝肅謂太子曰：「兒去，無食也。」太子至，貴妃賜食，曰：「已飽。」進羹，曰：「疑有毒。」貴妃大恚曰：「是兒數歲即如是，他日魚肉我矣。」因恚而成疾。	〈孝穆紀太后傳〉
6.	貴妃萬氏，諸城人，**小字貞兒。父貴爲邑掾吏，坐事，謫居霸州，見外戚傳**。妃生四歲，選入掖庭，爲孫太后宮女。及長，侍憲宗於東宮。憲宗年十六即位，妃已三十有五**矣**，寵之願房，遂**譖**廢皇后吳氏，**妃機警譎變**，善迎帝意，六宮希得進御。帝每遊幸，妃戎服前驅。成化二年正月生皇第一子，帝大喜，**為**遣中使祈諸山川，遂**冊**封貴妃。皇子未**朞**薨，**貴妃**亦自是不復娠矣。	恭肅貴妃萬氏，諸城人。四歲選入掖庭，爲孫太后宮女。及長，侍憲宗於東宮。憲宗年十六即位，妃已三十有五，機警，善迎帝意，遂**讒**廢皇后吳氏，六宮希得進御。帝每遊幸，妃戎服前驅。成化二年正月生皇第一子，帝大喜，遣中使祀諸山川，遂封貴妃。皇子未期薨，妃亦自是不復娠矣。	〈萬貴妃〉
7.	當是時，帝未有子，言者每勸薄恩澤，**然未敢顯言妃妒**也，**惟給事中李森言之**。四年秋，慧星屢見，大學士彭時、尚書姚夔復以爲言。帝曰：「內事也，朕自主之。」尋給事中魏元、御史康永韶等疏入，皆不聽。妃益驕。中宮用事者，一忤意，立見斥逐。掖廷御幸有身，飲藥傷**墮**者無數。孝宗之生，頂寸許無髮**者**，藥所中也。**孝宗母紀淑妃之死，實妃爲之**。佞幸錢能、覃勤、汪直、梁芳、韋興輩皆假貢獻，苛斂民財，傾竭府庫，**邀結貴妃歡。戕害善良，弄兵搆禍，民無寧日**，奇技淫巧，禱祠宮觀，糜費無筭。居久之，芳等懼他日太子立，將治己罪，**說貴妃勸**	當是時，帝未有子，**中外以為憂**，言者每**請**薄恩澤**以廣繼嗣**。給事中李森、魏元，御史康永韶等先後言尤切。四年秋，慧星屢見，大學士彭時、尚書姚夔**亦**以爲言。帝曰：「內事也，朕自主之。」**然不能用**。妃益驕。中宮用事者，一忤意，立見斥逐。掖廷御幸有身，飲藥傷**墜**者無數。孝宗之生，頂寸許無髮，**或曰藥**所中也。紀淑妃之死，實妃爲之。佞幸錢能、覃勤、汪直、梁芳、韋興輩皆假貢獻，苛斂民財，傾竭府庫，**以**結貴妃歡。奇技淫巧，禱祠宮觀，糜費無算。久之，**帝後宮生子漸多**，芳等懼**太子年長**，他日立，將治己罪，**同導妃勸帝易儲。會泰山震，占**	〈萬貴妃〉

	帝易太子而立興王，貴妃然之。因要帝易儲，會泰山震，群臣奏應在東宮，帝心懼，事乃寢。	者謂應在東宮，帝心懼，事乃寢。	
8.	二十三年春，**貴妃**薨，帝輟朝七日。諡曰恭肅端慎榮靖，葬天壽山。弘治初，御史曹璘請削**貴妃**諡號。魚臺縣丞徐頊請逮治診視紀太后諸醫，捕萬氏家屬，究問當時**暴**薨狀，孝宗**仁厚**，重違先帝意，已之。	二十三年春，**暴疾**薨，帝輟朝七日。諡曰恭肅端慎榮靖**皇貴妃**，葬天壽山。弘治初，御史曹璘請削妃諡號。魚臺縣丞徐頊請逮治診視紀太后諸醫，捕萬氏家屬，究問當時薨狀，孝宗**以**重違先帝意，已之。	〈萬貴妃〉

表中粗體斜形字表示《明史稿》與《明史》在用語上的歧異處。

　　在表一中，筆者將《明史稿》與《明史》后妃傳中，關於萬貴妃的記述，分成七個段落來比較，發現其行文用語幾乎完全相同，間或摻有文字上的修飾，可見《明史》對《明史稿》的刪修，以文字的潤色加工居多。此外，《明史》對《明史稿》的修改，比較重要的有四點：第一，史實時間的更正。將冊立王皇后的時間從天順八年九月更正為十月，詳見第二段。考《憲宗實錄》，天順八年九月二十八日，憲宗飭諭禮部冊立王氏為后，十月二日正式進行冊封典禮，〔註126〕所以《明史》的修改，正是符合史實。第二，去除了憲宗對皇嗣問題感到焦慮的形容性文字。如第四段「數數視影躑躅」。第三，對於無法認定的史實，多採比較含蓄的陳述。如第四段孝宗生母紀氏死因之記敘，將「或曰貴妃使使賜妃死」改為「或曰貴妃致之死」。顯然，王鴻緒的說法，容易使人認為萬貴妃是造成紀氏暴薨的主導者，而《明史》的說法，則留給後人許多想像空間，萬貴妃有可能直接或間接地害死紀氏。又如第七段提及孝宗出生時頭頂有一寸寬沒有頭髮，王鴻緒說「藥所中也」，亦即萬貴妃給紀氏吃了墮胎藥所造成，《明史》則添加了「或曰」二字，表有此一說之意。第四，刪除了萬貴妃父親之背景敘述，以及萬貴妃對當時政局所帶來影響的負面性文字，如「戕害善良，弄兵構禍，民無寧日」，分見第六、七段。

　　又綜觀《明史稿》、《明史》對萬貴妃事蹟的書寫，可以發現，在史事的編排方面，其與萬氏《明史》有些許的不同，《明史稿》、《明史》皆將孝宗的出生情況置於〈孝穆紀太后傳〉中，萬斯同則將其置於〈憲宗皇貴妃萬氏傳〉

中；在敘述邏輯方面，三者幾乎相同，亦即清朝官方決定採《名山藏》的記載，持憲宗和萬貴妃對孝宗之出生皆不知情的說法。萬貴妃的歷史形象與書寫，自此亦開始固定化。〔註127〕令人玩味的是，曾充明史纂修官的王士禎（1634～1711）在康熙帝的指示下，於康熙四十九年（1710）編成了《御定淵鑑類函》一書，其關於孝宗出生的記述，〔註128〕在取材和編排上，主要是沿用《謇齋瑣綴錄》和《雙槐歲鈔》二書的記載，加以潤色而成。由此可見，清廷在修纂《明史》的過程中，應該有注意到出現於弘治年間，由尹直、黃瑜所記憲宗知情而萬貴妃不知情之說法。然而，尹、黃二人的說法，最後卻不為《明史》修纂者所採納。其背後的因素為何？要理解這個問題，或許仍要從萬斯同編纂《明史》的態度著手。既然萬氏《明史》是徐元文和萬斯同共同討論商榷、共同刪修核訂的結果。那麼徐元文個人對《明史》史料的處理態度，應該也有很大的影響力。他在《修史條議》中，曾提及：

> 野史流傳不可盡信，其最挾私害正者，無如尹直之瑣綴錄，王瓊之雙溪
> 雜志，支大綸之永昭陵編年史，此皆小人之尤，其言豈足憑據。〔註129〕

顯然，徐元文將史料作者的品性作為考察史料的重要標準，徐元文視尹直為「小人」，認為其所撰史料勢必會誣妄不實，所以在採擇史料時，可能會稍加謹慎，有所取捨。

　　此外，《明史》在《明史稿》的基礎上，為后妃傳增寫了論贊，其中與萬貴妃有關者曰：

> 萬、鄭兩貴妃，亦非有陰鷙之謀、干政奪嫡之事，徒以恃寵溺愛，
> 遂滋謗訕。易曰：「閑有家，悔亡。」苟越其閑，悔將無及。聖人之
> 垂戒遠矣哉。〔註130〕

〔註127〕據喬治忠的研究可知，清朝官方為了對歷代典籍進行大規模的總結和清理，自乾隆三十七年（1772）年起，開始編輯《四庫全書》，由於《明史》亦擬收入其中，所以乾隆四年刊行的《明史》，又經歷了一番重新審閱與修訂。見氏著，《清朝官方史學研究》，頁214～221。筆者曾將文淵閣《四庫全書》本《明史》（收於《景印文淵閣四庫全書》297～302，台北：台灣商務印書館，1983～1986）與現在所看到的通行本《明史》關於萬貴妃史事記載作一比較，發現這部分並沒有作任何修改。

〔註128〕張英、王士禎等撰，《御定淵鑑類函》，收於《景印文淵閣四庫全書》982～993（台北：台灣商務印書館，1983～1986），卷59，〈儲宮部〉，「太子一」，頁33a～34a。

〔註129〕劉承幹，《明史例案》，卷2，〈修史條議〉，頁6b。

〔註130〕張廷玉等撰，《明史》，卷114，〈后妃〉，頁3546，「贊曰」。

《明史》纂修者認爲萬貴妃並非眞犯有陰鷙之謀、干政奪嫡等罪行，她之所以會引來這些毀謗，只是因爲她受到皇帝過分的寵愛。最後還引用易經中的訓誡，說明治家應該要有規範，如果踰越了規範，將悔之不及。觀其評論，似乎比萬氏《明史》緩和許多，並非眞以禍害視之。又乾隆五十年（1785）以前告成的《明史考證》，〔註131〕曾經就「亦非有陰鷙之謀、干政奪嫡之事，徒以恃寵溺愛」此段贊文，提出修改意見：「改亦非有干政之事，然鄭妃忌匹嫡之嫌，恃寵溺愛。」其所持看法如下：

> 按萬貴妃傳中，屢傷皇嗣，其謀陰鷙已甚，鄭貴妃擅寵奪嫡，見於各記載及史傳各傳者，確有可據。贊內但取文筆之抑揚，於事理曲直，殊爲失當。〔註132〕

從這段按語可知，乾隆年間奉命刊正《明史》的大臣，雖然同意萬貴妃並未有干政之罪行，但她屢傷皇嗣的行爲，確是陰險狠暴，實在難辭其咎。

大體而言，自《明史稿》付梓流通以後，清代官方有關明代后妃事蹟的記載，改以《明史稿》爲本，稍加刪潤，如雍正十一年（1723）成書的《廣西通志》，特將孝宗生母紀太后傳收錄在〈列女〉部份，即爲一例證。〔註133〕等到《明史》告竣，清廷又陸續敕撰《明鑑》、《御批歷代通鑑輯覽》（以下簡稱《御批》）、《欽定續文獻通考》、《御定資治通鑑綱目三編》（以下簡稱《三編》）等書，〔註134〕凡與明代相關的史事，則以《明史》作爲改寫的依據，故《明史》中凡與萬貴妃有關的內容，亦爲這些書所傳寫。其中以《御批》一書最值得注意，因爲清高宗在許多重要事件和人物下撰寫批語，不乏與萬貴妃有關者，茲整理如下：

清高宗對紀氏謫居安樂堂生子的批語曰：

〔註131〕王頌蔚輯，《明史考證攟逸》，收於《二十四史訂補》15（北京：書目文獻出版社，1996），〈明攷逸敘〉，頁4a。

〔註132〕同前書，〈明攷逸一〉，頁4b。

〔註133〕錢元等編纂，《廣西通志》，收於《景印文淵閣四庫全書》567（台北：台灣商務印書館，1983～1986），卷88，〈列女〉，頁8b～10b。

〔註134〕錢基博，《明鑑》，台北：啓明書局，1959.7；傅恆等撰，《御批歷代通鑑輯覽》，收於《景印文淵閣四庫全書》335～339，台北：台灣商務印書館，1983～1986；稽璜、曹仁虎等撰，《欽定續文獻通考》，收於《景印文淵閣四庫全書》626～631，台北：台灣商務印書館，1983～1986；張廷玉，《御定資治通鑑綱目三編》，收於《景印文淵閣四庫全書》340，台北：台灣商務印書館，1983～1986。

憲宗偏寵萬妃，任其妒毒而不能節制，幾成炎劉燕啄之禍，柔闇實
無可辭責。但宮闈事秘，流傳又豈可盡憑。如所稱：「後宮有娠，皆
遭潛害。」則此前之祐極，生於成化五年，何獨無恙？且其伺察必
嚴，又何獨于紀妃得以病痞相蒙，而宮婢鉤治亦肯代爲容隱？至皇
子既生，即使張敏溺斃；敏縱欲護救，亦必潛匿外庭，密闈保育，
又安敢仍留附近安樂堂之他室，吳后復往來哺養，竟不慮萬妃之稍
有知覺乎？且祐極故在，而敏之驚稱「上未有子」，出於何意？且祐
極旋即立儲，又豈能隱秘不使萬妃知之？紀載家傳聞異辭，往往從
而緣飾，不足深信者，類此多矣。〔註135〕

首先清高宗指出，憲宗任由萬貴妃妒毒而不能加以節制，幾乎醸成如漢朝趙
飛燕謀害皇子之禍，憲宗性格上的軟弱愚昧必須負起責任。高宗認爲憲宗是
個庸懦無能的人，還可以從他對憲宗六年不知生皇子祐樘，及迎皇子至定名
出閣等事的批評，看出端倪：

皇子生已六年，憲宗竟毫無聞見，即昏憒不應。至此，照鏡歎老之
事，或由傳聞已甚，亦未可知。但既迎皇子至前事已彰著，定名出
閣，一切自有常儀，何轉向閣臣商處之之策？憲宗庸弱無能，此等
事猶不克自主，其他尚足問乎！〔註136〕

其次，指出憲宗朝宮闈傳聞不足盡信之處，他認爲這些傳聞自相矛盾，不合
情理。他還以萬貴妃強逼後宮有娠者堕胎事爲例，詳加推理：

史家紀萬妃之事，皆謂其驕妒橫行，至于後宮有娠盡遭藥墮。今以
憲宗封建諸子證之，知其說殊不足盡信。蓋憲宗偏寵萬妃及妃之恃
寵驕妒，固當時情事所有，若謂其專房溺惑，則後宮必進御無期，
何就館之多，竟爾繩繩相繼？如是年及孝宗初，受封共有十人，最
幼者乃憲宗第十四子，而所云飲藥墮胎，尚不可勝計，其生不爲不
蕃。萬妃果妒毒，豈能聽貫魚及眾，而誕生成立者且如是之多乎！
總之，宮闈事秘，傳聞已不可憑。或由眾人深嫉萬安之假附亂政，
遂飾爲無稽之語，以歸罪萬妃。紀載家耳食滋訛于成化間事，幾不
啻漢成時之昭陽禍水，而不顧其跡之矛盾，亦可怪也。〔註137〕

〔註135〕傅恆等撰，《御批歷代通鑑輯覽》，卷105，頁53b～54b。
〔註136〕同前書，卷106，頁5a～5b。
〔註137〕同上，頁34a～35a。

文中所指「昭陽禍水」，係指漢成帝的女寵趙飛燕姊妹。相傳漢成帝劉驁微行時，見趙飛燕而悅之，遂召入宮大幸，其妹復召入，俱爲婕妤，寵冠後宮。不久，許后廢，成帝立飛燕爲后，封其妹爲昭儀，居昭陽舍。趙氏姊妹專寵多年，卻都不能生育，她們心懷嫉妒，便千方百計不讓別的嬪妃懷孕產子。宮中生子的嬪妃莫不被害死，或是在懷孕時被逼迫飲藥墮胎。〔註138〕是故，清高宗認爲萬貴妃謀害皇子的這項傳聞，可能是後人痛恨萬安假借同姓之名義，依附於萬貴妃羽翼之下，以行亂政之實，因而僞造了這些對萬貴妃不利的傳聞，故意將所有的罪過歸於萬貴妃。這些士人可能以漢成帝時趙氏姊妹故事爲範本，加以穿鑿附會而成，遂造成其記載與史實互相抵觸。類此指摘史筆失實的論斷，在《御批》中不勝枚舉，顯見清高宗閱讀史籍時，對史事的記載既善於質疑，又銳於審斷。〔註139〕

此外，《三編》在《御批》的基礎上，將《明史》紀傳逐一參訂考核異同，在體例上各增〈質實〉以資考證之功，〔註140〕此書與《明史》記載唯一不同處，在於對紀氏死因眞相的交代相當含糊，並不直指是否與萬貴妃有關：

> 六月皇子母紀氏卒。先是帝召見皇子，留宮中，而紀妃仍居西內。
> 大學士商輅恐有他患而難以顯言，偕同官上疏曰：「皇子聰明岐嶷，
> 國本攸繫，重以貴妃保護，恩瑜己出。但外議謂皇子母因病別居，
> 久不得見，宜移就近所，俾母子朝夕相接，而皇子仍藉撫育于貴妃，
> 宗社幸甚。」紀妃遂移居永壽宮，數召見。逾月，妃病篤，輅言：「如
> 有不諱，禮宜從厚，且請命司禮監奉皇子過妃宮問視。」帝皆從之。
> 及乙巳（二十八日）卒，追封淑妃，諡「恭恪莊僖」。〔註141〕

可見紀氏原本就有病，修纂大臣在〈質實〉中更進一步說明其意見曰：「明史后妃列傳：妃居永壽宮，萬貴妃日夜怨泣曰：『群小紿我。』其年六月妃暴薨，或曰貴妃致之死，或曰自縊也。張敏亦吞金死。事與商輅傳所載互殊，蓋傳聞之異。」〔註142〕此一觀點顯然有受到清高宗的影響。〔註143〕

〔註138〕不詳，《續古列女傳》，收於《景印文淵閣四庫全書》448（台北：台灣商務印書館，1983～1986），〈趙飛燕姊妹〉，頁12b～14a。

〔註139〕喬治忠在討論清高宗的史學思想時，亦指出清高宗具有精思善疑、考據求實的治史精神。見氏著，《清朝官方史學研究》，頁286～289。

〔註140〕張廷玉，《御定資治通鑑綱目三編》，「提要」，頁2b；「凡例」，頁2b。

〔註141〕同前書，卷14，成化十一年六月，頁18a～18b。

〔註142〕同上，頁18b。

〔註143〕研究指出，在修史過程中，清高宗一直以個人的觀點加諸史臣身上，並且經

　　在私人著作方面，《明史·后妃傳》對明代后妃事蹟的寫作，亦有相當的影響，如乾隆二十六年（1761）成書的《五禮通考》，在「后妃廟」中所傳述的〈孝穆紀太后傳〉，〔註144〕即以《明史》爲藍本。又元和人顧宗泰（乾隆四十年〔1755〕進士）將有明一代主要后妃事蹟，撰爲《勝國宮闈詩》四十五首，亦爲一例。〔註145〕與萬貴妃有關者，共有四首，分別以吳廢后、孝貞王皇后、孝穆紀太后及萬貴妃爲書寫對象。〔註146〕

　　綜上所論，《明史》的修纂，耗時幾十年，誠如李晉華所言：「蓋史稿構成，本于實錄，參之稗官野史，而要以實錄爲依歸，可知實錄爲纂修官所據以構成史稿之主要材料，再由纂修官之稿變爲萬稿（有一部份先變爲湯稿等稿），再變爲四百一十六卷本之稿，再變爲王鴻緒稿，再變爲張廷玉等稿。……」〔註147〕由茲可見，纂修官稿、萬斯同稿、王鴻緒稿，以及最後的張廷玉稿是最爲重要的幾部明史，各稿對萬貴妃事蹟的描寫，除了湯斌稿的影響比較有限外，後者多因襲前者，稍加修改成編，而且各稿皆可見何喬遠《名山藏》之影響，萬貴妃的歷史書寫與形象自此趨於劃一。至於各稿對萬貴妃的歷史評價則呈現分歧不一的現象，萬斯同與查繼佐的觀點相同，視萬貴妃爲明代的「女禍」，毛奇齡雖不明言，但從其對萬貴妃的行事作風極端的厭惡與不滿，亦不難看出其有此方面之傾向。然而，在張廷玉稿中，卻有另一種聲音，認爲萬貴妃並非眞犯有陰鷙之謀、干政奪嫡等罪行，她之所以會引來這些罪名的控訴，和她受到皇帝過分寵愛有關。不過，後來奉命刊正《明史》的大臣，只同意萬貴妃並未有干

　　　　常加以檢查、裁定，以確保他的觀點能夠貫徹在各種編修史著當中，所以這些官方編修的史著均帶有「欽定」的色彩。參見許崇德，〈「御用史學」理論對《四庫全書》史部「敕撰本」編纂的影響〉，《故宮學術季刊》16：1（1998秋季），頁21。
〔註144〕秦蕙田，《五禮通考》，收於《景印文淵閣四庫全書》137（台北：台灣商務印書館，1983～1986），卷104，〈吉禮一百四〉，「后妃廟」，頁17a～18b。
〔註145〕顧宗泰，《勝國宮闈詩》，收於《明宮詞》（北京：北京古籍出版社，1987），頁113。
〔註146〕茲徵引如下：
　　　　「貞兒何事杖丹除，詔悔從前選冊初。服膳他年得如禮，祇因保抱護皇儲。
　　　　崔釵十二選宮廷，終御長秋雲母軿。謠詠縱工多見嫉，一生恬澹表芳型。
　　　　難稽譜系本蠻鄉，麟毓潛居安樂堂。太息黃袍無遠慮，膝前兒至母旋亡。
　　　　國本輕搖心破寒，夤緣宵小釁多端。燻天煽及黃扉老，顧託同宗有萬安。」
　　　　參見顧宗泰，《勝國宮闈詩》，頁118～119。
〔註147〕李晉華，〈明史纂修考〉，頁135。

政之事實與野心，但她屢傷皇嗣的行為，確是陰狠至極，仍難辭其咎。

令人玩味的是，史書中關於萬貴妃恃寵干政之記載，究竟是出於歷史事實的陳述？還是出於傳統中國「女禍」史觀的慣性思維推論？既然萬貴妃是憲宗終其一生最寵愛的妃子，亦即最接近權力重心的女性，憲宗當然會唯其言是聽，所以萬貴妃在憲宗的人事任命上，具有相當程度的影響力。理應朝中有所企求的官員、內侍，莫不想方設法，攀附其下，鑽營私利，甚至獲得政治庇護。修史者是否持有類此之偏見？確實值得懷疑。

第四節　清中葉以降私修明史的評論

私家明史學自康熙朝後期日趨衰弱，主要原因是士人民族意識的削弱。民族意識從清初的熾烈到乾隆時期的淡薄，大抵是由兩方面因素促成的，其一，具有強烈民族意識思想的人相繼謝世，帶走了最強烈的民族意識和最深刻的歷史反省精神，勢必會對明史熱產生一定的降溫作用。其二，不與清廷合作的人態度在逐漸改變。隨著社會局勢的日趨穩定，經濟的恢復和發展，以及殘明勢力的消亡，士人面對客觀現實，已不得不承認清廷在中原的統治地位。在此情況下，繼續從事那種旨在寄寓民族情感，甚至試圖為代清而興者設法的明史研究，顯然已失去了內在動力。

其次，官方文化專制政策的迫害和震懾，也是私家明史學中衰的一項原因。康熙五十年（1711）發生的戴名世《南山集》案，是清廷嚴屬控制私家明史學的開始。戴名世致禍之由，據清人蕭奭稱是：「妄為正統之論」，也就是賦予南明政權正統的地位。〔註148〕這無疑牽動了清廷最敏感的政治問題，受此案牽連者達三百餘人，使史學界受到極大震懾，明史研究頓失生氣。此案之後，雍正、乾隆兩朝長期保持了對明史研究的壓力。雍正年間的呂留良案，罪名之一就是「呂留良輩又借明代為言，肆其分別華夷之邪說，冀遂其叛逆之志」。〔註149〕至乾隆二十二年（1575），彭家屏竟因私藏明季野史被賜自盡，不啻向世人公開宣布私藏明史著作即是死罪。〔註150〕乾隆三十九年（1774）

〔註148〕蕭奭，《永憲錄》（北京：中華書局，1997.12），卷1，頁69。
〔註149〕雍正帝，《大義覺迷錄》，收於《近代中國史料叢刊》351（台北縣：文海出版社，1969），卷1，頁7b。
〔註150〕《大清高宗純皇帝實錄》（台北：華聯出版社，1964），卷542，頁28a～29a，乾隆二十二年七月癸卯條。

又乘編纂《四庫全書》之機，明確諭令：「明季末，造野史者甚多，其間毀譽任意，傳聞異詞，必有詆觸本朝之語，正當及此一番查辦，進行銷燬，杜遏邪言，以正人心而厚風俗。」〔註151〕在此諭令下，明史史料遭到空前浩劫。〔註152〕清廷如此厲懸明史之禁，私家著史不僅有觸諱的危險，而且史料來源也受到極大限制，這樣明史研究勢必走向衰落。

在極力阻遏私修明史的同時，官方還企圖壟斷明史纂修。從康熙五十二年（1713）「《南山集》獄」結案，至嘉慶二十年（1815）官方最後一部較大規模的明史著作《明鑑》完成，官方進行了一系列明史撰修活動，對私家明史學至少帶來了兩方面的影響：第一，官修明史，目的是對明史統一定論。如此一來，在文字獄盛行的情況下，私家怎敢再撰與官方異辭的明史著作。第二，官修《明史》有萬斯同等明史專家的參修，有黃宗羲等著名學者參預制定體例和審定草稿，又經數十年的推敲磨煉，其質量確屬上乘。許多人在其成書過程中就抱有很大期望，在其成書之後，又有不少人肯定了它的價值，承認了其官修正史的地位。〔註153〕在此情況下，極有可能削弱一些人另撰紀傳體《明史》的熱情。況且在資料被封鎖的情況下，要撰出內容更豐富的明史著作，確實是很難辦到的。〔註154〕

然而，自嘉慶朝後期，至清朝覆亡，私家明史學逐漸恢復並重新振興，形成了清代第二次研治明史的高潮，這是當時社會局勢和學術思潮所使然。

嘉道時期，清朝所謂「康乾盛世」已餘輝消盡，代之而來的是內憂外患頻仍。面對嚴峻的社會現實，士人再也不安於埋首在故紙堆中，從事「餖飣」之學。魏源等人批判了脫離現實的學風士風，重新揭起經世致用的大旗。他們力圖將學術拉回到現實中來，針對國弱民窮，尋求救國救民之道。這種經世觀念和憂患意識，使史學的作用被重新認識，如姚瑩（1785～1852）曰：「史者，著一代興亡之跡，為法戒於天下萬世。」〔註155〕龔自珍（1792～1841）

〔註151〕《大清高宗純皇帝實錄》，卷964，頁10b，乾隆三十九年八月丙戌條。

〔註152〕關於清代禁書之總目，參見孫殿起輯，《清代禁書知見錄》，收於《書目類編》15，台北：成文出版社，據民國四十六年排印本影印，1978。

〔註153〕參見趙翼，《廿二史箚記》（台北：台灣商務印書館，1966），卷31，「明史」，頁659～661；錢大昕，《十駕齋養新錄》（台北：台灣商務印書館，1978.5），卷9，「明史」，頁218～219。

〔註154〕有關清中期私家明史學歸於沈寂之討論，參見姜勝利，〈清代私家明史學的興衰及其背景〉，頁132～134。

〔註155〕姚瑩，《東溟文集》（台北：國家圖書館善本書庫藏，清道光十三年江陰刊本），

則稱：「周之世官大者史，史之外無有語言焉，史之外無有文字焉，史之外無人倫品目焉。史存而周存，史亡而周亡。」〔註156〕於是史學研究在經世思想指導下重新振興起來，研究當代史以謀振興，研究邊疆史以謀籌邊，研究外國史以謀禦侮，各種歷史研究無不以有裨現實爲指歸。明史學也成了經世史學的一個組成部分，如魏源（1794～1857）作〈明代食兵二政錄敘〉自揭其旨曰：

> 以三代之盛而殷因于夏禮，周因于殷禮，是以《論語》監二代，荀卿法後王，而王者必敬前代二王之後。豈非以法制因革損益，固前事之師哉。我朝之勝國曰明代，凡中外官制、律例、賦額、兵額，大都因明制而損益之，故其流極、變遷、得失、切劘之故，亦莫近于明。〔註157〕

可見明史研究與其他史學研究一樣，也是爲了適應社會現實和政治形勢的需要。

此外，專制文化政策的鬆動，也是一個不可忽視的條件。如乾隆朝列入禁書目錄的明史著作，此時可以公開印行，使得私家著史有了豐富的參考資料，無疑會使史著的水準較此前有所提高。再如文字之禁的解除，南明史不再被視爲禁區，因而興起了南明史的研究熱，一些學者也開始在自己的史著中考證官修《明史》的紕繆，這些都曾是文網森嚴時代所忌諱的。〔註158〕

由於官修《明史》的體例已得到時人的認可，而編年體卻無比較理想的明史著作行世，因此私家爲了彌補這一缺憾，陳鶴（1757～1811）撰《明紀》、〔註159〕夏燮（1800～1875）撰《明通鑑》，都採用了編年體。二書對於萬貴妃事蹟的敘述多本《明史》，間亦採摭野史之記載。值得注意的是，清後期的史家對以往有關明史的記敘和評論，並不輕信和盲從，習於對史事進行重新考證和評論。所以夏燮對前人記載互異，或有所選擇者，仿司馬光《通鑑考異》撰成〈考異〉，並依胡三省注《通鑑》例分注正文之下，補遺糾繆，啓迪後學。

卷2，〈謝王二史輯遺序〉，頁8b。

〔註156〕龔自珍，《龔自珍全集》（台北：河洛圖書出版社，1975.9），第1輯，〈古史鉤沈論二〉，頁21。

〔註157〕魏源，《古微堂外集》，收於《近代中國史料叢刊》424（台北縣：文海出版社，據清光緒四年淮南書局刊本影印，1964），卷3，〈明代食兵二政錄敘〉，頁2b～3a。

〔註158〕有關清後期私家明史學重振之討論，參見姜勝利，〈清代私家明史學的興衰及其背景〉，頁137～138。

〔註159〕陳鶴，《明紀》，台北：台灣中華書局，據江蘇書局刻本校刊，1966。

因此，《明通鑑》的記述比顯行於清季的《明紀》詳細許多，並逐漸取代之，爲時人所重。夏燮對紀氏之死的評論，直接轉引《三編》的看法作爲自己的意見，〔註160〕即不認爲必然與萬貴妃有關，此外，其對萬貴妃之死，則有以下的考證：

> 據明史后妃傳，妃以暴疾薨，而憲章錄則云：是日慶成宴罷，上還宮，忽報妃卒。凡云暴卒者，皆不良于死。傳中加一疾字，是貴妃之薨亦一疑。所謂多行不義必自斃，其爲謀易東宮，憤事不成，它日恐受魚肉之禍，因自經耳。今據正史。〔註161〕

由此可知，夏燮認爲萬氏死因並不單純。

龍文彬（1821～1894）嘗撰《明會要》八十卷，其對孝宗出生後之情形，雖引用《明史·孝穆紀太后傳》的記載，但在正文之後，還附有清高宗在《御批》中對此項傳聞懷疑的看法，〔註162〕作爲辨正，顯見其對正史之說法，亦不全然相信。

在史詩方面，樂亭人史夢蘭（道光二十年〔1840〕舉人）嘗撰有《全史宮詞（明及明補遺）》一百九十二首，除了依據《勝朝肜史拾遺記》、《明史》等書，寫下與萬貴妃、孝穆紀太后有關的宮詞，如：「袴褶前驅導御鑾，貴妃騎馬萬人看。……安樂堂中淚暗呑，蠻花零落閉長門。兒來膝上忘兒母，歎息黃袍尙寡恩。」〔註163〕更記下了以前所未見的典故：

> 夜來欽錄候彤闈，何日前星耀紫微。
>
> 手把啄金杯自況，赤鸚青雀各雙飛。〔註164〕

這闋詞題下小注引《兩浙輶軒錄詩註》：「茂陵有鸚鵡啄金杯，上刻赤鸚、青雀各二，櫻桃十六顆。是時，前星未輝，義取四妃十六子也。侯朝宗壯悔堂集有鸚鵡啄金盃歌。」〔註165〕考《壯悔堂集》，這首「鸚鵡啄金盃歌」全文如下：

〔註160〕夏燮，《明通鑑》（上海：上海古籍出版社，據湖北官書處重校本影印，1990.10），卷33，〈紀三十三憲宗純皇帝〉，總頁251，成化十一年六月乙巳條。

〔註161〕同前書，卷35，〈紀三十五　憲宗純皇帝〉，總頁269，成化二十三年正月庚戌條。

〔註162〕龍文彬，《明會要》（北京：中華書局，1998.11），卷2，〈帝系二·妃嬪〉，頁22～23。

〔註163〕史夢蘭，《全史宮詞（明及明補遺）》，收於《明宮詞》（北京：北京古籍出版社，1987），頁164。

〔註164〕同前註。

〔註165〕同前註。

鸚鵡啄金盃有二，其下皆注成化字。兩赤鸚鵡棲碧梧，兩小青雀交
睛視神情絲理，無一不具。天子好尚動鬼神，土泥變化爲金翠豈尋常
鋪寫。更有櫻桃雙八顆，細如粟粒迎風墜，是名四妃十六子，又爲
太平雙喜事酬適、脫盡拘束。當年憲皇關前星，貴妃持之獻祥瑞，大
明遺事有如斯，不同人間金玉器。此杯今藏吳氏家，傳聞神物頗爲
累，孝廉死後歸他人，陳生感舊一下淚，命酒飲我請爲歌，浩歌未
終發常喟。勸君莫飲鸚鵡杯一轉，言外具世變。非人非時亦非地，灞
陵遺老嘗吞聲，忍讀開元西狩記。〔註166〕

原來鸚鵡啄金盃是萬貴妃特地請人打造來獻給憲宗，以討他歡心，可見憲宗
本人對於遲遲未有皇子出生一事，內心確實充滿了無比的焦慮。值得注意的
是，這件軼事並不見於前此文獻資料，因此彌足珍貴。不過，這項傳聞直到
嘉慶年間《兩浙輶軒錄詩註》，才再度傳述，有可能和《壯悔堂集》在乾隆年
間被列爲禁書有關，〔註167〕故無法披露於世。

第五節　小　結

　　以上通過對明中葉以來官私史書所傳述萬貴妃事蹟的探討，我們看到了大
多數的編年體、紀傳體史書，多已把成化朝以後明人筆記所見萬貴妃之軼聞，
融入成爲史事的一部份。由於《憲宗實錄》和《孝宗實錄》不明言憲宗與萬貴
妃是否知道孝宗之出生，因此後世文獻關於孝宗出生後的情況，有諸多版本：
一爲憲宗知情而萬貴妃不知情，以尹直的《謇齋瑣綴錄》和黃瑜的《雙槐歲鈔》
爲代表；一爲憲宗和萬貴妃都不知情，以于愼行的《穀山筆麈》爲代表；另外
還有萬貴妃知情而隱瞞的說法，目前僅見於萬曆時人楊繼禮所撰《皇明后紀妃
嬪傳》一書，然而，其說法卻不爲後人所傳抄，詳細原因在史料闕略的情況下，
無從得知。職此之故，官私史家對於萬貴妃事蹟的書寫，也呈現了四種不同的
版本。值得玩味的是，孝宗之出生及其成長過程，幾乎是每一位史家在書寫萬
貴妃時的敘事重心。由於廣衍後嗣，傳宗接代，是維繫世襲王朝的根本。所以
子嗣問題，不僅在位的君主萬分重視，文武大臣出於對王朝命運和自身利益的

〔註166〕侯朝宗，《壯悔堂詩集》，收於《壯悔堂集》（台北：台灣商務印書館，1968.12），
　　　　卷六，「鸚鵡啄金盃歌」，頁394～395。
〔註167〕孫殿起輯，《清代禁書知見錄》，總頁6231。

考慮，也無不關切。此外，絕嗣人家常被視爲人倫大罪，更何況因妒造成香火不繼，純粹是人爲過錯，不能委諸天命，尤其無法原諒。是故，此一書寫特色或許是傳統中國士大夫基於對「國本」問題的重視所使然，希望藉由史書所具有的「鑑往知來」、「垂訓鑑戒」之功用，提醒統治者隨時注意寵妃可能招致的禍患，以免「重蹈覆轍」。清人蔣驥（生卒年未詳）曾將萬貴妃類比爲春秋時代的驪姬，可謂將此一思想發揮的淋漓盡致：

> 申生之死，豈眞有畏於驪姬哉！恐傷父之志也。明憲宗以萬貴妃之死，哀痛賓天，萬乘之命，懸於婦人，由來久矣。吁！申生之志，可悲也。〔註168〕

　　大體而言，在于愼行《穀山筆塵》一書出版以前，各類史書對孝宗出生之問題，多本《謇齋瑣綴錄》、《雙槐歲鈔》二書之說法，至於于氏說法最早被採納於史書中，可能是何喬遠的《名山藏》。何喬遠以生動活潑的筆法，描述萬貴妃戕害其餘妃妾子嗣的妒行，使萬貴妃在《憲宗實錄》中，儼然已成形的「惡妃」形象，不僅獲得進一步的深描，而且更加令人感到深惡痛絕。雖然，在明末，于愼行的說法尚未成爲主流論述，萬貴妃的歷史形象仍處於分歧之狀態。不過，到了《明史》刊成以後，清代官私史家對萬貴妃故事的書寫，正式趨於劃一，《明史・后妃傳》對萬貴妃事蹟的敘述，成爲後世撰寫萬貴妃故事的藍本。又觀其敘述邏輯，與《名山藏》所記大體相同，因襲痕跡甚明，而尹直的說法終不爲清官方所採納，可能和其品行不端有關，以致纂修大臣在採擇史料時，有所取捨。值得注意的是，清高宗在《御批歷代通鑑輯覽》中，曾對憲宗朝的宮闈傳聞提出一些質疑，充分表現了他精思善疑的讀史態度。他認爲萬貴妃謀害皇子的傳聞，可能是無稽之談，揣測後人因爲厭惡萬安假借同姓之名義，攀附在萬貴妃羽翼之下，敗壞朝綱，遂假造這些傳聞，故意將萬安的所有罪過歸於萬貴妃。耐人尋味的是，清高宗的這番議論，對後世的影響，似乎極其有限，並未動搖《明史》在萬貴妃史實上的權威地位，有可能是流傳於世不普遍所致。此外，綜觀明清各史家之史論可知，影響萬貴妃歷史評價極深之三件事，分別爲萬貴妃是否有屢傷皇嗣的行爲？是否有干政之事實？是否害死了孝宗生母紀氏？其看法莫衷一是，顯然無法有個定論。

〔註168〕蔣驥，《楚辭餘論》，收於《景印文淵閣四庫全書》1062（台北：台灣商務印書館，1983～1986），卷上，頁 52b。

第四章　形象傳奇化：現代通俗作品對
萬貴妃故事的渲染

　　萬貴妃故事在民初以來的通俗作品中，不斷被複述。作者利用史書記載疏略的地方儘量編造故事，藉以增加萬貴妃故事的豐富性與趣味性，進而使讀者從各種生動活潑的情節中得到歷史知識。在寫作技巧上，這類作品多側重使人物對話更生動，將萬貴妃性格鮮明化。因此，隨著時代的演變，萬貴妃故事的虛構成份逐漸增加，其人其事亦因而有傳奇化的傾向。本章即透過對這類通俗作品的分析，藉以了解歷史知識如何被大眾化與普及化。由於時代氛圍的不同，萬貴妃通俗故事的書寫活動約可分成二個段落：一為民初時期；一為 1949 年以後，以下將據此分述之。

第一節　民初歷史小說〔註1〕中的萬貴妃

　　從古典小說的發展史來看，《三國演義》、《水滸傳》是中國早期的歷史小說，也是成就最高的作品。然而，因為這類作品內容比較固定，致使後來發展演變的軌跡不是很明顯。直到近代，由於時局的變幻，和社會上普遍存在的憂患意識，使得歷史小說的創作和社會現實聯繫更為緊密，因而增加了新的風格。據學者研究，近代初期和中期湧現了許多描述時事的歷史小說，這

〔註1〕所謂「歷史小說」，是以一朝一代的歷史事實為基礎，汲取部份稗官傳說，加上作者的藝術創造，描述史上大事和朝代興亡的小說。是故本節所指稱的歷史小說，是廣義的，即指所有以歷史人物或歷史事件為素材的小說，而不單單指歷史演義小說。

一時期由於西方列強的侵略，人們迫切需要解讀社會，了解當時重大的事件，描寫時事的歷史小說滿足了這種心理期待。小說家便採用歷史演義小說的體例，描寫時事，如：《新華春夢記》寫袁世凱從謀圖復辟帝制，到最後敗亡的歷史；《台戰演義》寫馬關條約簽定後，日本進駐台灣時台灣軍民自發的抗戰；《林文忠公中西戰記》以林則徐禁煙為主線，描述第一次鴉片戰爭的過程；《中東大戰演義》寫甲午戰爭的經過和中國戰敗的原因。到了維新時期，則出現了諷諭現實的歷史小說，這類小說和政治小說〔註2〕、譴責小說〔註3〕比較接近，其重點不在於描述歷史事件，而在於影射現實。小說家或者以歷史影射現實社會的黑暗，如吳趼人的《痛史》，以宋代亡國的教訓激發人們的愛國心和救亡圖存的責任感；或借歷史之名，虛構故事表現理想或是政治主張，如陸士諤的《新三國》寫諸葛亮銳意改革，終於打敗曹魏；《新水滸》寫梁山好漢打著維新的旗號斂財。是故，小說形式上雖寫歷史，而內容上反與真正的歷史事件無涉。辛亥革命前後，產生了傳統的歷史演義小說和純娛樂性的歷史小說。前者即指比較客觀地描述朝代興亡，以豐富人們歷史知識的作品，代表作為蔡東藩的《歷朝通俗演義》。作品比較忠於史實，「以正史為經，務求確鑿；以軼聞為緯，不尚虛誣」。〔註4〕因此，這類小說雖然沒有《三國演義》那樣精湛的見解，卻可以作為通俗的歷史教科書來讀。純娛樂性的歷史

〔註2〕政治小說大都出於政治家之手，「專在借小說家言，以發起國民政治思想，激勵其愛國精神」（陳平原、夏曉虹，《二十世紀中國小說理論資料》【北京：北京大學出版社，1989】，頁41），故其創作不是從生活出發，而是根據政治鬥爭的需要，長篇大論地向人們講述改良或是革命的大道理。如：梁起超的《新中國未來記》、陳天華的《獅子吼》等等。參見武潤婷，《中國近代小說演變史》（濟南：山東人民出版社，2000.11），頁314。

〔註3〕譴責小說是魯迅所命名的：「戊戌政變既不成，越二年即庚子歲而有義和團之變，群乃知政府不足與圖治，頓有掊擊之意矣。其在小說，則揭發伏藏，顯其弊惡，而於時政，嚴加糾彈，或更擴充，並及風俗。雖命意在於匡世，似與諷刺小說同倫，而辭氣浮露，筆無藏鋒，甚且過甚其詞，以合時人嗜好，則其度量技術之相去亦遠矣，故別謂之譴責小說。」（魯迅，《中國小說史略》【北京：人民文學出版社，1976】，頁310）由此可知，魯迅認為無論是從內容上看，還是從創作旨意上看，譴責小說和諷刺小說都有相同之處；不同之處在於它們的藝術風格和藝術品味。據武潤婷之研究，《蜃樓志》和《鏡花緣》兩部作品，是開近代譴責小說的先河。見氏著，《中國近代小說演變史》，頁318。

〔註4〕蔡東帆，《中國歷代演義全集──隋唐朝之一》13（台北：地球出版社，1987），「自序」，頁5。

小說為了迎合讀者的閱讀趣味，主要寫歷史上的趣事、軼聞，如許嘯天的《清宮十三朝演義》主要寫宮闈秘事；許指嚴的《十葉趣聞》，專寫清王朝的掌故。這兩類小說可歸於廣義的「鴛鴦蝴蝶派」小說〔註5〕。由於當時民族危亡的局勢相對緩解，小說創作目的大抵是為了滿足市井小民的文化娛樂需求。〔註6〕

　　就筆者閱讀所及，關於萬貴妃通俗故事的書寫，直至民初時期才能找到，以傳統的歷史演義小說和娛樂性的歷史小說居多，其中又以蔡東藩的《明史通俗演義》及許嘯天的《明宮十六朝演義》最具代表性，以下即就這兩部作品進行分析解讀。

一、《明史通俗演義》對萬貴妃故事之著墨

　　蔡東藩（1877～1945），名郕，號東藩，或作東帆、東颿（同「帆」），後以東藩行，浙江蕭山臨浦鎮人。清末以優貢生朝考中選，分發福建省以知縣候補，〔註7〕到省不久，因看不慣官場習氣，逾月即稱病返鄉，後從事演義小說的創作。蔡氏所著的第一部演義小說是《清史通俗演義》，1916年由上海會文堂新記書局（簡稱「會文堂書局」）出版，銷路頗好。他由此受到鼓勵，此後十年中又出版了十部演義小說，計有：《元史通俗演義》、《明史通俗演義》、《民國通俗演義》、《宋史通俗演義》、《唐史通俗演義》、《五代史通俗演義》、《南北史通俗演義》、《兩晉通俗演義》、《前漢通俗演義》、《後漢通俗演義》。此外，於1918年還創作了《西太后演義》。到了1935年，會文堂書局將《西太后演義》之外的作品彙集出版，總稱《歷朝通俗演義》（後改名《中國歷代演義》），顯示其作品在當時必然具有一定的讀者群，否則會文堂書局必不會支持再版。

〔註5〕「鴛鴦蝴蝶派」小說的創作傾向為「不談政治，不涉毀譽」，強調作品的趣味性、娛樂性、消遣性。內容上多寫「相悅相戀，分拆不開，柳陰花下，像一對蝴蝶，一雙鴛鴦一樣」的情侶（魏紹昌，《鴛鴦蝴蝶派研究資料》上卷【上海：上海文藝出版社，1984】，頁183。）；寫撲朔迷離的偵探故事，寫揭秘獵奇的社會新聞，也寫市井百姓生活中的苦樂與酸辛。形式上力求花樣翻新，甚而趨奉時尚，以適應群眾的欣賞口味。參見武潤婷，《中國近代小說演變史》，頁200～201。

〔註6〕有關近代歷史小說的分類及其出現時間之討論，參見武潤婷，《中國近代小說演變史》，頁435～437。

〔註7〕此據蔡東藩孫蔡福源之記載，見氏著，〈歷朝通俗演義作者蔡東藩〉，收於《杭州文史資料》3（出版年不詳），頁4。中國國際廣播出版社《中國近現代人名大辭典》（頁715）、四川文藝出版社《中國文學家辭典》現代第4分冊（頁588）、遠流出版社資料組〈蔡東藩與「中國歷史演義全集」〉（頁1）、武潤婷《中國近代小說演變史》（頁472）皆作「至江西省以知縣候補」。

而蔡東藩本人也因爲歷史演義小說的創作，成爲近代著名的小說家。〔註8〕

　　由於蔡氏本身也是史學湛深的學者，極注重歷史的眞實性，反對杜撰，在史料的選擇和運用上必經過一番審愼考核，故《明史通俗演義》百回的敘述內容，多是根據《明史》的記載加以發揮。書中的萬貴妃故事，見於四十回「萬貞兒怙寵傾正后，紀淑妃誕子匿深宮」。〔註9〕或許是基於史書對萬貴妃如何得寵及憲宗爲何廢后之記載十分簡略，蔡東藩除了參考軼聞的記載外，並充分運用了想像力，對部份情節作一些合乎常情的虛構，使之成爲一完整之故事，說萬貞兒四歲沒入掖庭，充小供役，長大以後，「秀慧如趙合德，肥美似楊太眞」，孫太后愛她伶俐，召入仁壽宮，令司衣飾。憲宗幼時，曾去朝見孫太后，貞兒從旁扶掖，與憲宗相親近，彼此無猜。到了天順六年（1462），孫太后崩，憲宗便召萬貞兒入事東宮。萬貞兒從前常因無緣入侍英宗，深感歉惜，現在獲此機會，便極盡所能設法勾搭儲君。不料，憲宗即位以後，迫於母命，冊吳氏爲后。萬貞兒雖被冊爲貴妃，心中卻很不自在，每次謁見吳后，總是一副似嗔似怒的樣子，惹得吳后懊惱，一日，吳后終於忍受不住，取杖擊之。憲宗得知此事，揮袖奮拳，欲往正宮爭鬧。萬貴妃立刻使出「欲擒反縱」之伎倆，牽住憲宗衣裙，回到房中，佯爲勸慰。其對話如下：

> （憲宗）大怒道：「好一個潑辣貨，我若不把他懲治，連皇帝都不做了。」
>
> 萬貴妃鳴咽道：「陛下且請息怒！妾年已長，不及皇后青年，還請陛下命妾出宮，休被皇后礙目。那時皇后自然氣平，妾亦免得受杖了。」明是反激。
>
> 憲宗道：「你不要如此說法，我明日就把她廢去。」
>
> 萬貴妃冷笑道：「冊立皇后，是兩宮太后的旨意，陛下廢后，不怕兩太后動惱麼？」再激一句。
>
> 憲宗道：「我自有計。」

〔註8〕北京語言學院中國文學家辭典編委會編，《中國文學家辭典》現代第4分冊（成都：四川文藝出版社，1985.8），頁 588～589；李盛平主編，《中國近現代人名大辭典》（北京：中國國際廣播出版社，1989.4），頁 715；遠流出版社資料組，〈蔡東藩與「中國歷史演義全集」〉，收於《中國歷史演義全集索引》31（台北：遠流出版社，1990.7），頁 1～3；鄭仁佳，〈民國人物小傳──蔡東藩〉，《傳記文學》67：4（1995.10），頁 142～143；武潤婷，《中國近代小說演變史》（濟南：山東人民出版社，2000.11），頁 472～473。

〔註9〕蔡東藩，《中國歷代演義全集──明朝之一》19，頁 293～300。

　　　　　貴妃方才無言。計已成了。〔註10〕

次日，憲宗入稟太后廢吳后事，周太后堅不答允，憲宗遂以退位相要挾，最後只好同意。當時禮部已受萬貴妃囑託，對廢后事並未加以諫阻。吳后退居西宮後，萬貴妃仍覬覦后位，曾慫恿憲宗，至太后前陳請。但太后嫌她年長，始終不允，反促立王氏爲后，憲宗無奈，不得不從之。蔡東藩所增加的這些情節，使萬貴妃的個性更加鮮明，從小就生活於後宮內院，供內廷使喚的萬貞兒，百般爭取接近皇帝的機會，進而得到皇帝的寵愛，終於晉升爲妃嬪之列，甚至爲了獲取情愛的保證，更是積極爭取皇后之位。所以萬貴妃成爲工於心計、善耍手段的女人，可以說是環境所使然。

　　最後，蔡東藩對萬貴妃殘害憲宗子嗣、酖殺紀妃等惡行，以詩詠道：「禍成燕啄帝孫殘，雛子分離母骨寒；瓜熟不堪經再摘，存兒幸有一中官。」〔註11〕

　　綜觀蔡東藩所書寫的萬貴妃故事，雖然沒有高超的描寫技巧，但大體上仍忠於史實。也就是說，他以淺顯風趣的筆調，描述歷史上的萬貴妃，把史書記載通俗化。因此，他的作品，雖不能算是精緻的文學藝術；卻可代替枯燥無味、艱澀難懂的正史，將歷史知識大眾化。

　　又蔡東藩個人對萬貴妃的觀感爲何？可從四十回末所附一段總評得知，茲引述如下：

　　　　　以三十餘歲之萬貴妃，乃寵冠后宮，權傾內外，竊不知其何術而得此。意者其有夏姬之術歟？觀其陰賊險狠，媢嫉貪私，則又與呂雉、武曌相似。天生尤物，擾亂明宮，雖曰氣數使然，亦憲宗不明之所致耳。柏賢妃生子祐極，中毒暴亡，紀淑妃生子祐樘，至六齡而始表露，宮掖之中，幾同荊棘，不罹呂、武之禍，猶爲憲宗幸事。然於人彘醉韼，已相去無幾矣。本回主腦，純爲萬貴妃著筆，而宮廷大小諸事，隨手插入，尤得天衣無縫之妙。閱其鉤心鬥角之處，便和（知）非率爾操觚者所得比也。〔註12〕

此段評論的重點有三：第一，歷代後宮，人老珠黃向來是后妃失寵的重要原因，青春年少則是她們奪寵的有利條件。萬貴妃以三十幾歲之齡，寵冠後宮，權傾內外，蔡東藩感到無法理解，故以奇事視之。第二，萬貴妃陰賊險狠、

〔註10〕蔡東藩，《中國歷代演義全集——明朝之一》19，頁294。
〔註11〕同前書，頁299。
〔註12〕同前書，頁300。

媚嫉貪私的個性，蔡東藩認爲可以與漢高祖呂后、唐高宗武后相比擬，雖然沒有釀成呂、武之禍，卻也有擾亂明朝宮廷之事實。第三，病詬萬貴妃所以禍國，雖然是氣數使然，但憲宗本人的昏昧也是很大因素。

蔡東藩視萬貴妃爲「女禍」，尙可從其對汪直的評論見之，他說：

> 汪直以大藤餘孽，幼入禁中，不思金日磾寶瑟之忠，妄有安祿山赤心之詐，刺事西廠，傾害正人，酷好弄兵，輕開邊釁，吏民之受其荼毒，不可勝計，要之皆萬貴妃一人之所釀成也。〔註13〕

蔡東藩在四十二回「樹威權汪直竊兵權，善譎諫阿丑悟君心」中，記述汪直善伺貴妃喜怒，竭力趨承，貴妃遂一意抬舉，密白憲宗前，因而得到憲宗寵信，〔註14〕故直指汪直爲第二個安祿山。據《新唐書·安祿山傳》云：

> 時楊貴妃有寵，祿山請爲妃養兒，帝許之。其拜，必先妃後帝，帝怪之，答曰：「蕃人先母後父。」帝大悅，命與楊銛及三夫人約爲兄弟。〔註15〕

可知安祿山曾主動請求爲楊貴妃兒，此當與其意圖藉此寅緣附勢的政治因素有關，另外，亦反映了安祿山善於獻媚取寵的個性，所以很得唐玄宗喜愛。職此之故，蔡東藩對汪直作「妄有安祿山赤心之詐」的評語，進而將汪直所作諸多不法事，如：刺事西廠、輕開邊釁……，歸罪於萬貴妃，認爲這些禍事都是她一手釀成的。

二、《明宮十六朝演義》對萬貴妃故事之增衍

民初著名小說家許嘯天（1887～1946），名家恩，字澤齋，別號嘯天，浙江上虞人。早年常在章太炎、鄒容所辦的《蘇報》上發表文章，很受章太炎的賞識。後在上海誠明文學院任教，五四運動以後，他提倡白話文和新式標點，用白話文注解了一批古代文學作品。後來，不幸死於車禍。〔註16〕著有《清宮十三朝演義》、《明宮十六朝演義》、《唐宮二十朝演義》、《上海風月》、《滿清奇俠大觀》等。〔註17〕其中《明宮十六朝演義》共一百二十回，於1994

〔註13〕 蔡東藩，《中國歷代演義全集——明朝之一》19，頁316。
〔註14〕 同前書，頁309。
〔註15〕 歐陽修，《新唐書》，卷225上，〈安祿山史思明傳〉，頁6412～6413。
〔註16〕 武潤婷作「1946年死於車禍」，劉法綏則作「1948年12月，許氏不幸在上海外灘死於車禍」。分見武潤婷，《中國近代小說演變史》，頁481；劉法綏，〈談談谷崎及許嘯天〉，《讀書》2000：8，頁150。
〔註17〕 武潤婷，《中國近代小說演變史》，頁481。

年由山西人民出版社再版。《明宮十六朝演義》不像《明史通俗演義》那樣以描寫明代重大政治、軍事事件為主軸，而是根據社會大眾的喜好，鋪陳一些歷史上的瑣事和民間傳說。側重描寫的，是宮闈祕事和帝王后妃們的緋聞。所以，這部書是純粹從趣味出發敷衍歷史的，因而不受史實的制約，只可作為小說讀，而不能看作歷史。這部書中的萬貴妃，除了延續過去史書的「妒婦」形象外，她還被增衍成為「棄婦」和「淫婦」，所改編的情節如下：

　　憲宗登位後，有一天獨自在御園裡遊玩，因而和宮女萬貞兒邂逅，萬氏當時已四十八歲了，但外表看上去卻只有二十來歲年紀。那一夜，憲宗和萬氏飲酒甚歡，便臨幸了她。不久，就冊立她為貴妃。萬貴妃恃著憲宗的寵幸，目無皇后，一日，萬貴妃領著六宮往祀寢陵，待至行禮時，萬貴妃爭先，將吳皇后擠在後面。吳后大憤，回到宮中，便傳萬貴妃到鳳儀殿，把她痛笞了十下。憲宗閱罷政事回宮，萬貴妃趁機向憲宗告狀，憲宗大怒，急匆匆地去見太后，要求廢掉吳后，將萬貴妃冊為中宮。太后同意憲宗廢去吳氏，但以萬氏年齡已經老大為由，拒絕立她為后。最後，憲宗下諭廢吳后，暫命王氏統率六宮，不冊立正后，其用意是要替萬貴妃找機會。

　　萬貴妃生性奇妒，為了鞏固專寵的地位，不許憲宗再臨幸他妃，憲宗偶然和宮女談笑，被萬貴妃瞧見，立即將宮女用亂棒打死。此外，妃子中若有孕者，萬貴妃恐生出太子來，便百般設法，逼迫妃子墮了胎。憲宗對萬貴妃漸漸地因愛生懼。

　　太監汪直為了討憲宗歡心，搜羅了殷氏、趙氏兩名民間美女，進獻入宮去。憲宗大喜，下諭冊立為妃，消息傳至萬貴妃耳裡，本打算重施故技，加害二人，卻被憲宗安排在殷妃、趙妃宮門前守護的侍衛所阻擋。萬貴妃對憲宗的移寵，因為無法釋懷，漸漸地病倒了。過了段時日，憲宗又冊立朝鮮大公主為純妃，更把萬貴妃氣得要死。此時的萬貴妃深宮寂處，孤衾獨抱，不免有長夜如年之嘆。後來，便引誘汪直的乾兒子杜宇淫亂，杜宇十二歲被送進宮中，充一名小監，當時因為有汪直為靠山，並沒有人去留心他是否淨過身。某日，東窗事發，憲宗撞破此二人之奸情，憲宗下令將杜宇殺頭，並令萬貴妃服鴆自盡。誰知太監粗心，誤取了瘋魔大力酒給萬貴妃飲用，致萬氏飲了發狂，大鬧奉天殿，經過一翻折騰，方被壯士韓起鳳給制服，終於氣絕身亡。〔註18〕

〔註18〕關於萬貴妃故事，分見許嘯天，《明宮十六朝演義》（太原：山西人民出版社，1994.11），第四十四、四十六、四十八、五十、五十一回。

由於許嘯天字裡行間充滿著脂粉氣，萬貴妃故事在他筆下被改編的不倫不類，與正史所記大相逕庭，所保留最多的是萬貴妃性格中的驕妒、殘忍特色，如：讒廢吳后、對憲宗子嗣進行謀害……等惡行。所渲染的是，作者故意將憲宗和萬貴妃的年齡差距從十七歲擴大為三十一歲，誇大萬貴妃的年紀，附會萬氏能獲得憲宗的青睞，和萬貴妃看似年輕的外貌有關。然而，憲宗對萬貴妃之寵並非始終如一，常常是見一個愛一個，萬貴妃最後不但失寵，還因淫亂罪行，被憲宗下令服鴆自盡。至於那位讓憲宗悲傷萬分，因而臥病不起的嬪妃，則是作者杜撰出來的純妃。是故，憲宗對萬貴妃的感情，歷經幾次轉折，從初次邂逅之愛戀，轉為懼怕，繼而是憤恨。由此可見，萬貴妃的負面形象在《明宮十六朝演義》被大大加強了。至於許嘯天為何要創作這樣的作品？或許與他對舊史家書寫態度不滿有關。他認為傳統史籍只寫了些縱斷面的帝王世系，連當時的皇帝所寄託的宮廷背景也不肯寫出來，所以他曾於《隋唐帝王外史》〈自序〉中說明其創作本意：「是要把那班帝王社會寄託的宮廷描寫出來，使人恍然於帝王亦猶是人也，無可神聖；且比我們清白小百姓分外的野蠻淫穢。」〔註19〕由此或可推測，《明宮十六朝演義》之寫作，應該也不脫離這個例，意圖揭露古代皇帝私生活的淫亂面。值得注意的是，「淫婦」自古以來即是個惡名，其罪在於有混亂夫族血統之虞，成了危害父系社會根基的最大威脅，所以也被列入「七出」之一。〔註20〕許嘯天對萬貴妃形象作如此「子虛烏有」的增衍，可以想見，其對萬氏必抱有極不好的觀感，從而有如此醜化的描寫。

第二節　1949年以後通俗讀物中萬貴妃故事之擴增

整體而言，1949年以後通俗讀物的興起，與社會的工商化有著密不可分之關係。通俗讀物和其它許多商品一樣，被納入「生產/消費」的模式中；一方面，它基於消費者的需要而被生產；另一方面，也常由於生產者行銷策略的成功，而刺激了群眾的消費慾望。〔註21〕出版商在利益掛帥的考量下，一

〔註19〕許嘯天，《隋唐帝王外史》（台北：九五文化事業有限公司，1980.12），〈自序〉，頁9。

〔註20〕戴德，《大戴禮記》，收於《四部叢刊初編》10 經部，卷13，〈本命第八十〉，頁6a。

〔註21〕劉秀美，〈台灣通俗小說研究（一九四九至一九九九）〉（台北：中國文化大學中國文學研究所博士論文，2001.5），頁22。

切唯大眾是從，盡量去遷就讀者的好惡，讀者喜歡看什麼，就會策劃出版什麼。尤其宮廷禁苑的軼事逸聞，歷來疑點謎團羅列，充滿怪異性和詭譎性，這類題材恰好能充分滿足廣大讀者的好奇心，坊間便一窩蜂出現了不少這類作品。萬貴妃此一宮廷女性歷史人物，也成為其不斷複述、介紹的對象。

　　萬貴妃的通俗版故事，多出現於七〇年代以後，從其創作主題和風格來看，約可分為五類：一為延續民初以來用演義的方式講述中國歷史，如夢起的《大明盛衰》。〔註22〕一為試圖以忠於歷史事實和逼真的細節傳述歷史人物之事蹟或重大歷史事件的小說，如高陽的《正德外記》、〔註23〕《安樂堂》，〔註24〕其作品多具備一般小說的敘事特徵，在不影響歷史大事主線的原則之下，將一些虛構人物置於情節當中，透過文學語言建構出一個完整的歷史故事，間亦摻雜一些歷史考證。一為以書寫明代皇帝生平事蹟為主之著作，如高陽的《明朝的皇帝》、〔註25〕許大齡與王天有主編的《明朝十六帝》、〔註26〕李治亭與林乾主編的《明代皇帝秘史》。〔註27〕這類作品雖以皇帝為主角，但由於萬貴妃是憲宗的妃子，而且她的受寵也影響了孝宗童年的際遇，因此，作家在撰寫憲宗、孝宗二人時，自然不能不述及萬氏。一為以介紹中國古代女子的生活百態為主之著作，如姜玉玲編的《影響中國歷史的一百個女人》、〔註28〕薪傳出版社的《中國美人傳奇》。〔註29〕尤其后妃位居中國古代社會的上層，她們依附於皇帝，享有平民百姓和一般貴夫人所不能得到的榮華和待遇。因此，后妃可以說是中國古代婦女中的特權階層。她們的地位完全掌握在帝王的手裏，只要能得到皇帝寵幸，或者有幸扶持兒子當上皇帝，她們的地位便立刻改變。這些后妃利用她們的特殊地位，為父兄爭權謀利，造成外戚專權，或是耗費億萬民脂民膏來滿足一己的私慾，甚或為了爭風吃醋，用盡各種手段誣陷中傷同性情敵。是故，后

〔註22〕夢起，《大明盛衰》，收於《五千年演義》12，瀋陽：遼寧少年兒童出版社，1989。

〔註23〕高陽，《正德外記》，台北：遠景出版事業公司，1986，初版。

〔註24〕高陽，《安樂堂》，台北：聯合報社，1989.11。

〔註25〕高陽，《明朝的皇帝》，台北：台灣學生書局，1973.6，初版，1994.3，初版三刷。

〔註26〕王天有、許大齡主編，《明朝十六帝》，北京：紫禁城出版社，1991.3。

〔註27〕衣保平、崔誠合著的《明憲宗成化皇帝秘史》及柳海松、徐雁來、林繼紅合著的《明孝宗弘治皇帝秘史》，收於《明代皇帝秘史》2，太原：山西人民出版社，1998。

〔註28〕姜玉玲編，《影響中國歷史的一百個女人》，廣州：廣東人民出版社，1992.11。

〔註29〕張迺忠、王志勇合著的《美人計》及丁以能的《美人怨》，台北：薪傳出版社，1998.1。

妃的際遇和生活，不能完全以一般婦女的種種來理解，她們身處深宮大院中，為了生存，她們在可能的範圍內勾心鬥角，構成了多姿多態的后妃史。有些出版社便將「后妃」這一特殊階層獨立出來，加以介紹，如殷登國的《皇后的故事》、〔註30〕商習之的《歷代后妃軼事》、〔註31〕陳新華編文與鄒莉繪畫的《中國一百后妃圖》、〔註32〕楊林與商傳編譯的《中國歷代后妃傳》、〔註33〕楊友庭的《后妃外戚專政史》、〔註34〕楊東甫與盧斯飛合著的《后妃之禍─狐媚爭寵、粉黛傾國》、〔註35〕李安瑜的《中國歷代皇后全書》、〔註36〕董恩林的《后妃爭寵─道是有情卻無情》、〔註37〕王彩雲的《歷代寵妃野史》。〔註38〕一為以揭露古代宮闈秘辛為主之著作，如樸人的《帝王生活》、〔註39〕向斯與王霜合著的《帝王後宮紀實》、〔註40〕林延清與何孝榮編著的《中國帝王后妃外傳（明代卷）》、〔註41〕趙雲田編寫的《明清宮廷祕史》、〔註42〕紫禁城出版社出版的《明清宮廷趣聞》〔註43〕等。

這些通俗讀物作者寫萬貴妃，多是本諸傳統史書立場，把她作為妒婦、惡妃來刻劃，〔註44〕在筆墨中常流露出強烈的憎惡之情，如殷登國在〈蠻女誕龍子─明孝宗生母紀氏〉一文中說：

萬氏……這樣「老」的女人竟然敢垂涎比她小了十九歲的太子寶貴

〔註30〕 殷登國，《皇后的故事》，台北：世界文物出版社，1990.3 初版，1994.9 二版。

〔註31〕 商習之，《歷代后妃軼事》，台北：漢欣文化事業有限公司，1991.12，再版。

〔註32〕 陳新華編文、鄒莉繪畫，《中國一百后妃圖》，廣州：新世紀出版社，1992.7。

〔註33〕 楊林、商傳編譯，《中國歷代后妃傳》，台北：建宏出版社，1993.11。

〔註34〕 楊友庭，《后妃外戚專政史》，福建：廈門大學出版社，1994.6。

〔註35〕 楊東甫、盧斯飛，《后妃之禍——狐媚爭寵、粉黛傾國》，台北：牧村圖書有限公司，1996.3。

〔註36〕 李安瑜，《中國歷代皇后全書》，海口：海南出版社，1996.7。

〔註37〕 董恩林，《后妃爭寵——道是有情卻無情》，台北：文津出版社，1996.10。

〔註38〕 王彩雲，《歷代寵妃野史》，哈爾濱：黑龍江人民出版社，1997.7。

〔註39〕 樸人，《帝王生活》，台北：台灣學生書局，1973.10，三版。

〔註40〕 向斯、王霜，《帝王後宮紀實》，台北：建宏出版社，1993.11。

〔註41〕 林延清，何孝榮編著，《中國帝王后妃外傳（明代卷）》，長春：吉林文史出版社，1994.1。

〔註42〕 趙雲田，《明清宮廷祕史》，台北：萬卷樓圖書有限公司，1994.12，初版三刷。

〔註43〕 《明清宮廷趣聞》，北京：紫禁城出版社，1995.2，一版一刷，1998.8，三刷。

〔註44〕 例如：《大明盛衰》以「朱見深偏愛老妃子，萬貞兒蠻橫霸后宮」為小題；《影響中國歷史的一百個女人》以「淫威震主的——萬貴妃」為小題；《后妃外戚專政史》以「萬氏悍妒」為小題。

的童貞，除了「前世孽緣」外，還能說什麼呢？〔註45〕甚至以「母老虎」稱之，〔註46〕還有人視她為一「潑婦」、〔註47〕「女魔頭」。〔註48〕在內容方面，寫得最多的是萬貴妃如何用盡心機，爭寵後宮，例如：《后妃之禍》以「害人裡手，爭寵專家」為小題；《美人計》以「爭寵後宮頻用計」為小題，進而揭示了萬貴妃性格中的殘酷、刻毒特色。顯見傳統「尤物禍國敗家」的觀念之深入人心。〔註49〕

至於這些作者如何承襲《明史‧后妃傳》的敘述，以個人的主觀理解，對萬貴妃故事進行擴增，以下將分項說明之。

一、萬貴妃入宮始末

《明史》對萬貴妃入宮的情形，記載如下：

> 貴妃萬氏，諸城人，小字貞兒。父貴為邑掾吏，坐事，謫居霸州，見外戚傳。妃生四歲，選入掖庭，為孫太后宮女。〔註50〕

蔡東藩曾據此潤飾說年僅四歲的萬貞兒，是因父親萬貴犯法戍邊，方被沒入掖庭，充小供役，〔註51〕此一說法至今仍為諸通俗讀物所沿用。〔註52〕然而，由王彩雲主編的《歷代寵妃野史》，卻有不同的鋪陳，說萬貴原是山東諸城縣的一個小吏，因為親屬犯罪而受株連，被發配到霸州。無奈生活經常無著落，又適逢朝廷下令選侍女，在一位老鄉的建議下，遂將萬貞兒送入宮中。〔註53〕大抵而言，明代宮女的來源可分為正式和非正式兩類，前者指從民間選取良家女子入宮的選秀女之制，後者則指對俘虜或罪犯妻女的一種懲罰，亦即將其配沒入宮，另有文獻記載弘治、正德年間曾允許用直接購買的方式取得。〔註54〕由此觀之，以上兩種鋪寫，雖然皆有其合理處，但以《歷代寵

〔註45〕殷登國，《皇后的故事》，頁253。

〔註46〕同前書，頁254。

〔註47〕衣保平、崔誠，《明憲宗成化皇帝秘史》，頁950。

〔註48〕夢起，《大明盛衰》，收於《五千年演義》12，頁296。

〔註49〕有關「尤物禍國敗家」思想的發展，參見劉詠聰，〈唐宋以來「尤物禍國敗家」思想的發展〉，收於《女性與歷史——中國傳統觀念新探》，頁29～47。

〔註50〕張廷玉等撰，《明史》，卷113，〈后妃〉，頁3524。

〔註51〕蔡東藩，《中國歷代演義全集——明朝之一》19，頁293。

〔註52〕例如：《中國帝王后妃外傳（明代卷）》、《中國歷代皇后全書》、《明代皇帝秘史》等書。

〔註53〕王彩雲，《歷代寵妃野史（四）》，頁2295～2296，〈明憲宗寵妃萬貞兒〉。

〔註54〕Ellen Felicia Soulliere, Palace women in the Ming dynasty：1368～1644, P.263～273.

妃野史》的情節最爲曲折複雜。

二、萬貴妃獲寵之過程

　　身爲宮女的萬貞兒，究竟在怎樣的機緣下，受到憲宗的青睞？《明史》的記載非常扼要模糊，只說：「及長，侍憲宗於東宮。憲宗年十六即位，妃已三十有五矣，寵之顓房。」〔註55〕蔡東藩或許是有感於歷史上的宮女，將一輩子青春拋擲在深宮裏的悲哀，據此推斷萬貴妃當宮女時，即有改變自己身分的企圖心，因而編寫出如此的情節，他說：

> 貞兒……過了十多年，居然變成一個絕色的女子，丰容盛鬋，廣頰修眉，秀慧如趙合德，肥美似楊太眞，萬貴妃以體肥聞。孫太后愛她伶俐，召入仁壽宮，令司衣飾。憲宗幼時，嘗去朝見孫太后，貞兒從旁扶掖，與憲宗相親近，漸漸狎昵。到了憲宗復冊東宮，貞兒年逾花信，依然往來莫逆，彼此無猜。天順六年，孫太后崩，憲宗年已十四歲了，知識粗開，漸慕少艾，便召這位將老未老的萬貞兒，入事東宮。貞兒……至此得服侍太子，便使出眉挑目逗的手段，勾搭儲君。……自此相親相愛，形影不離……〔註56〕

這段萬貞兒有心勾引太子的情節，有可能是依據《勝朝彤史拾遺記》之說法而傳寫，因爲兩者在敘述邏輯上相當雷同。〔註57〕而且直至今日仍被坊間的通俗讀物一再地複述，〔註58〕因此，有人認爲憲宗對萬貴妃如此地痴戀，可能和萬貞兒的「美色」有關，便渲染萬氏平時駐顏有術，雖然年齡很大，可是看上去始終像是二八佳麗，〔註59〕而且也很解風情，能讓憲宗獲得性的滿足，〔註60〕所以穿插了頗爲露骨的言情片段。此外，也有人推測萬氏精於謀算，是從孫太后那裡學來的。相傳孫太后也是工於算計的女人，宣宗在位時，胡后被廢，孫氏得以正位中宮，理由是她「生」了皇長

〔註55〕同註50。
〔註56〕蔡東藩，《中國歷代演義全集──明朝之一》19，頁293。
〔註57〕詳見本文第三章第三節，頁89。
〔註58〕例如：《大明盛衰》、《中國帝王后妃外傳（明代卷）》、《后妃之禍──狐媚爭寵、粉黛傾國》、《中國歷代皇后全書》等書。
〔註59〕例如：《后妃之禍──狐媚爭寵、粉黛傾國》、《美人計》等書。
〔註60〕例如：《帝王後宮紀實》、《中國帝王后妃外傳（明代卷）》、《歷代寵妃野史》等書。

子，這個皇長子其實是宮人所生，孫氏陰取爲己子。〔註61〕既然萬氏在孫太后身邊一待就是好幾年，萬氏在孫太后的言傳身教下，變成酷似孫太后那樣善工心計的人，也是合乎常情之事，〔註62〕日後憲宗廢了吳后，可謂重演當年宣宗廢胡后之歷史。

然而，知名的歷史小說家高陽（1922～1992）對萬氏服侍憲宗於東宮之緣由，卻有不同的敷述：

> 土木之變，以郕王監國，立初名見濬，後來改名見深的英宗長子爲太子。……郕王即位爲帝，……太子便處在一種非常危險的境遇之中，隨時可以爲景帝所派遣的、或者先意承志迎合景帝心理的太監謀害而死，以造成東宮缺位，讓景帝有另立太子的機會。……孫太后……特地派一個親信宮女到東宮，名爲侍奉，實際是保護兩歲的太子。這個宮女就是萬氏，……景泰三年（1452）五月，太子見深被廢，封爲沂王；……不能不遷出宮外，住到他的沂王府去。在宮中，見深的生母周妃還可以常到東宮照料：出就沂邸，則以明朝宮禁之嚴，周妃無法出宮探望，這一來，萬氏的責任就更重了。自見深兩歲開始，萬氏是他的保姆；此時爲始，直如慈母。至英宗復辟，見深復爲太子，而萬氏依舊入侍東宮。太子年齡漸長，智識漸開，跟比他大十七歲的萬氏，發生了畸戀。〔註63〕

可見高陽根據當時宮廷所發生的政治風波，推測憲宗的童年應該處在惶恐、忐忑的緊張氛圍中，在這段時間裡，萬氏既像保姆，也像慈母，在旁照顧他，成了他患難中的依靠。久而久之，自然對她產生了男女之間的戀情，這樣的解釋也爲其它通俗作品所認同。〔註64〕高陽因而視憲宗與萬貴妃之情爲「畸戀」，認爲憲宗在生理及心理上都極不正常，表現在憲宗的性情中最明顯的是：缺少安全感，進而推測憲宗對萬貴妃存有一種依賴心理，而萬貴妃亦以憲宗的保護者自居，並引《明史·萬貴妃傳》的記載：「帝每遊幸，妃戎服前

〔註61〕 有關孫氏陰取宮人之子的傳聞，很可能起於王錡的《寓圃雜記》之記載，詳見氏著，《寓圃雜記》，卷1，頁3，「胡皇后」。

〔註62〕 例如：《影響中國歷史的一百個女人》、《歷代寵妃野史》、《明代皇帝秘史》等書。

〔註63〕 高陽，《明朝的皇帝》，頁203～204。

〔註64〕 例如：《明清宮廷秘史》、《歷代寵妃野史》、《明代皇帝秘史》等書。

驅。」證明其觀點。〔註65〕這樣的編寫顯然比較能說明萬貴妃何以能讓小她十七歲的憲宗終其一生都寵愛不已，而且從當時的歷史情境來判斷的話，憲宗與萬貴妃間的深厚感情基礎確實有可能是在患難中建立的。或許是鑑於憲宗對年長的萬貴妃在感情上的依戀，有人更進一步虛構說萬氏成為憲宗的保姆，其實是冥冥中已安排好的事，憲宗一出生沒多久就喜歡上萬貞兒：

> 正統十二年，周貴妃為明英宗產下一子，……過百日時，錢皇后在桌子上放了許多東西，有文房四寶、刀劍、還有皇帝的私人印章。……周貴妃抱過朱見深，放在桌子上，只見他推掉離他最近的刀劍，越過文房四寶，十分費力地向前夠著，卻怎麼也夠不到，他急得哇哇亂叫，英宗……審視桌子上的東西，發現他（朱見深）的最前方是自己的私章，……便將它遞給兒子，朱見深一把抓住，稍有歡樂。……可是朱見深仍然向前夠，……大家不知他還要什麼，便把桌子上的東西一一送給他，都被他一一推掉，孫太后不知孫兒要什麼，扶著萬貞兒走到孫子身邊，欲親近孫兒，不料朱見深滿臉的不高興，哇哇亂喊，萬貞兒伸手去扶太后，朱見深一把抓住她的手，立刻呵呵地笑了起來，而且久久不放。〔註66〕

由於這段百日抓周的小插曲，後來當孫太后想派侍女去照顧年僅兩歲的見深時，立刻就想到萬貞兒這一人選。這樣的虛構情節將萬貞兒成為憲宗保姆的過程傳奇化。

三、萬貴妃讒廢吳后情節的描寫

萬貴妃如何唆使憲宗將吳后廢斥？由於史筆所載有限，正好給予通俗讀物作者任意想像的空間，他們在無損於史實發展的大原則下，虛構了各種不同的情節以補史實之不足。這些描寫將萬貴妃可能做的惡行，發揮到了極致，其讒言惑主之形象因而更加鮮明。有人認為吳后被廢其實是萬貴妃一手策劃的。萬氏害怕她的專寵地位會遭到動搖，故意設計誘使吳后上當，引爆廢后的導火線。萬氏決定在平時謁見皇后的禮儀上極力挑釁，有一天，吳后終於被激怒了，不但怒斥萬氏的無禮，還取杖痛打她，萬氏心中暗暗高興，因為可以趁機抓住吳后的不是，向憲宗告狀，把她從皇后的

〔註65〕高陽，《明朝的皇帝》，頁211。
〔註66〕王彩雲，《歷代寵妃野史（四）》，頁2300，〈明憲宗寵妃萬貞兒〉。

位置上拉下來。〔註67〕

也有人敘寫憲宗廢后的理由，正是萬氏在背後出的主意。萬氏誣指吳氏能當上皇后是由於賄賂了太監牛玉，憲宗下令逮治牛玉。萬氏偷偷派心腹的宮女，花銀子買通侍衛，將牛玉逼打成招。牛玉受不住重刑，只好供認：他在選皇后時，暗中接受了吳氏的賄賂，吳氏答應，事成之後要提拔他。萬氏一取得此口供，立刻交給憲宗，憲宗便將廢后事稟告太后定奪。太后原本想將此事壓下，萬氏深恐途中生變，不斷給憲宗吹風，希望他盡快逼太后明確表態同意廢后。太后被逼得沒辦法，只好同意。太后一同意，萬氏又要求憲宗速辦此事，馬上發下三個詔告：一是給吳后，將她打入冷宮；二是給文武大臣，說吳后賄賂太監牛玉當上皇后，不足以母儀天下；三是給太后。很快地，吳后被廢，打入冷宮。〔註68〕

既然吳后被廢與萬氏有關，高陽曾據此推測，孝宗出生時，吳廢后因為跟安樂堂住得很近，經常過來探望，「保抱唯謹」，可能是出於對萬貴妃報復的心理，〔註69〕為了能有熬出頭的一天。

四、「母以子貴」夢之幻滅

子嗣是皇家的大事，母以子貴，後宮的嬪妃有子無子自是能否見寵、晉封的一個重要條件。是故，通俗讀物作者多推斷萬氏想以母權鞏固自己後半生的權勢地位，為憲宗生下子嗣，成為達成此目的的不二手段。高陽在《安樂堂》中，便杜撰萬氏為了能受孕，積極廣求有效的種子方。喜歡研究「房中術」的萬安得知此事，又驚又喜，想藉此機會巴結皇帝的寵妃，獲得提攜，立刻交出三張方子給萬氏。〔註70〕後來，萬氏果然有喜，萬氏為了酬謝萬安，派人送了他十粒南海大珍珠；萬安不但謙謙不受，還寫了個請安帖子，自稱為「族姪」。萬氏欣喜萬分，於是，商請憲宗加以提拔。〔註71〕沒想到樂極生悲，萬氏之子不幸夭折了。這樣的演繹多少反映了現代人對年屆四十歲高齡的古代婦人還能懷孕生子的疑慮，從而猜測萬氏或許有使用一些偏方讓自己

〔註67〕衣保平、崔誠，《明憲宗成化皇帝秘史》，頁950～951。
〔註68〕張迺忠、王志勇，《美人計》，頁233～242。
〔註69〕高陽，《明朝的皇帝》，頁268。方志遠亦持相同看法，見氏著，《成化皇帝大傳》，頁77。
〔註70〕高陽，《安樂堂》，第三部，〈西苑遺恨〉，頁296～300。
〔註71〕同前書，頁311。

順利受孕成功。有的作者甚至還渲染當時接生婆技術不高，才會造成萬氏此後失去了生育能力，認爲這是萬氏的「報應」。〔註72〕

五、屢害皇嗣之心結

《明史》記載當時後宮凡有懷孕者，萬貴妃總要設法使之墮胎。〔註73〕有人將萬氏這樣的妒行，理解爲心理變態的表現，〔註74〕指責她是殘殺人子的「魔鬼」。〔註75〕甚至有作者竟離譜地將「帝每遊幸，妃戎服前驅」一事與之聯繫起來，附會說這是萬氏控制憲宗的一種計策，每當她預先得信憲宗要到其他嬪妃寢宮時，她便穿上戎裝，配帶寶劍，殺氣騰騰地去當憲宗的前導。如此一來，不但把那些嬪妃嚇得膽戰心驚，連憲宗也自覺無趣，往往敗興而歸。〔註76〕那麼憲宗爲何會甘願受制於萬氏？高陽曾直指這完全是憲宗懦弱性格所使然，對萬氏始終存著畏憚之心。〔註77〕其實，戎服的裝扮在成化年間是一種從京師開始興起的流行服飾風尚，當時君臣上下都著之，甚至連嬪妃、宮女、太監也學著如此裝扮，〔註78〕所以萬貴妃穿著戎服陪憲宗出遊，應該是她討好憲宗的一種舉動，通俗讀物作家視其爲萬氏對付憲宗召幸其他嬪妃的一種手段過於誇張，完全不合史實。

大抵而言，通俗讀物作者多同意萬氏曾積極防止憲宗與其他嬪妃的接觸，不過，她的防範顯然也有疏忽的時候，成化五年四月，柏賢妃生下皇二子朱祐極；成化六年七月，紀氏生下皇三子朱祐樘，皆是明證。成化八年正月，祐極剛被冊立爲太子沒多久即去世。《明史》記載這件事是萬貴妃所害。〔註79〕高陽對萬貴妃害死祐極的心態有一番揣測，他說祐極被立爲太子，意味著柏氏地位將凌駕於萬氏，萬氏因而欲加害其子。〔註80〕又孝宗生母紀氏之死在明史上一直是個謎，《明史》記載她可能是被萬貴妃害死，也可能是自

〔註72〕衣保平、崔誠，《明憲宗成化皇帝秘史》，頁957。
〔註73〕張廷玉等撰，《明史》，卷113，〈后妃〉，頁3521。
〔註74〕衣保平、崔誠，《明憲宗成化皇帝秘史》，頁958；張曉虎，〈淫威震主的萬貴妃〉，收於《影響中國歷史的一百個女人》，頁231；董恩林，《后妃爭寵——道是有情卻無情》，頁151。
〔註75〕李安瑜，《中國歷代皇后全書》，頁556。
〔註76〕夢起，《大明盛衰》，收於《五千年演義》12，頁289。
〔註77〕高陽，《明朝的皇帝》，頁212、220。
〔註78〕吳美琪，〈流行與世變：明代江南士人的服飾風尚及其社會心態〉，頁64～69。
〔註79〕張廷玉等撰，《明史》，卷113，〈后妃〉，頁3521。
〔註80〕高陽，《安樂堂》，第三部，〈西苑遺恨〉，頁346。

殺而死。〔註81〕高陽在《安樂堂》中，便據後項傳聞將萬氏權勢欲濃厚的心病，發揮的淋漓盡致。虛構紀氏最後選擇自縊而死，與顧忌萬貴妃此一心理想法有關，希望犧牲自己性命，以換取將來祐樘被立爲太子後，不會招來萬氏的謀害。不過，紀氏死後，萬氏仍然不願支持立儲事，經過一番打聽，方知萬氏一直致憾於「群小絀我」，尤其切齒於張敏，這話輾轉傳到張敏耳中，憂懼莫名，終於吞金自盡，〔註82〕這樣的情節安排，萬氏的專橫可說躍然紙上。

六、「使門監張敏溺孝宗」情節之傳寫

有關孝宗誕生後的情形，《明史‧孝穆紀太后傳》載道：

> 孝穆紀太后……有身。萬貴妃知而恚甚，令婢鈎治之。婢謬報曰病痞。乃謫居安樂堂。久之，生孝宗，使門監張敏溺焉。敏驚曰：「上未有子，奈何棄之。」稍哺粉餌飴蜜，藏之他室，貴妃日伺無所得。
>
> 〔註83〕

大部分的通俗作品多本蔡東藩《明史通俗演義》之敘述邏輯，鋪寫爲：紀氏生下孝宗後，料知不便撫養，只好忍痛交與門監張敏，囑使就溺。〔註84〕此處，雖然傳寫紀氏溺子的無奈，卻意在烘托萬氏的心狠手辣。

然而，高陽對此段歷史，卻有不同的演繹，說紀氏生下皇子的消息，被萬貴妃得知，萬氏立刻召來太監張敏，交付他將紀氏所生的皇子投入水中淹死。〔註85〕相似的情節也出現在其他的通俗作品中，〔註86〕暴露了萬氏將憲宗子嗣趕盡殺絕的惡行。此外，高陽認爲萬貴妃多方偵伺紀氏所生之皇子，終無所得。當時宮中太監、宮女在這件事上，竟能如此團結，瞞得滴水不漏，是出於下列四個原因：

第一、對萬貴妃的反感。

第二、對紀氏的同情。

第三、可憐皇帝受萬貴妃的挾持，竟至不能庇子。

〔註81〕張廷玉等撰，《明史》，卷113，〈后妃〉，頁3522。

〔註82〕高陽，《安樂堂》，第三部，〈西苑遺恨〉，頁426～427、431～432。

〔註83〕同註79。

〔註84〕蔡東藩，《中國歷代演義全集——明朝之一》19，頁298。

〔註85〕高陽，《明朝的皇帝》，頁214～215。

〔註86〕例如：《皇后的故事》、《影響中國歷史的一百個女人》、《中國帝王后妃外傳（明代卷）》、《后妃外戚專政史》等書。

第四、對嬰兒本身的喜愛。〔註87〕

這段「使門監張敏溺孝宗」的歷史，出現敘述上的歧異，應與《明史》刪改原始資料時，過於精簡扼要有關。前章曾提及，《明史》之記載多本《名山藏》而來，因此，《名山藏》對這段歷史的描述最為清楚且詳細：「萬貴妃譖太后（孝穆太后紀氏）上前，謫居安樂堂。久之，孝宗生，太后使門監張敏溺焉⋯⋯」〔註88〕可見，蔡東藩對此段歷史之描敘，比較符合《明史》記載之原意。

七、萬貴妃勸憲宗易儲情節之敷演

由於《明史》記載萬貴妃對太子幼年曾說怕羹湯中有毒的話一直感到耿耿於懷，深怕日後太子會對她不利。高陽在《安樂堂》中便附會說這件小事成為萬氏日後勸憲宗易儲的理由，〔註89〕並且還對易儲之議忽然發生變卦，作了一些捏造，使情節更為曲折，說是懷恩用計破壞，暗中說服邵宸妃設法在憲宗面前阻止己子祐杬被立為儲君。〔註90〕萬貴妃輾轉得知是懷恩在背後與之作對，便向憲宗告狀，憲宗為了對萬氏有所交代，只好將懷恩貶到鳳陽去當鎮守太監。〔註91〕不過，萬貴妃對太子仍心存芥蒂，繼續在憲宗面前進讒言，誣稱太子已在作接位的打算，〔註92〕重新萌起憲宗易儲之念，後因泰山發生地震示警，憲宗遂下詔嗣後有言東宮是非者，立斬無赦。這對萬貴妃而言，無異是一嚴重打擊，萬氏自此鬱鬱不樂，各種舊有的病症，紛至沓來，一日終因中風搶救不及而去世。〔註93〕此處，高陽巧妙地將易儲事與萬貴妃之暴卒聯繫在一起，頗有「多行不義必自斃」的暗諷之意。

由於成化朝的皇子出生率在孝宗現身之前與之後，相差實在是太懸殊，頗引人玩味。也有作者認為這是萬貴妃報復祐樘的一項陰謀，意圖讓嬪妃們多生育皇子，以便讓這些皇子日後能和祐樘一爭高低。所以在祐樘之後，憲宗又陸續生有十一個兒子。〔註94〕

〔註87〕 高陽，《明朝的皇帝》，頁216。
〔註88〕 何喬遠，《名山藏》，卷31，〈坤則記〉，總頁1825～1826。
〔註89〕 高陽，《安樂堂》，第三部，〈西苑遺恨〉，頁463。
〔註90〕 同前書，頁473。
〔註91〕 同前書，頁477。
〔註92〕 同前書，頁485。
〔註93〕 同前書，頁503～504。
〔註94〕 例如：《中國一百后妃圖》、《影響中國歷史的一百個女人》、《明清宮廷祕史》、

八、萬貴妃猝死情節之編造

萬貴妃的猝死在明史上亦讓人感到撲朔迷離，《明憲宗成化皇帝秘史》對萬氏死前之情節，有極生動的想像，描寫萬貴妃死前曾受到兩件事的刺激：第一件事，萬貴妃在元旦向王皇后朝賀時，看見太子長得又高又大，已經十八歲了，心中受到極大的刺激，心想：「我兒子要不死已經二十五歲了，皇位是我兒子的。」第二件事，她看見十幾個妃嬪，都帶著兒女去給皇后拜年。唯有她這位六十來歲的老太太，孤身一人。這件事對她刺激更大，心想：「我花了那麼大精力、心血，嚴加防範，沒想到皇上還是臨幸了那麼多女人，生下十四個兒子，真氣死人！」回到安喜宮，一看無人給她拜年，心理很不是滋味，想起往年她的親信一到過年，莫不前來逢迎巴結。如今他們不是死了，就是被發配到偏遠地區，不然就是下獄坐牢。她越想越氣，於是大哭不止，宮女一見連忙上前勸解，還是哭聲不止，痰又上涌，宮女為她捶背、接痰，她嫌宮女捶背重了，從太監手裡接過蛇拂子，痛打宮女幾十下。沒想到一時呼吸困難，痰堵在喉嚨裡，無人肯上前救助她，萬貴妃就這樣猝死了。〔註95〕

最後，值得一提的是，大部分的通俗讀物作者在描寫萬貴妃時，多對她性格中的陰險毒辣面，揭露得最為深刻、有力，很少論及她的其他性格特色。《明史》曾載萬貴妃在禱祠宮觀上，糜費無算。〔註96〕高陽於《安樂堂》中，特別針對此段史實，加以發揮，所以，小說中的萬貴妃也是個迷信之人，竟然相信妖僧繼曉能魂遊太虛，遂託他「入定」訪查其母是否已昇仙界。之後，萬氏有鑑於自己造的孽不少，為了免除良心的譴責，下令繼曉建造一座大寺，做功德。〔註97〕

綜上所述可知，通俗讀物作者眼中的萬貴妃，為了擅寵、固寵，在後宮中做了許多壞事：一是廢皇后寵冠後宮；二是殺皇嗣屢害太子。這些作者在《明史》記載的基礎上，進一步發揮了歷史的想像力，以細膩的文字描寫，渲染萬貴妃可能的惡行，強化其故事色彩，一方面使得內容具有濃厚的趣味性，一方面也達到了歷史知識通俗化的效果。此外，從這些虛構情節的多變性，亦可看出後人想像中的這件故事是如此的紛歧，更易造成萬貴妃故事的

《后妃之禍》、《歷代寵妃野史》、《明憲宗成化皇帝秘史》等書。
〔註95〕衣保平、崔誠，《明憲宗成化皇帝秘史》，頁1072～1073。
〔註96〕張廷玉等撰，《明史》，卷113，〈后妃〉，頁3525。
〔註97〕高陽，《安樂堂》，第三部，〈西苑遺恨〉，頁362、370。

傳奇化。憲宗迷戀著一個比他大十多歲的妃子，有人認為這在中國宮廷史上真是一件「怪事」，〔註98〕也有人認為「不可思議」。〔註99〕或許這就是萬貴妃故事令人感到好奇之處，所以不斷地被通俗讀物所傳寫，以滿足讀者揭密獵奇的喜好。甚至盛行於 1960 年至 1970 年間的台灣武俠小說，以及時下仍然盛行不衰的言情小說，皆有「借用」這段明代宮闈故事為歷史背景之作品，分別是司馬翎（本名吳思明，1933～1989）的《玉鉤斜》〔註100〕及于晴的《阿寶公主》。〔註101〕前者描寫憲宗昏庸無道，寵幸萬貴妃、閹豎、佞臣，迷信妖言，殺戮忠臣，國勢日危，連帶亦使東宮太子之性命及地位不保。一群忠烈志士為了保護東宮太子的儲位，組成了「皇儲集團」派系，與由權閹所把持的東廠、錦衣衛等勢力展開激烈暗鬥。後者則描寫孝宗朱祐樘因為聽信道士之讒言，誤以為剛出世的小公主是萬貴妃投胎轉世而來，由於幼年曾遭到萬貴妃的迫害，出於對萬氏的懼怕心理，便命親近太監下手殺之。幸而有人事先將消息走漏，通知小公主的生母蘭妃，於是，蘭妃連夜將小公主託人送出宮中，從此以後，這位小公主就在民間養大成人，並且以女扮男裝的方式，躲避仇人的追殺。直到遇見了男主角楊明，才讓「他」恢復了女兒身，並且得知自己的身世真相。儘管我們無法從這些作品中讀到真確的歷史，然而由於這些作品多援引《明史》之記載而延展出豐富多樣的故事情節，因此我們從中所汲取的一些歷史常識、所感受的萬貴妃形象，大抵上仍不脫正史書寫之範疇。可見，《明史》版的萬貴妃故事，在現代通俗作品中流傳之廣。

第三節　小　結

以上透過對現代通俗作品所渲染萬貴妃故事之討論，我們看到了大部分的通俗作品中的萬貴妃多是《明史》版的萬貴妃故事，也可視為萬貴妃形象已經定型的例證。這有可能與《明史》的普遍流通，在取材上比較方便有關。對於《明史》記載所不及之處，或是根據作者對歷史的主觀理解，或是抄襲其他通俗作品，加以增潤捕綴，甚至誇張敷衍。然而，無論作者如何「踵事

〔註98〕商習之，《歷代后妃軼事》，頁 231。
〔註99〕向斯、王霜，《帝王後宮紀實》（台北：建宏出版社，1993.11），頁 736。
〔註100〕司馬翎，《玉鉤斜》，上海：學林出版社，1994.2，第一版，第一刷（原由台灣真善美出版社於 1970 年初版）。
〔註101〕于晴，《阿寶公主》，台北縣：萬盛出版有限公司，1995.5。

增華」，萬貴妃故事仍然保持著相當一致的元素，對萬貴妃的書寫，多著重於「徐娘半老」、「妒悍」、「權謀」等特質而發揮。如所周知，宮廷內后妃之間的爭鬥，和一般家庭妻妾同處相爭情形類似，都是爲鞏固地位而戰，甚至還體現出權位的重要性。上自皇后，下至宮女，宮廷裡全體婦女只守著一位共同的男人─皇帝，每一個可能得寵的宮人都是其他宮人的潛在情敵。一旦得寵，地位立刻扶搖直上，家族也沾光生色，權勢名利也隨之而來。因此，奪寵意味鞏固地位，而且一個女人的進幸不單純是愛情上的成功，更是形成裙帶關係的政治事件，所以她們的競爭充滿了權謀和傾軋。這些通俗作品作者或許是基於這方面的認知，才會在這些特質上有深刻細膩的描寫。

　　饒有趣味的是，萬貴妃的負面形象，在《明宮十六朝演義》中被大大加強了，竟然還被增衍成爲「棄婦」、「淫婦」的形象。不僅與正史所記截然不同，而且這種淫蕩的性格特色更是前此文獻所未見，這可能和作者許嘯天個人的書寫態度有關，一方面是爲了增加作品的娛樂性，另一方面則意圖揭露古代帝王私生活的淫亂面。此外，從這點書寫特色亦可看出，許嘯天本人對萬貴妃可能抱有不佳的觀感，所以才會有如此離譜的渲染與醜化。雖然這樣的描繪不見於其後的通俗作品，影響甚微，卻具有特殊性，可以說彌足珍貴。

結　論

　　萬貴妃這位讓明憲宗終其一生眷戀不已的妃子，其相關生平記述，以《明憲宗實錄》中的萬貴妃本傳爲現存最早的一篇史料。考《明實錄》體例，爲后妃寫傳並非修纂凡例所列必載之事。然而，《明憲宗實錄》修纂者不僅爲萬貴妃立傳，其記載內容亦較其餘嬪妃豐富，可見在修纂者的眼中，萬貴妃是成化朝宮闈女性中一位很重要的人物。因爲她對當時的政局頗具影響力，舉凡吳后被廢，皇嗣問題，貴妃之父兄弟姪得以爲官，錢能、汪直、梁方等宦官得以監軍鎮守地方，搜刮民財，都和她有直接或間接的關係，萬貴妃堪稱爲一「惡妃」。由於傳統中國向來認爲人君用婦人之言或耽於女色，必然罹禍，士大夫對皇帝的嬖寵多存有嫌厭心理。因此，成化朝臣也有人以「女禍」視之，特別是在皇嗣不廣的時候，往往將自然災異現象的出現，歸咎於萬貴妃的得寵，責指她破壞了后妃仰承天恩的尊卑次序。在朝臣的心中，她是個恃寵而驕而且善妒的婦人。

　　由於《明實錄》性質的限制，與萬貴妃有關史事之記載，有隱諱曲筆甚至簡略之弊，難窺全貌，尤其是孝宗的出生，爲何會失傳於外廷六年？更是留下許多疑點謎團。後世修史者爲了塡補官書記載之空白，往往摭取文人筆記中的委巷俗說，因此，明人筆記所載之萬貴妃軼聞，亦成爲後人認識萬貴妃此一歷史人物的史料來源之一。有趣的是，萬貴妃的「嫉妒」性格在這類作品中獲得進一步的深描，此一書寫特色可能與傳統社會對妒婦的觀感不佳有關，其背後多少含有警惕的意味。大體而言，弘治、正德年間，文人所記敘的萬貴妃故事，多半不脫尹直《謇齋瑣綴錄》、黃瑜《雙槐歲鈔》二書之情節，此一時期所呈現的萬貴妃形象，具體揭示了萬氏性格中的嫉妒心理。萬

貴妃不能忍受她和憲宗之間有其他女子介入，一旦得知憲宗有負心之舉，就會出現生氣、苦惱等情緒。在平衡萬貴妃心理及保護皇嗣的雙重考量下，憲宗成了皇子疑案的主導者，祕密安排孝宗生母紀氏謊稱有病，並移居至安樂堂待產，所以外廷、貴妃皆不知此事。直到成化十一年（1475）五月，西宮另有皇子的消息間接傳到萬貴妃那裡，萬氏竟出乎意料地展現了她的雅量，接受這個既成的事實，憲宗與孝宗父子二人終於得以相認。一個月後，紀氏不幸病死，由於事情來得太突然，輿論多把矛頭指向萬貴妃，認為她難辭其咎，懷疑萬氏是直接或間接將紀氏致死的兇手。從這些記述中，可看出憲宗似乎不是一懼內的懦夫，他雖然寵愛萬氏，卻沒有對她事事都百依百順，在保護皇嗣一事上還是有自己的主張。此外，值得玩味的是，尹直、黃瑜兩人書寫此一軼聞的態度。由於尹直在憲宗朝也是備受爭議的「小人」之一，孝宗繼位後，受到群臣攻擊而致仕，《謇齋瑣綴錄》是他離開內閣以後所撰寫，極有可能想藉此為自己說好話，以博孝宗之歡心，進而圖謀東山再起。至於黃瑜則視萬貴妃為一懷有干預朝政野心的后妃，在敘寫萬貴妃時，經常流露出濃厚的「女禍」史觀思維。

到了萬曆以後，明人筆記對萬貴妃故事的敘寫，出現了極大的變化。萬貴妃因妒而產生的心理失衡達到相當高的程度，並且以相當激烈的方式訴諸行動，其「妒婦」形象因而更加鮮明，這種變化以于慎行《穀山筆麈》一書為代表。在該書中，萬貴妃變成非常狠毒的婦人，為了捍衛權勢與地位，用盡各種手段戕害其餘妃妾子嗣，其妒行並非只針對紀氏一人。紀氏為了避免遭萬氏毒手，只好潛藏於西宮生養皇子，這件事憲宗始終不知情。最後因憲宗身旁的宦官偷偷洩密，父子二人才得以相認。憲宗生母周太后擔心孫子祐樘再為萬貴妃所害，遂親自擔負起撫育之責。然而，由於這則記載充滿了許多不合情理之處，其可信度不免令人懷疑。再加上神宗在位期間，曾因遲遲不肯冊立皇長子朱常洛為太子，引發了「國本」之爭，當時士大夫多懷疑是鄭貴妃在背後蠱惑，其政局與成化朝頗為類似。于慎行曾累疏請早建東宮，結果疏入之後，不是「留中」，就是惹來神宗大怒，終因山東鄉試發生弊案，引罪乞休。因此，于慎行極有可能藉此影射時局。與于慎行同時的沈德符，即曾對于氏記述的真實性提出質疑，他認為尹直的記載比于慎行一百年後得於一老宦官的傳聞可靠許多。因此，明人筆記所見之萬貴妃故事，呈現的是多元風貌，萬貴妃的形象此時尚未被固定化。值得注意的是，此一時期的記

述一再強調萬貴妃豐滿壯碩的體態，沈德符因而將她的受寵類比爲唐玄宗時的楊貴妃。沈氏還評論她喜著男裝的行爲是「服妖」，反映了晚明「服妖」議論中的性別意識與災異思想。此外，沈德符對憲宗和萬貴妃的年齡差距似乎頗感興趣，曾根據成化四年大學士彭時的奏疏加以考證，推算出萬貴妃年長憲宗十七歲的事實，萬氏竟能終憲宗之世而專寵不衰，他覺得不可思議甚至無法理解。

　　明中葉以來各類官私史書有關萬貴妃事蹟的記敘，目前所見有四種版本，其書寫從分歧趨於劃一：在于愼行《穀山筆塵》一書出版以前，各類史書多本尹、黃二人之說法，至於于氏之說最早被採納於史書中，可能是何喬遠的《名山藏》。何喬遠筆下的萬貴妃，其「狠惡」形象不僅被加強了，憲宗亦搖身一變成爲懼內的儒夫，對於萬貴妃下毒殺害紀妃的惡行竟不敢追究，其形象與《謇齋瑣綴錄》、《雙槐歲鈔》所述迥異。不過，于愼行的說法在明末尚未被普遍引用，直到乾隆年間《明史》刊成以後，〈后妃傳〉對萬貴妃事蹟的敘述，成爲後世撰寫萬貴妃史事的張本，由於其敘述邏輯因襲《名山藏》的痕跡甚明，于愼行對孝宗出生的說法因而成爲主流觀點，萬貴妃的歷史形象，正式趨於定型。至於尹直的說法之所以不爲清朝官方所採信，可能和其品行不端有關，以致纂修大臣在採擇史料時，有所取捨。

　　值得注意的是，清高宗在《御批歷代通鑑輯覽》中，也對憲宗朝宮闈傳聞的眞實性感到懷疑，他甚至推測萬貴妃謀害皇子的這項傳聞，可能是後人不滿萬安假借同姓之名義，依附於萬貴妃羽翼之下，紊亂朝政，所以僞造了這些無稽之語，將所有的罪過歸於萬貴妃。由於萬貴妃謀害皇子的手法與漢成帝時之趙氏姊妹如出一轍，清高宗懷疑這些記載有可能是以趙氏姊妹故事爲範本，穿鑿附會而成。乾隆皇帝不爲前代傳聞所囿，能發出如此精闢的議論，與其精思善疑的讀史態度有關。尤其他對憲宗朝宮闈傳聞所提出的種種質疑，可謂鞭辟入裏、思索縝密，頗值得治史者深思。這也說明野史稗乘所傳萬貴妃故事，有可能是出於虛構誤傳，治史者不能盡信爲眞，更不能貿然將這類私家著述的記載，做爲補充官史記錄諱載的部份，進而爲萬貴妃作一論斷。不過，清高宗的這番見解，對後世的影響似乎極小，並未動搖後人對萬貴妃既有之認識，這可能和其流傳於世不普遍有關。所以《明史》的記載仍具有權威性，萬貴妃猶是一殘殺人子之惡婦。

　　又明清官私家史書之評議萬貴妃，重點有三：其一，多本成化朝臣的觀

點，認為成化初年儲嗣不廣，和萬氏的專寵有關，唯萬貴妃是否屢害皇嗣，則出現歧見。其二，關於紀氏死因的傳聞甚多，有人說她是被萬貴妃害死的，也有人說她是自殺的。然而，據成化朝臣商輅奏疏之內容〔註1〕來推測，紀氏應是死於病中，談遷不認為萬氏蓄意陷害紀氏，查繼佐則相信紀氏是被萬氏所毒死。其三，萬貴妃是否有干政之事實，看法亦莫衷一是。多數史家站在《明實錄》的同一立場，將成化朝所有的秕政，歸罪於萬氏的擅寵，以「女禍」視之。然而，《明史》的后妃傳論贊則認為萬貴妃並非真有干政之事，之所以會引來這樣的毀謗，和她受到皇帝過分寵愛有關。是故，史書中關於萬貴妃恃寵干政之記載，究竟是出於歷史事實的陳述，還是出於傳統中國「女禍」史觀的慣性思維，亦即萬貴妃與政治的關係，在態度上是屬於「主動參與」還是「被動適應」，〔註2〕治史者應該要小心分辨才是。不過，不論萬貴妃將嫉妒情緒隱藏在內心，或是引爆成毀滅性的行動，在大部分明清史家的眼中，她是一個懷有一定妒心的女子，卻是相當一致的。值得一提的是，查繼佐敘寫萬貴妃，對她「妒」以外的性格特質也有許多的著墨，萬貴妃還是一位多謀慮的婦人，當她服侍還是東宮太子的憲宗時，即處心積慮為自己安排日後晉升后妃之路。她更是一位「悍婦」，宮中上下，包括憲宗在內，皆對她感到畏懼。凡是她提出的要求，幾乎照辦。雖然明清史家對萬貴妃的看法存有這些歧見，饒有意思的是，現代史家在評論萬貴妃時，卻幾乎成一面倒的趨勢。除了認定她是一個「妒婦」，也都認為萬貴妃對成化朝政局的敗壞應該負很大的責任，這樣的認知多少與《明史》對萬貴妃史事的記載有關。惟獨房兆楹有不同的意見，他認為史載宣稱憲宗統治時期的諸多不法事主要是宦官和萬貴妃所造成的說法，是不正確的，因為這些人不可能在沒有憲宗許可的情況下，去做這些事。〔註3〕他並認為憲宗在增加資金滿足皇宮的花費

〔註1〕商輅在「重國本疏」中說道：「……外議皆謂皇子之母，因病另居，久不得見，揆之人情事體，誠為未順。伏望皇上敕令就近居住，皇子仍煩貴妃撫育，俾朝夕之間，便於接見，庶得以遂母子之至情，愜眾人之公論，不勝幸甚。……」見氏著，《商文毅公集》，卷3，〈奏疏〉，頁1b～2a。其後，紀氏病篤，商輅又上奏說：「臣等聞皇子之母病已沈重，若有不諱，一應禮節須宜從厚，……」見《明憲宗實錄》，卷142，頁5a，成化十一年六月癸卯條。

〔註2〕杜芳琴曾從后妃參與政治的態度，將其分為「背動適應」和「主動參與」兩種角色。見氏著，〈中國宮廷婦女政治角色研究〉，頁174。

〔註3〕L. Carrington Goodrich & Chaoying Fang eds., *Dictionary of Ming Biography 1368～1644（明代名人傳）*, P.302.

上，可能與萬貴妃共謀。〔註4〕

　　憲宗迷戀著一個比他大十多歲的妃子，在中國宮廷史上可以說是一件奇事，憲宗對萬貴妃何以這般痴戀？正是萬貴妃故事引人好奇之處。民初以來，萬貴妃故事在通俗作品中，不斷被複述，或許與其能迎合大眾的獵奇心理有關。大體而言，這些通俗作品中的萬貴妃多是《明史》版的萬貴妃故事，這有可能與《明史》的普遍流通，在取材上比較方便有關。由於《明史》記載有限，通俗讀物作者在無損於史實發展的大原則下，虛構了各種不同的情節以補史載之不足。這些作者在敘寫萬貴妃時，常流露出強烈的憎惡之情，或以「母老虎」稱之，或視她為一「潑婦」、「女魔頭」，甚至竭盡所能渲染萬貴妃可能做的惡行，使萬貴妃的性格更加鮮明生動，其形象亦趨於醜惡。從這些虛構情節的多變性，顯示萬貴妃故事逐漸有傳奇化的傾向。此外，盛行於1960 年至 1970 年間的台灣武俠小說，以及時下仍然盛行不衰的言情小說，亦有「借用」這段明代宮闈故事為歷史背景之作品，分別是司馬翎的《玉鉤斜》及于晴的《阿寶公主》。不過，無論通俗讀物作者如何增枝添葉，萬貴妃故事大體仍保持著相當一致的元素，如側重於「徐娘半老」、「妒悍」、「權謀」等特質的發揮，與傳統史書立場無太大差異。有趣的是，萬貴妃的負面形象，在《明宮十六朝演義》中被大大加強了，竟然還被增衍成為「棄婦」、「淫婦」的形象，與正史所載大相逕庭，而且這種淫蕩的性格特色更是前此文獻所未見，由於這樣的描繪並未為其後的通俗作品所承襲，具有特殊性，十分珍貴。

　　綜上所述可知，萬貴妃故事由簡單到豐富，進而定型，經過了一段漫長的發展過程。《明實錄》在「用簡」、「文飾」的敘述原則下，對於萬貴妃個人形象性格的描寫極為模糊，只透露萬氏是「機警善迎合上意」、善妒且性喜奢靡之人，對其具體表現則著墨甚少。所以自明清以來，不論是傳統士人或現代學者、通俗讀物作家，都嘗試以個人的主觀理解詮釋萬貴妃的言行與心理活動。隨著時代的演進，有關萬貴妃的性格描寫越來越多，不僅被影射為懷有干政野心的婦人，甚至還展衍成「迫害狂」、「強悍」、「工於心計」、「驕縱無禮」、「失寵」、「淫亂」、「迷信」等形象。雖然他們所描繪的萬貴妃形象，是否屬實際狀況，不無討論的餘地，然而可以確定的是，這些人皆視萬貴妃為一「妒婦」，此種形象幾已深植人心。如所周知，君主時代的帝王為了廣衍

〔註4〕L. Carrington Goodrich ＆ Chaoying Fang eds. , *Dictionary of Ming Biography 1368～1644*（明代名人傳），P.1336.

後嗣，以保證皇統的延續，廣納后妃被視為理所當然。那些步入后妃行列的女性，未必天生性強善妒，然而身處在皇家後宮，為了得到生存和自身情感的保證，也為了家族利益，自然避不開爭鬥。否則，一旦失寵，緊接而來的即是權位被奪，坐困冷宮的結果。是故，后妃們因妒而產生的各種競爭，歷代皆有，不絕於史。大部分人在談到后妃這群特殊女性時，極容易將其與「嫉妒」聯想在一起。尤其萬貴妃身為憲宗的寵妃，既不具美色，又不能順利為憲宗生育皇子，對於憲宗可能的移情別寵，內心勢必充滿了擔憂與不安全感，「嫉妒」儼然是她的基本人格特質。因此，萬氏如何表現她的「嫉妒」性格，便成為後人必書的重心。

　　根據本文的考察，萬貴妃應是一位機智的女子，故能獲得孫太后的賞識，奉命前往照顧及保護尚在襁褓中的太子憲宗，並陪伴他走過坎坷不安的幼年生活，從而建立了兩人之間那種特殊的親密無間、牢不可破的關係。憲宗童年時由於缺乏母愛，自然將他對母親的依戀移到年長的萬氏身上，成年以後，這種情感又進一步昇華成男女之情愛。故萬氏之於憲宗猶如慈母、情人，是憲宗生理上與心理上的保護者，這或許是萬氏喜作戎服配刀裝扮的深層因素，所以她能不靠美色得寵，憲宗對萬氏的情感因而超踰了一般的皇帝與寵妃的情感。此外，憲宗對萬氏還存有一種感激心理：感謝她從他幼年時期就開始在旁照顧他，與他共患難。因此，不論大臣如何明批暗諷萬氏的專寵，憲宗都用心迴護，可見這種情感是任何人都無法取代的，萬貴妃死後八個月，憲宗也隨之駕崩，顯示了憲宗對萬氏之死感到極大痛苦，萬氏宛如憲宗生命的支柱。而且萬貴妃死後，憲宗還破例讓她葬在十三陵內，更可以看出萬氏在憲宗心中的地位，憲宗儼然將她當作皇后來看待。又身處後宮，萬氏為了獨占憲宗的寵愛，對於其他女性的競爭，難免會有嫉妒心理，再加上她自從生下皇長子以後就不再受孕，更是無法接受其他妃嬪懷有憲宗子嗣的事實。憲宗為了不使萬氏傷心及保護皇嗣，只好隱瞞紀氏在安樂堂生孝宗事。值得注意的是，萬氏對憲宗表現如此強烈的佔有慾，除了源於對憲宗的愛意外，應該亦包含了母親對兒子的一種佔有。不過，萬氏畢竟是個聰明人，亦深切了解到憲宗對子嗣不蕃問題的焦慮，在得知西宮另有皇子的秘密後，立刻大方地接納紀氏、孝宗二人，以鞏固自己在憲宗心中的專寵地位。挾著憲宗專寵的光環，萬氏在性格上多少會顯得驕慢，才會在憲宗大婚不久，即與吳后產生衝突，從而衍生成廢后事件。那些有所企求之徒，知道萬氏在憲宗心中

的份量，莫不逢迎巴結，自然更加助長萬氏驕縱得意的心理。至於萬氏與成化朝政局的關係，從朝臣的奏疏及考古文物資料來看，仍然具有某些影響：其家族因貴妃之故而滿門貴顯，於地方上結黨營私禍害百姓；負責採辦工作的宦官爲了討貴妃的歡心，四處搜括奇珍異寶進獻給貴妃；甚至擔負輔佐皇帝處理國政的閣臣官吏，多是一些趨炎附勢之輩，造成成化朝士風之敗壞。

　　總而言之，由於寵妃的身分特殊，大部分人對其觀感不免有些共通性。在三千粉黛爭妍鬥麗的環境中，「以色邀寵」、「恃寵而驕」、「善妒」遂爲寵妃所共有之特徵，倘若寵妃又與外廷政治發生關係，不僅容易招來「女禍」之譏，甚至還要承擔敗國之罪。此外，撰述者有時候還會將其時代意識、自身感慨或主觀愛憎加諸寵妃身上，從而使寵妃故事呈現其他不同面貌。從萬貴妃故事的孳乳展衍亦可看出以上所述之書寫特色。

附錄一：萬斯同《明史・憲宗皇貴妃萬氏傳》

　　憲宗皇貴妃萬氏，諸城人，小字貞兒，以宣德五年生。侍憲宗於東宮，有寵。憲宗年十六即位，而妃已三十有五矣。又二年，冊爲貴妃，又十年進皇貴妃，又十一年而薨，年五十有八。帝震悼，輟朝七日，賜謚至六字曰：「恭肅端慎榮靖」，前此未有也。帝自是殊悒悒，恆獨語曰：「萬去，吾不得久。」越八月，遂崩。

　　自明興以來，帝最爲隆于內寵矣。而其終身所絕幸者，獨貴妃一人。吳皇后以失妃意，甫立，遽廢。王皇后備位而已。妃居昭德宮，後移安喜宮，凡用事內臣，但事昭德貴妃，視皇后亡如也。妃以成化二年生子，未期失之，自是不復娠。悼恭太子之薨事，由於妃。孝宗亦幾不免，雖竟得立爲嗣，而其母紀妃卒受傷害。中外皆惡其專寵錮寢，傾危繼嗣，至形之章疏。而妃多智善媚，帝惑溺既深，不悟也。是時變異數起，天地失常，盜賊繁興，兵革不息，而帝方日與妃荒於宴樂。妃貌雄聲巨，恆以戎裝侍酒，帝尤驪愛之，稱之曰：「萬侍官」。妃雅好貨寶，又以無子□，邀佛氏力，於是鎮守內臣爭遣使，採珠求寶輦而輸之貴妃宮中。西南外徼干崖、南甸、孟密之屬，皆被使者之擾。四方有寅緣納賄貴妃宮中者，雖賈豎賤隸必傳旨予官，一時珍寶山積而帝尚□。用宣德中王三保出使故事，搜珍異於西洋諸蕃，戡方郎中劉大夏沮之，乃得止。宮中時時建齋醮，所費不可勝計，隆善寺成，至官其梓匠二十人，靈濟宮、護國、永昌等寺，相繼營建不絕以故。成化二十三年之中，爵賞濫而政事紊，公私之力皆困詘焉。妃父貴，本縣小吏，坐罪，謫霸

州。以妃恩，授都督同知，兄通及弟姪皆拜大官。通妻王氏通籍掖庭，恣出入，萬氏聲焰震天下。大學士眉州萬安結內侍，自通於妃，曰：「妃，故吾州萬氏也，于次，安當爲子行。」妃方內懟素無門望，聞則大喜。當是時，安與同官劉珝爭權相軋，安及彭華爲南黨附貴妃，珝與王越爲北黨附汪直。直亦故以昭德宮內使有寵，得竊國柄，然安卒能罷西廠，析直勢，遂陰排珝而去之者，以有貴妃爲之內主也。

先是孝宗之在娠也，貴妃知而恚甚，虐使紀妃百方，胎竟不墜，或爲謬報貴妃曰：「痞也。」乃謫居安樂堂。吳皇后時廢處西宮地，相近也。紀妃以成化六年生孝宗，懼禍歎溺焉，門監同安張敏固止之。紀妃乳少，敏佐以粉餌，吳皇后知之，密徙來哺養，帝及貴妃皆不知也。帝自悼恭太子薨，數視影躑躅悲傷，敏爲帝櫛髮，帝又對鑑自歎無子，敏伏地言：「陛下已有子。」帝叱之，敏叩頭具爲帝言，帝驚愕遣使召之，紀妃抱皇子泣曰：「兒去，吾不得生。兒見黃袍有鬚者，乃兒父也。」時皇子已六歲，胎髮尙未敢下，左右擁至階下，髮披滿肩，走投帝懷，牽衣呼爺，帝置之膝，諦視之，乃大喜泣下曰：「吾子也，類我。」即日使太監懷恩赴內閣具告之。群臣皆大喜，遂請禮部擬皇子名，帝自名之，曰「祐樘」。出皇子文華門，令大臣進見。移紀妃居永壽宮，數召見，飲酒甚懽，貴妃日夜泣怨以手自搗曰：「奴輩紿我。」踰月，紀妃暴薨，或曰爲貴妃所毒；或曰自縊。帝悉悼之，心疑貴妃而不能明也。又五月，孝宗立爲太子，孝肅皇太后恐貴妃危太子，乃語帝曰：「以兒付我。」太子遂育太后宮中，食飲起居，太后親護視之，太子得無他。其後邵氏有子，貴妃懼太子爲他日禍，數要帝易儲，會泰山屢震，群臣言占主東宮，帝心懼，寢其事。弘治初，御史曹璘請追正貴妃罪，縣丞徐頊請究皇妣薨逝之由，逮治當時診視諸醫及萬氏眷屬，嘗出入宮禁者，帝仁孝重傷先帝意而止。

資料來源：萬斯同，《明史》，收於《續修四庫全書》327（上海：上海古籍出版社，1997），卷150，〈憲宗皇貴妃萬氏傳〉，總頁126～128。

附　圖

圖 1：明憲宗坐像

資料來源：轉引自《中國歷史圖說》（十），
頁 69。

圖 2：明憲宗孝貞純皇后（王皇后）像

資料來源：轉引自《成化皇帝大傳》

圖3：明憲宗的母親——周太后像

資料來源：轉引自《成化皇帝大傳》

圖4：明孝宗坐像

資料來源：轉引自《弘治皇帝大傳》。

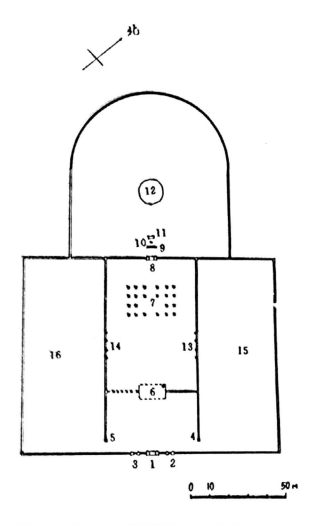

1. 園寢門　　2.3. 隨墻式角門　4.5. 側門門垛　　6. 殿門　　　　7. 享殿
8. 園寢內門　　9. 照璧　　　　10. 石碣　　　11. 石供案　　12. 墓冢
13. 左配殿　　14. 右配殿　　15.16. 可能爲園寢管理人員（內官、護墳軍等）居住區

圖 5：萬貴妃墳平面示意圖

　　萬貴妃墳園建築始建於成化二十三年初，先後由工部侍郎賈俊及右侍郎
陳政主持建造。工成後，嘉靖十七年（1538）九月，又增建石碣一座。其墓
室曾於 1937 年左右被當地土匪程顏斌等人盜發。墓室內鳳冠、金銀器物等被
洗劫一空。地上建築中，殿廡等單體建築至遲在民國建元前已毀，清朝時有
農戶住入，園寢之內成爲自然村落。現存遺物如平面圖所示。資料來源：轉
引自胡漢生，《明十三陵》，頁 304～305。

徵引書目

壹、文獻史料

一、古籍及官私史書

1. 《周易正義》，收於《十三經注疏附校勘記》，台北：大化書局，1982。

2. 《尚書正義》，收於《十三經注疏附校勘記》，台北：大化書局，1982。

3. 《毛詩正義》，收於《十三經注疏附校勘記》，台北：大化書局，1982。

4. 《春秋穀梁傳注疏》，收於《十三經注疏附校勘記》，台北：大化書局，1982。

5. 周‧荀況，《荀子》，收於《大本原式精印四部叢刊正編》17，台北：台灣商務印書館，據上海涵芬樓借江南書館藏明翻宋本景印本影印，1979。

6. 周‧韓非，《韓非子》，台北：中華書局，四庫備要，子部，據吳氏影宋乾道本校刊，1965。

7. 王明編，《太平經合校》，北京：中華書局，1992.3。

8. 漢‧戴德，《大戴禮記》，收於《四部叢刊初編》10 經部，上海：上海書店，據上海涵芬樓借景無錫孫氏小綠天藏明袁氏嘉趣堂刊本景印，1989。

9. 漢‧班固，《漢書》，台北：鼎文書局，1991。

10. 漢‧鄭玄注，《禮記》，收於《大本原式精印四部叢刊正編》1，台北：台灣商務印書館，據上海涵芬樓景印宋刊本原書版影印，1979。

11. 不詳，《續古列女傳》，收於《景印文淵閣四庫全書》448，台北：台灣商務印書館，1983～1986。

12. 唐‧李延壽，《北史》，台北：鼎文書局，1991。

13. 唐‧陳邈妻鄭氏，《女孝經》，收於《叢書集成新編》33，台北：新文豐出版公司，1985。

14. 《明太祖實錄》，台北：中央研究院歷史語言研究所，1965。

15. 《明宣宗實錄》，台北：中央研究院歷史語言研究所，1965。

16. 《明英宗實錄》，台北：中央研究院歷史語言研究所，1965。

17. 《明憲宗實錄》，台北：中央研究院歷史語言研究所，1965。

18. 《明孝宗實錄》，台北：中央研究院歷史語言研究所，1965。

19. 《明武宗實錄》，台北：中央研究院歷史語言研究所，1965。

20. 《明神宗實錄》，台北：中央研究院歷史語言研究所，1965。

21. 《朝鮮王朝世祖實錄》，漢城：朝鮮國史編纂委員會，檀紀 4288～4296（1955～1963）。

22. 《朝鮮王朝成宗實錄》，漢城：朝鮮國史編纂委員會，檀紀 4288～4296（1955～1963）。

23. 《大清聖祖仁皇帝實錄》，台北：華聯出版社，1964。

24. 《大清世宗憲皇帝實錄》，台北：華聯出版社，1964。

25. 《大清高宗純皇帝實錄》，台北：華聯出版社，1964。

26. 明・卜世昌、屠衡，《皇明通紀述遺》，台北：廣文書局，1972。

27. 明・幻輪，《釋鑑稽古略續集》，收於《大藏經》49 史傳部，台北：新文豐出版公司，1983。

28. 明・朱國禎，《皇明大政記》，收於《四庫全書存目叢書》史部 16，台南縣：莊嚴文化事業有限公司，據明崇禎刻皇明史概本影印，1996.8。

29. 明・何喬遠，《名山藏列傳》，台北：成文出版社，據明崇禎十三年刊本影印，1971。

30. 明・吳瑞登，《皇明繩武編擬續大學衍義》，收於《四庫全書存目叢書》史部 53，台南縣：莊嚴文化事業有限公司，據明萬曆刻本影印，1996.8。

31. 明・涂山，《明政統宗》，台北：成文出版社，據明萬曆四十三年刻本影印，1969。

32. 明・張銓，《國史紀聞》，收於《四庫全書存目叢書》史部 17，台南縣：莊嚴文化事業有限公司，據明天啓刻本影印，1996.8。

33. 明・陳沂，《維禎錄》，收於《四庫全書存目叢書》史部 47，台南縣：莊嚴文化事業有限公司，據北京圖書館分館藏書鈔本影印，1996.8。

34. 明・陳建，《皇明資治通紀》，收於《四庫禁燬書叢刊》史部 12，北京：北京出版社，據北京師範大學圖書館明刻本影印，2000。

35. 明・黃光昇，《昭代典則》，收於《四庫全書存目叢書》史部 12～13，台南縣：莊嚴文化事業有限公司，據明萬曆二十八年周曰校萬卷樓刻本影印，1996.8。

36. 明・焦竑編，《國朝獻徵錄》，台北：學生書局，1965.1。

37. 明‧雷禮等輯，《皇明大政記》，收於《四庫全書存目叢書》史部 8，台南縣：莊嚴文化事業有限公司，據明萬曆三十年秣陵周時泰博古堂刻本，1996.8。

38. 明‧楊繼禮，《皇明后紀妃嬪傳》，清抄本，清周星詒校，北京圖書館藏，轉見李小林，《萬曆官修本朝正史研究》，天津：南開大學出版社，1999.4，頁 396～425。

39. 明‧鄧元錫，《皇明書列傳》，收於《明代傳記叢刊》73、73-1，台北：明文書局，1991。

40. 明‧劉振，《識大錄》，收於《四庫全書存目叢書》史部 35～37，台南縣：莊嚴文化事業有限公司，據北京圖書館清鈔本影印，1996.8。

41. 明‧薛應旂，《憲章錄》，收於《中國野史集成》18，成都：巴蜀書社，1993。

42. 明‧鐘惺，《明紀編年》，收於《四庫禁燬書叢刊》史部 35，北京：北京出版社，據清順治刻本影印，2000。

43. 明‧譚希思，《明大政纂要》，收於《四庫全書存目叢書》史部 14、15，台南縣：莊嚴文化事業有限公司，據清光緒二十一年湖南思賢書局刻本影印，1996.8。

44. 清‧毛奇齡，《勝朝彤史拾遺記》，收於《明代傳記叢刊》70，台北：明文書局，據西河文集排印本影印，1991。

45. 清‧王士禎、張英等撰，《御定淵鑑類函》，收於《景印文淵閣四庫全書》982～993，台北：台灣商務印書館，1983～1986。

46. 清‧王鴻緒，《明史稿列傳》，收於《明代傳記叢刊》95～97，台北：明文書局，1991。

47. 清‧王頌蔚輯，《明史考證捃逸》，收於《二十四史訂補》15，北京：書目文獻出版社，1996。

48. 清‧史夢蘭，《全史宮詞（明及明補遺)》，收於《明宮詞》，北京：北京古籍出版社，1987，頁 159～216。

49. 清‧查繼佐，《罪惟錄》，收於《筆記小說大觀》45：1～4，台北：新興書局，1987。

50. 清‧姚之駰，《元明事類鈔》，收於《景印文淵閣四庫全書》884，台北：台灣商務印書館，1983～1986。

51. 清‧秦蕙田，《五禮通考》，收於《景印文淵閣四庫全書》135～142，台北：台灣商務印書館，1983～1986。

52. 清‧夏燮，《明通鑑》，上海：上海古籍出版社，據湖北官書處重校本影印，1990.10。

53. 清‧張廷玉等撰，《明史》，台北：鼎文書局，1991。

54. 清・張廷玉等撰，《明史》，收於《仁壽本二十六史》55，台北：成文出版社，據東海徐氏退耕堂刊本影印，1971。

55. 清・張廷玉等撰，《明史》，收於《景印文淵閣四庫全書》297～302，台北：台灣商務印書館，1983～1986。

56. 清・張廷玉，《御定資治通鑑綱目三編》，收於《景印文淵閣四庫全書》340，台北：台灣商務印書館，1983～1986。

57. 清・陳鶴，《明紀》，台北：台灣中華書局，據江蘇書局刻本校刊，1966。

58. 清・傅恆等撰，《御批歷代通鑑輯覽》，收於《景印文淵閣四庫全書》335～339，台北：台灣商務印書館，1983～1986。

59. 清・傅維麟，《明書列傳》，收於《明代傳記叢刊》87～88，台北：明文書局，1991。

60. 清・湯斌，《潛菴先生擬明史稿》，收於《中國野史集成》22，成都：巴蜀書社，據湯子遺書影印，1993。

61. 清・程嗣章，《明宮詞》，收於《明代傳記叢刊》70，台北：明文書局，1991。

62. 清・雍正帝，《大義覺迷錄》，收於《近代中國史料叢刊》351，台北縣：文海出版社，1969。

63. 清・萬斯同，《明史》，收於《續修四庫全書》史部324～331，上海：上海古籍出版社，1997。

64. 清・溫睿臨，《南疆繹史》，收於《台灣文獻史料叢刊》5:89～90，台北：台灣大通書局，1887。

65. 清・談遷，《國榷附北游錄》，台北：鼎文書局，1978。

66. 清・劉承幹，《明史例案》，收於《二十四史訂補》15，北京：書目文獻出版社，據嘉業堂刊本，1996。

67. 清・劉振麟、周驥，《東山外紀》，北京：中華書局，1992。

68. 清・稽璜、曹仁虎等撰，《欽定續文獻通考》，收於《景印文淵閣四庫全書》626～631，台北：台灣商務印書館，1983～1986。

69. 清・龍文彬，《明會要》，北京：中華書局，1998.11。

70. 清・錢元等編纂，《廣西通志》，收於《景印文淵閣四庫全書》567，台北：台灣商務印書館，1983～1986。

71. 清・錢林輯、王藻編，《文獻徵存錄》，收於《近代中國史料叢刊三編》138～140，台北縣：文海出版社，據咸豐八年刻有嘉樹軒藏板影印，1986。

72. 清・錢基博，《明鑑》，台北：啟明書局，1959.7。

73. 清・錢儀吉編，《碑傳集》，收於《近代中國史料叢刊》921～930，台北縣：文海出版社，1973。

74. 清‧顧宗泰,《勝國宮闈詩》,收於《明宮詞》,北京:北京古籍出版社,
1987。

二、文集、筆記、小說及其他

1. 明‧于慎行,《穀山筆麈》,收於《筆記小說大觀》40:9,台北:新興書
局,1985。

2. 明‧不著撰人,《九朝談纂》,台北:偉文圖書公司,據國立中央圖書館
藏舊抄本影印,1977。

3. 明‧尹直,《謇齋瑣綴錄》,收於《國朝典故》卷53～60,北京:北京大
學出版社,1993。

4. 明‧王世貞,《史乘考誤》,收於《筆記小說大觀》32:10,台北:新興
書局,據明萬曆十八年刻本影印,1981。

5. 明‧王世貞,《弇山堂別集》,台北:台灣學生書局,1965。

6. 明‧王錡,《寓圃雜記》,北京:中華書局,1997.11。

7. 明‧王鏊,《王文恪公筆記》,收於《國朝典故》卷61,北京:北京大學
出版社,1993。

8. 明‧王鏊,《震澤長語》,收於《明清史料彙編》1:3,台北縣:文海出
版社,據清道光十八年刻本影印,1967。

9. 明‧王鏊,《震澤紀聞》,收於《明清史料彙編》1:3,台北縣:文海出
版社,據清道光十八年刻本影印,1967。

10. 明‧呂毖,《明朝小史》,台北:正中書局,1981.6。

11. 明‧沈德符,《萬曆野獲編》,收於《筆記小說大觀》15:6,台北:新興
書局,1977。

12. 明‧皇甫錄,《皇明紀略》,收於《歷代小史》卷85,台北:台灣商務印
書館,據上海涵芬樓影印明刊本,1970。

13. 明‧郎瑛,《七修類稿》,台北:世界書局,1963.4。

14. 明‧張昇,《張文僖公文集》,收於《四庫全書存目叢書》集部39,台南
縣:莊嚴文化事業有限公司,據明嘉靖元年刻本影印,1997.6。

15. 明‧陸深,《谿山餘話》,台北:台灣商務印書館,據寶顏堂祕笈本影印,
1966。

16. 明‧陳弘謨,《治世餘聞》,北京:中華書局,1997.11。

17. 明‧陳懋仁,《析酲漫錄》,收於《四庫全書存目叢書》子部97,台南縣:
莊嚴文化事業有限公司,據南京圖書館藏明刻本影印,1995。

18. 明‧商輅,《商文毅公集》,收於《四庫全書存目叢書》集部35,台南縣:
莊嚴文化事業有限公司,據明萬曆三十年劉體元刻本影印,1997.6。

19. 明‧許浩,《復齋日記》,收於《明清史料彙編》8：4,台北縣：文海出版社,據民國五年丙辰孫毓修校印本影印,1967～1969。

20. 明‧彭時,《彭文憲公集》,收於《四庫全書存目叢書》集部 35,台南縣：莊嚴文化事業有限公司,據清康熙五年彭忠楨刻本影印,1997.6。

21. 明‧彭韶,《彭惠安集》,收於《景印文淵閣四庫全書》1247,台北：台灣商務印書館,1983～1986。

22. 明‧焦弘,《玉堂叢語》收於《筆記小說大觀》33：2,台北：新興書局,1983。

23. 明‧焦竑,《焦氏澹園集》,收於《四庫禁燬叢刊》集部 61,北京：北京出版社,據明萬曆三十四年刻本影印,2000。

24. 明‧黃景昉,《國史唯疑》,台北：正中書局,1969.12。

25. 明‧黃瑜,《雙槐歲鈔》,收於《筆記小說大觀》14：2,台北：新興書局,1976。

26. 明‧劉若愚,《明宮史》,收於《筆記小說大觀》35：4,台北：新興書局,1983。

27. 明‧劉若愚,《酌中志》,收於《筆記小說大觀》24：7,台北：新興書局,1979。

28. 明‧鄭曉,《今言》,北京：中華書局,1997.11。

29. 明‧《新刊全相說唱足本仁宗認母傳》,收於《明成化說唱詞話叢刊》,台北：鼎文書局,1979.6。

30. 清‧方苞,《望溪先生文集》,台北：台灣中華書局,據戴編足本校刊,1965。

31. 清‧王士禎,《池北偶談》,北京：中華書局,1997.12。

32. 清‧全祖望,《鮚埼亭集》,台北：華世出版社,1977。

33. 清‧邵廷采,《思復堂文集》,台北：華世出版社,據清光緒十九年會稽徐友蘭鑄學齋刊本影印,1977。

34. 清‧侯朝宗,《壯悔堂詩集》,收於《壯悔堂集》,台北：台灣商務印書館,1968.12。

35. 清‧姚瑩,《東溟文集》,台北：國家圖書館善本書庫藏,清道光十三年江陰刊本。

36. 清‧萬斯同,《萬季野先生遺稿》,收於《明清史料彙編》6：7,台北縣：文海出版社,據石印本影印,1969。

37. 清‧趙翼,《廿二史箚記》,台北：台灣商務印書館,1966。

38. 清‧蔣驥,《楚辭餘論》,收於《景印文淵閣四庫全書》1062,台北：台灣商務印書館,1983～1986。

39. 清‧錢大昕，《十駕齋養新錄》，台北：台灣商務印書館，1978.5。

40. 清‧錢大昕，《潛研堂文集》，台北：台灣商務印書館，1968。

41. 清‧蕭奭，《永憲錄》，北京：中華書局，1997.12。

42. 清‧魏源，《古微堂外集》，收於《近代中國史料叢刊》424，台北縣：文海出版社，據清光緒四年淮南書局刊本影印，1964。

43. 清‧龔自珍，《龔自珍全集》，台北：河洛圖書出版社，1975.9。

貳、今人論著

一、中文論著

（一）專書

1. 刁書仁、趙光元，《成化帝》，長春：吉林文史出版社，1996.1。

2. 丁以能，《美人怨》，收於《中國美人傳奇》7，台北：薪傳出版社，1998.1。

3. 于晴，《阿寶公主》，台北縣：萬盛出版有限公司，1995.5。

4. 方志遠，《成化皇帝大傳》，瀋陽：遼寧教育出版社，1994.8。

5. 王天有、許大齡主編，《明朝十六帝》，北京：紫禁城出版社，1991.3。

6. 王志勇、張迺忠，《美人計》，收於《中國美人傳奇》2，台北：薪傳出版社，1998.1。

7. 王彩雲主編，《歷代寵妃野史》，哈爾濱：黑龍江人民出版社，1997.7。

8. 王霜、向斯，《帝王後宮紀實》，台北：建宏出版社，1993.11。

9. 北京語言學院中國文學家辭典編委會編，《中國文學家辭典》現代第4分冊，成都：四川文藝出版社，1985.8。

10. 司馬翎，《玉鉤斜》，上海：學林出版社，1994.2，第一版，第一刷。

11. 牟復禮、崔瑞德編，張書生等譯，《劍橋中國明代史》，北京：中國社會科學出版社，1992。

12. 朱子彥，《後宮制度研究》，華東師範大學出版社，1997。

13. 衣保平、崔誠，《明憲宗成化皇帝秘史》，收於《明代皇帝秘史》2，太原：山西人民出版社，1998。

14. 李小林，《萬曆官修本朝正史研究》，天津：南開大學出版社，1999.4。

15. 李永祜主編，《奩史選注——中國古代婦女生活大觀》，北京：中國人民大學出版社，1994.10。

16. 李安瑜編著，《中國歷代皇后全書》，海口：海南出版社，1996.7。

17. 李美枝，《社會心理學》，基隆：大洋出版社，1980修訂版。

18. 李明裕編，《中國通史》，台北：華泰書局印行，1981.8。

19. 李盛平主編，《中國近現代人名大辭典》，北京：中國國際廣播出版社，1989.4。

20. 李夢芝，《弘治帝》，長春：吉林文史出版社，1996.1。

21. 何孝榮、林延清編著，《中國帝王后妃外傳（明代卷）》，長春：吉林文史出版社，1994.1。

22. 孟森，《明代史》，台北：台灣書局，1957.12。

23. 林瑞翰，《中國通史》，台北：三民書局，1992.11。

24. 林繼紅、柳海松、徐雁來，《明孝宗弘治皇帝秘史》，收於《明代皇帝秘史》2，太原：山西人民出版社，1998。

25. 武潤婷，《中國近代小說演變史》，濟南：山東人民出版社，2000.11。

26. 胡漢生，《明十三陵》，北京：中國青年出版社，1998.1。

27. 姜玉玲編，《影響中國歷史的一百個女人》，廣州：廣東人民出版社，1992.11。

28. 高陽，《明朝的皇帝》，台北：學生書局，1973.6，初版，1994.3，初版三刷。

29. 高陽，《正德外記》，台北：遠景出版事業公司，1986，初版。

30. 高陽，《安樂堂》，台北：聯合報社，1989.11。

31. 孫殿起輯，《清代禁書知見錄》，收於《書目類編》15，台北：成文出版社，據民國四十六年排印本影印，1978。

32. 殷登國，《皇后的故事》，台北：世界文物出版社，1994.9。

33. 梁嘉彬編撰，《中國歷史圖說》（十），台北：新新文化出版社有限公司，1979.5，初版。

34. 郭厚安，《弘治皇帝大傳》，瀋陽：遼寧教育出版社，1994.8。

35. 許嘯天，《明宮十六朝演義》，太原：山西人民出版社，1994.11。

36. 許嘯天，《隋唐帝王外史》，台北：九五文化事業有限公司，1980.12。

37. 商習之，《歷代后妃軼事》，台北：漢欣文化事業有限公司，1991.12，再版。

38. 商傳、楊林編譯，《中國歷代后妃傳》，台北：建宏出版社，1993.11。

39. 陳大康，《明代小說史》，上海：上海文藝出版社，2000.10。

40. 陳平原、夏曉虹，《二十世紀中國小說理論資料》，北京：北京大學出版社，1989。

41. 陳致平，《中華通史》，台北：黎明文化事業股份有限公司，1988.10，修訂一版。

42. 陳捷先，《明清史》，台北：三民書局，1990。

43. 陳華新編文，鄒莉繪畫，《中國一百后妃圖》，廣州：新世紀出版社，1992.7。

44. 傅樂成，《中國通史》，台北：大中國圖書有限公司，1962.3。

45. 傅樂成主編，姜公韜著，《明清史》，台北：眾文圖書公司，1990。

46. 黃大受，《中國通史》，台北：五南圖書出版公司，1989.12。

47. 喬治忠，《清朝官方史學研究》，台北：文津出版社，1994.3。

48. 董恩林，《后妃爭寵——道是有情卻無情》，台北：文津出版社，1996.10。

49. 雷家驥，《狐媚偏能惑主——武則天的精神與心理分析》，台北：聯鳴文化有限公司，1981。

50. 楊友庭，《后妃外戚專政史》，廈門：廈門大學出版社，1994.6。

51. 楊東甫、盧斯飛，《中國歷代禍患叢書—后妃之禍》，台北：牧村圖書有限公司，1996.3。

52. 夢起，《大明盛衰》，收於《五千年演義》12，瀋陽：遼寧少年兒童出版社，1989。

53. 漢語大字典編輯委員會編，《漢語大字典》，武漢：湖北辭書社出版社，1992。

54. 趙雲田，《明清宮廷秘史》，台北：萬卷樓圖書有限公司，1994.12。

55. 趙鳳喈，《中國婦女在法律上之地位附補篇》，台北縣：食貨出版社有限公司，1977.7。

56. 黎傑，《明史》，台北：九思出版有限公司，1978.9。

57. 劉子清，《中國歷代故事述評——一名歷代通鑑精編評註》第 5 輯，台北：黎明文化事業股份有限公司，1975.1。

58. 劉詠聰，《女性與歷史—中國傳統觀念新探》，台北：台灣商務印書館，1995.1。

59. 劉詠聰，《德色才權—論中國古代女性》，台北：麥田出版社，1998。

60. 魯迅，《中國小說史略》，北京：人民文學出版社，1976。

61. 蔡東帆，《中國歷代演義全集——隋唐朝之一》13，台北：地球出版社，1987。

62. 蔡東帆，《中國歷代演義全集——明朝之一》19，台北：地球出版社，1987。

63. 蔡東帆，《中國歷史演義全集——明朝之一》19，台北：遠流出版社，1990.7。

64. 樸人，《帝王生活》，台北：台灣學生書局，1973.10，三版。

65. 魏紹昌，《鴛鴦蝴蝶派研究資料》，上海：上海文藝出版社，1984。

66. 《明清宮廷趣聞》，北京：紫禁城出版社，1995.2，一版一刷，1998.8，三刷。

（二）論文

1. 毛佩琦，〈中國后妃制度述論〉，《中國人民大學學報》1990 年第 6 期。

2. 王光宜，〈明代女教書研究〉，台北：國立台灣師範大學歷史研究所碩士論文，1999.1。

3. 王岩、王秀玲，〈明十三陵的陪葬墓——兼論東西二井陪葬墓的墓主人〉，《考古》1986 年第 6 期。

4. 王雲，〈明代女官制度探析〉，《明清史》1997 年第 1 期。

5. 王晴佳，〈如何看待後現代主義對史學的挑戰？〉，《新史學》10：2，1999.6。

6. 王嘉川，〈徐元文與《明史》纂修〉，《史學史研究》1995 年第 2 期。

7. 王曉衛，〈論北魏文明太后的族屬及所受教育〉，《歷史教學》1998 年第 1 期。

8. 司徒崇，〈歷代后妃體制源流初探〉，《歷史月刊》112 期，1997.5。

9. 朱子彥，〈略論中國封建社會的后妃干政〉，《上海大學學報（社科版）》1994 年第 1 期。

10. 衣若蘭，〈近十年兩岸明代婦女史研究評述（1986～1996）〉，《國立台灣師範大學歷史學報》25 期，1997.6。

11. 衣若蘭，〈最近台灣地區明清婦女史研究學位論文評介〉，《近代中國婦女史研究》6，1998.8。

12. 衣若蘭，〈明熹宗乳母「奉聖夫人」客氏〉，《史耘》3、4 期，1998.9。

13. 衣若蘭，〈性別與禮儀：以明代親蠶禮爲中心的考察〉，收於私立輔仁大學歷史系《第六屆全國歷史學（研究生）論文討論會會議論文集》上冊，2000.5.19～20。

14. 杜正勝，〈天生尤物、薄命紅顏的夏姬〉，《歷史月刊》16 期，1989.5。

15. 杜芳琴，〈中國歷代女主與女主政治略論〉，收於鮑家麟主編，《中國婦女史論集四集》，台北縣：稻鄉出版社，1995.10。

16. 杜芳琴，〈中國宮廷婦女政治角色研究〉，收於張妙清、葉漢明、郭佩蘭主編，《性別學與婦女研究——華人社會的探索》，台北縣：稻鄉出版社，1997.7。

17. 李光濤，〈太后下嫁傳說與多爾袞〉，《東方雜誌》3：12，1970.6。

18. 李孟君，〈唐詩中的女性形象研究〉，台北縣：私立輔仁大學中國文學研究所碩士論文，1992。

19. 李貞德，〈超越父系家庭的藩籬——台灣地區「中國婦女史研究」（1945～1995）〉，《新史學》7:2，1996.6。

20. 李晉華，〈明史纂修考〉，收於《明史編纂考》，台北：台灣學生書局，1968.1。

21. 李馨寧，〈北宋真宗時期劉后之干政及其影響〉，《初等教育研究》4 期，1992.12。

22. 何冠彪，〈順治朝《明史》編纂考〉，《大陸雜誌》99：2，1999.8。

23. 何茲全，〈北魏文明太皇太后——中國歷史上一位女政治家〉，《北京師範大學（社科版）》1961 年第 4 期。

24. 吳美琪，〈流行與世變：明代江南士人的服飾風尚及其社會心態〉，台北：國立台灣師範大學歷史研究所碩士論文，2000.7。

25. 孟森，〈太后下嫁考實〉，收於《明清史論著集刊續編》，台北：南天書局，1987.5。

26. 林麗月，〈衣裳與風教——晚明的服飾風尚與「服妖」議論〉，《新史學》10：3，1999.9。

27. 姜勝利，〈清代私家明史學的興衰及其背景〉，收於《第二屆明清史國際學術討論會論文集》，天津：天津人民出版社，1993.3。

28. 夏鼐，〈無產階級文化大革命中的考古新發現〉，《考古》1972 年第 1 期。

29. 孫建民、薛亞康，〈筆記史學芻議〉，《河南大學學報》31：4，1991.7。

30. PaulRopp 著，梁其姿譯，〈明清婦女研究：評介最近有關之英文著作〉，《新史學》2：4，1991.12。

31. 康樂，〈北魏文明太后及其時代〉上、下，《食貨復刊》15：11/12、16：1/2，1986.6、9。

32. 許欣蕙，〈呂后與漢初政治〉，《史化》26 期，1998.6。

33. 許崇德，〈「御用史學」理論對《四庫全書》史部「敕撰本」編纂的影響〉，《故宮學術季刊》16：1，1998。

34. 張必忠，〈明清皇宮裏的『答應』〉，《紫禁城》1995 年第 2 期。

35. 張湘瑜，〈馮太后與北魏的漢化〉，《歷史月刊》97 期，1996.2。

36. 莊吉發，〈一代皇后布木布泰〉，《故宮文物月刊》10：5，1992.8。

37. 莊練，〈明憲宗有妃武勇——中國歷史上最懼內的皇帝〉，《文壇》268 期，1982.10。

38. 陳玉女，〈明萬曆時期慈聖皇太后的崇佛——兼論佛、道兩勢力的對峙〉，《成大歷史學報》23 號，1997.12。

39. 陳桂雲，〈楊妃故事之研究〉，台北：中國文化大學中國文學研究所碩士論文，1986.1。

40. 陳綸緒，〈記明天順成化間大臣南北之爭〉，原載《中國學誌》1：1，後

收入《明史論叢之四——明代政治》，台北：台灣學生書局，1968.8。

41. 陳麗娜，〈民間傳說中的楊貴妃〉，《美和技術學院學報》18，2000.8。

42. 曹大爲，〈中國古代的妒婦〉，《北京師範大學學報（社會科學版）》1990年第 4 期。

43. 馮明珠，〈孝莊文皇后與多爾袞〉，《故宮文物月刊》10：4，1992.7。

44. 黃愛平，〈《明史》纂修與萬斯同〉，《史學集刊》1984 年第 3 期。

45. 黃愛平，〈《明史》纂修與清初史學——兼論萬斯同、王鴻緒在《明史》纂修中的作用〉，《清史研究》，1994 年第 2 期。

46. 路地，〈謹話昭西陵與清初三大疑案真象——爲大清帝國入關開國之幕後國母「莊妃」正名〉，《滿族文化》21，1995.5。

47. 萬揆一，〈明代服妖——萬貴妃〉，《歷史大觀園》1992 年第 7 期。

48. 趙令揚，〈論明憲宗朱見深之婚變〉，《中國學人》4 期，1972.7。

49. 楊聯陞著，林維紅譯，〈中國歷史上的女主〉，收於鮑家麟主編，《中國婦女史論集》，台北縣：稻鄉出版社，1992.9。

50. 遠流出版社資料組，〈蔡東藩與「中國歷史演義全集」〉，收於《中國歷史演義全集索引》31，台北：遠流出版社，1990.7。

51. 劉法綏，〈談談谷崎及許嘯天〉，《讀書》2000 年第 8 期。

52. 劉秀美，〈台灣通俗小説研究（一九四九至一九九九）〉，台北：中國文化大學中國文學研究所博士論文，2001.5。

53. 劉清文、魯琪，〈明代妃嬪陵園及壙志〉，《故宮博物院館刊》1980 年第 2 期。

54. 劉靜貞，〈從皇后干政到太后攝政——北宋真仁之際女主政治權力試探〉，收於鮑家麟主編，《中國婦女史論集續集》，台北縣：稻鄉出版社，1991。

55. 鄭仁佳，〈民國人物小傳—蔡東藩〉，《傳記文學》67：4，1995.10。

56. 鄭冠榮，〈從鄭貴妃到客氏：晚明政爭中的幾個宮闈女性〉，台北：國立台灣師範大學歷史研究所碩士論文，1998.6。

57. 鄭欽仁，〈北魏中給事（中）稿——兼論北魏中葉文明太后的時代〉，《食貨復刊》3：1，1973.4。

58. 蔡幸娟，〈史傳中之女主臨朝「稱制」「攝政」與「聽政」〉，《成大歷史學報》23 號，1997.12。

59. 蔡幸娟，〈時論與北朝女主政治——兼論漢魏時代女主政治時論之濫觴〉，《成大歷史學報》25 號，1999.12。

60. 蔡信發，〈最毒婦人心？呂后析論〉，《國文天地》6：9，1991.2。

61. 蔡福源，〈歷朝通俗演義作者蔡東藩〉，收於《杭州文史資料》第 3 輯，

出版年不詳。

62. 錢茂偉，〈萬曆中葉正史撰修探賾〉，《寧波師院學報（社會科學版）》1988 年第 1 期。

63. 錢茂偉，〈晚明史家何喬遠及其《名山藏》初探〉，《福建論壇（文史哲版）》1992 年第 2 期。

64. 錢茂偉，〈論明中葉當代史研撰的勃興〉，《江漢論壇》1992 年第 8 期。

65. 錢茂偉，〈論晚明當代史的編撰〉，《史學史研究》1994 年第 2 期。

66. 檀新林，〈馮太后對北魏封建化的歷史作用〉，《歷史教學》1997 年第 7 期。

67. 謝貴安，〈《明實錄》修纂與明代政治鬥爭〉，《武漢大學學報（哲學社會科學版）》1999 年第 1 期。

68. 簡思定，〈唐人詩中的唐玄宗與楊貴妃事蹟〉，《空大人文學報》6 期，1997.5。

69. 羅慶綦，〈明清之際查繼佐（1610～1676）的忠節觀及其出處〉，台北：國立台灣師範大學歷史研究所碩士論文，1999.6。

二、外文論著

1. Chen ,Jo-shui. Empress Wu and proto-feminist sentiments in T'ang China , Seattle：University of Washington Press, 1994.

2. Goodrich, L. Carrington ＆ Fang ,Chaoying eds. Dictionary of Ming Biography 1368～1644（明代名人傳）,New York and London: Columbia University Press,1976.

3. Merrill, John C..“ The Image of the United States in Ten Mexican Dailies,” Journalism Quarterly, Vol.39,no.2(Spring,1962).

4. Soulliere, Ellen Felicia. Palace Women in The Ming Dynasty：1368～1644, Ph.D.dissertation, Princeton: Princeton University,1987.